알고 보니 경록이다

우리나라 부동산전문교육의 본산 경록 1957

머리말

매년 99% 문제가 경록 교재에서!!

경록 교재는 공인중개사사 시험 통계작성 이후 26년간 매년 99% 문제가 출제되는 독보적 정답률을 기록한 유일한 교재입니다. 경록은 우리나라 부동산 교육의 본산이며 경록교재는 우리나라 부동산교육의 정통한 역사를 이끌어가는 오리지널 교재입니다.

이 교재는 우리나라 부동산교육의 본산인 경록의 67년간 축적된 전문성을 기반으로 130여 명의 역대 최대 '시험출제위원 부동산학 대학교수그룹'이 제작, 해마다 완성도를 높여가며 시험을 리드하는 교재입니다.

특히 경록의 온라인과정 전문기획인강은 언택트시대를 리드하는 뉴 트렌드가 되었습니다. 업계 최초로 1998년부터 〈경록 + MBN TV 족집게강좌〉 8년, 현재까지 27년차 검증된 99%족집게강좌입니다.
일반 학원의 6개월에 1회 수강과정을 경록에서는 1개월마다 2회 반복완성이 가능합니다.

경록의 전문성이 곧 합격의 지름길로 이끌어 드립니다. 성공은 경록과 함께 시작됩니다.

여러분의 건투를 빕니다.

지속가능한 직업
공인중개사

공인중개사란

🔍 공인중개사?
공인중개사법령에 의한 공인중개사자격을 취득한 자를 말한다(「공인중개사법」 제2조 제2항).

🔍 중개업?
중개업은 다른 사람의 의뢰에 의하여 일정한 보수를 받고 중개대상물에 대한 거래당사자 간의 매매, 교환, 임대차 그 밖의 권리의 득실변경에 관한 행위의 알선을 업으로 하는 것이다(「공인중개사법」 제2조 제1호, 제3호 참조).

🔍 중개대상물?

| 토지 | 건축물 그 밖의 토지의 정착물 | 입목 |
| 광업재단 | 공장재단 | 분양권 | 입주권 |

(대판 2000.6.19. 2000도837 등 참조)

개업 공인중개사 업역
(「공인중개사법」 제14조 참조)

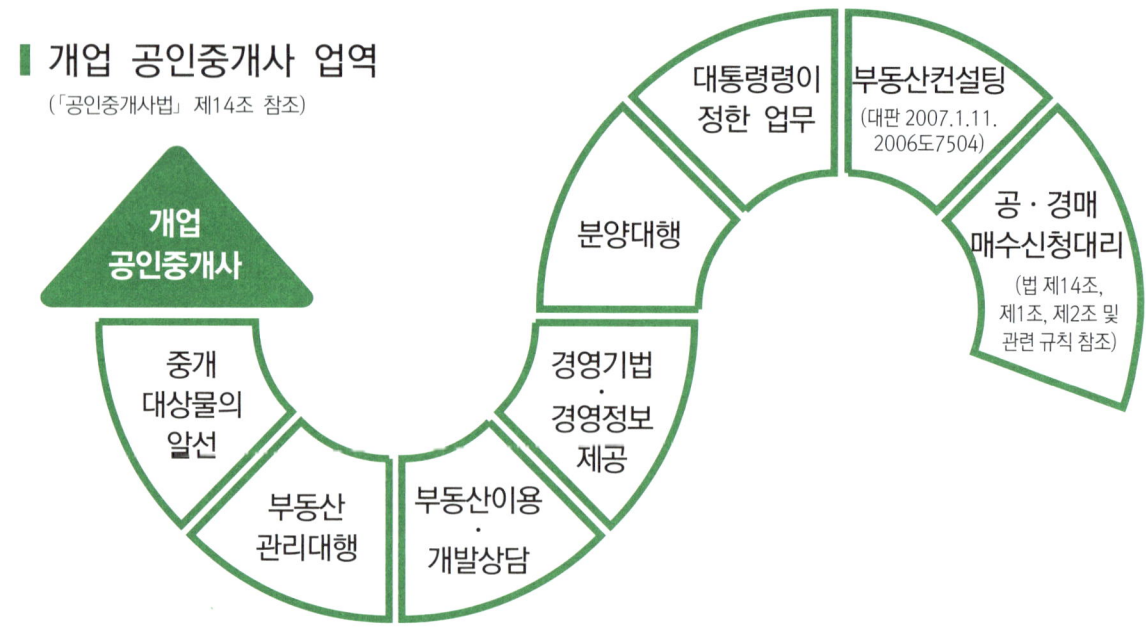

개업(창업)

중개업의 개업은 공인중개사시험에 합격한 후 소정의 교육을 받고, 개설코자 하는 사무소 소재지 시·군·구청에 "사무소" 개설 등록을 하면 된다.

개인중개사무소, 합동중개사무소, 법인중개사무소를 개설하여 영위할 수 있다.

세상에는 수많은 직업이 있으나 돈이 되고, 시장규모가 크고, 경제성이 높고, 일반 진입이 용이한 직업은 거의 없다.

100세가 되어도 건강하면 경제활동이 가능하고, 시장규모가 크고, 높은 경제성이 있고, 일반 진입이 가능한 직업은 공인중개사뿐이다.

법정취업

- **개인중개사무소, 합동중개사무소, 법인공인중개사무소의 소속공인중개사로 취업**
  11만 4천여 개(법인 포함) 중개업체의 소속공인중개사, 법인의 사원 또는 임원으로 취업 (2021현재)

- **특수 중개법인 취업** (「공인중개사법」 제9조 참조)
  - **지역농업협동조합** : 농지의 매매·교환·임대차 업무
  - **산림조합** : 임야, 입목의 매매·교환 업무
  - **산업단지관리기관** : "산단" 내 공장용지·건축물의 매매·임대차 업무
  - **자산관리공사** : 금융회사 부실자산 등 비업무용 부동산의 매매 업무

일반취업(가산점 등)

공인중개사 수요는 경제성장과 함께 폭발적으로 증가한다.

국내외 부동산투자회사, 부동산투자신탁회사, LH토지주택공사, SH공사 등 각 지자체공사, 금융기관, 보험기관 등에서 유자격자를 내부적으로 보직 고려나 승급 시 가산점을 부여한다.

일반기업, 공무원 등에서 보직 참고, 승급 등의 업무소양을 가늠하는 전문자격 및 직능향상 기능을 한다.

탁월한 선택

경록의 선택은 탁월한 선택입니다. 우리나라 부동산교육의 본산으로서 65년 전통과 축적된 전문성, 그리고 국내 최대 전문가 그룹이 서포트합니다.

부동산학을 독자연구 정립하고, 최초로 한국부동산학회를 설립하였으며 대학원에 최초로 독립학과를 설립 교육하고, 공인중개사 제도를 주창, 시험시행 전부터 교육해 시험을 리드한 역사적 전통과 축적을 이룬 기관은 경록뿐입니다(설립자 김영진 박사 1957~현재).

공인중개사 시험

▎시험일정 : 매년 1회 1, 2차 동시 시행

시험 시행기관 등	인터넷 시험접수	시험일자	응시자격
• 법률근거 : 공인중개사법 • 주무부 : 국토교통부 • 시행기관 : 한국산업인력공단	• 매년 8월 둘째 주 5일간 • 특별추가 접수기간 : 별도 공지 일정은 변경될 수 있음	매년 10월 마지막 토요일	학력, 연령, 내·외국인 제한 없이 누구나 가능 (법에 의한 응시자격 결격사유에 해당하는 자는 제외)

※ 큐넷(http://www.q-net.or.kr) 참조, 이상의 일정 등은 변경될 수 있습니다.

▎시험과목 및 시험방법

구 분	시험과목	시험방법	문항 수	시험시간	휴대
1차 시험 1교시 (2과목)	■ 부동산학개론 (부동산감정평가론 포함) ■ 민법 및 민사특별법 중 부동산중개에 관련되는 규정	객관식 5지선다형	과목당 40문항 (1번~80번)	100분 (9:30~11:10)	계산기
2차 시험 1교시 (2과목)	■ 공인중개사의 업무 및 부동산거래신고 등 에 관한 법령·중개실무 ■ 부동산공법 중 부동산중개에 관련되는 규정		과목당 40문항 (1번~80번)	100분 (13:00~14:40)	
2차 시험 2교시 (1과목)	■ 부동산공시에 관한 법령(「부동산등기법」, 「공간정보의 구축 및 관리등에 관한 법률」) 및 부동산 관련 세법		40문항 (1번~40번)	50분 (15:30~16:20)	

※ 답안작성 시 법령이 필요한 경우는 시험시행일 현재 시행되고 있는 법령을 기준으로 작성

주의사항
1. 수험자는 반드시 입실시간까지 입실하여야 함(시험시작 이후 입실 불가)
2. 개인별 좌석배치도는 입실시간 20분 전에 해당 교실 칠판에 별도 부착함
3. 위 시험시간은 일반응시자 기준이며, 장애인 등 장애유형에 따라 편의제공 및 시험시간 연장가능
 (장애 유형별 편의제공 및 시험시간 연장 등 세부내용은 큐넷 공인중개사 홈페이지 공지사항 참조)

▌합격기준

구분	합격결정기준
1차 시험	매 과목 100점을 만점으로 하여 매 과목 40점 이상, 전 과목 평균 60점 이상 득점한 자
2차 시험	

▌시험과목 및 출제비율

구 분	시험과목	출제범위	출제비율
1차 시험 (2과목)	부동산학개론 (부동산감정평가론 포함)	부동산학개론	85% 내외
		부동산감정평가론	15% 내외
	민법 및 민사특별법 중 부동산중개에 관련되는 규정	민법(총칙 중 법률행위, 질권을 제외한 물권법, 계약법 중 총칙·매매·교환·임대차)	85% 내외
		민사특별법(주택임대차보호법, 집합건물의 소유 및 관리에 관한 법률, 가등기담보 등에 관한 법률, 부동산 실권리자명의 등기에 관한 법률, 상가건물 임대차보호법)	15% 내외
2차 시험 (3과목)	공인중개사의 업무 및 부동산거래신고 등에 관한 법령·중개실무	공인중개사법, 부동산거래신고 등에 관한 법률	70% 내외
		중개실무	30% 내외
	부동산공법 중 부동산중개에 관련되는 규정	국토의 계획 및 이용에 관한 법률	30% 내외
		도시개발법, 도시 및 주거환경정비법	30% 내외
		주택법, 건축법, 농지법	40% 내외
	부동산공시에 관한 법령 (「부동산등기법」, 「공간정보의 구축 및 관리등에 관한 법률」) 및 부동산 관련 세법	부동산등기법	30% 내외
		공간정보의 구축 및 관리 등에 관한 법률 (제2장 제4절 및 제3장)	30% 내외
		부동산 관련 세법(상속세, 증여세, 법인세, 부가가치세 제외)	40% 내외

차 례

제1장 국토의 계획 및 이용에 관한 법률

- 1강 총설(Ⅰ) ·· 4
- 2강 총설(Ⅱ) ·· 6
- 3강 광역도시계획 ·· 8
- 4강 도시·군기본 계획 ·· 10
- 5강 도시·군관리 계획(Ⅰ) ·· 14
- 6강 도시·군관리 계획(Ⅱ) ·· 17
- 7강 도시·군관리 계획(Ⅲ) ·· 20
- 8강 용도지역(Ⅰ) ·· 23
- 9강 용도지역(Ⅱ) ·· 25
- 10강 용도지구 ··· 27
- 11강 용도구역 ··· 31
- 12강 입지규제 최소구역 ··· 35
- 13강 기반시설의 설치 ··· 37
- 14강 도시·군계획 시설부지의 매수청구 ···························· 40
- 15강 도시·군계획 시설결정의 실효 ··································· 42
- 16강 지구단위계획/지구단위계획구역(Ⅰ) ························· 44
- 17강 지구단위계획구역(Ⅱ)/지구단위계획구역의 실효 등 ····· 47
- 18강 개발행위허가(Ⅰ) ·· 50
- 19강 개발행위허가(Ⅱ) ·· 52
- 20강 개발행위허가(Ⅲ) ·· 55
- 21강 개발행위에 따른 기반시설의 설치 ··························· 57
- 22강 용도지역·지구·구역에서의 행위제한(Ⅰ) ················ 61
- 23강 용도지역·지구·구역에서의 행위제한(Ⅱ) ················ 63
- 24강 용도지역에서의 행위제한 ·· 65
- 25강 용도지구별 건축제한 ··· 66
- 26강 용도지역에서의 건폐율제한 ······································ 70
- 27강 용도지역에서의 용적률제한 ······································ 72
- 28강 도시·군계획사업의 시행제한 등 ······························· 74
- 29강 도시·군계획 시설사업의 시행(Ⅰ) ···························· 76
- 30강 도시·군계획 시설사업의 시행(Ⅱ) ···························· 78
- 31강 도시·군계획 시설사업의 시행(Ⅲ) ···························· 80
- 32강 보 칙 ·· 82

제2장 도시개발법

- 33강 총 설 ··· 85
- 34강 도시개발조합 ······························ 88
- 35강 도시개발구역의 지정(Ⅰ) ············ 90
- 36강 도시개발구역의 지정(Ⅱ) ············ 92
- 37강 도시개발구역의 지정(Ⅲ) ············ 95
- 38강 수용 또는 사용방식의 사업시행(Ⅰ) ········· 97
- 39강 수용 또는 사용방식의 사업시행(Ⅱ) ········ 100
- 40강 수용 또는 사용방식의 사업시행(Ⅲ) ········ 102
- 41강 환지방식에 의한 사업시행(Ⅰ) ····· 105
- 42강 환지방식에 의한 사업시행(Ⅱ) ····· 107
- 43강 환지방식에 의한 사업시행(Ⅲ) ····· 109
- 44강 환지방식에 의한 사업시행(Ⅳ) ····· 111
- 45강 환지방식에 의한 사업시행(Ⅴ) ····· 113
- 46강 보 칙 ······································· 115

제3장 도시 및 주거환경정비법

- 47강 총 칙 ······································· 119
- 48강 도시·주거환경 정비기본계획 ······ 121
- 49강 정비구역/정비계획 ···················· 124
- 50강 재건축사업 정비계획 입안을 위한 안전진단 ··· 127
- 51강 정비계획의 입안 제안 등 ·········· 131
- 52강 행위제한/ 정비구역 등의 해제 ··· 133
- 53강 정비사업의 시행방법/시행자 ······ 136
- 54강 정비사업의 예외적 시행자 등 ···· 139
- 55강 시공자의 선정/조합설립추진위원회 ··· 142
- 56강 정비사업조합(Ⅰ) ······················· 144
- 57강 정비사업조합(Ⅱ)/주민대표회의 ··· 147
- 58강 사업시행 계획인가 등 ··············· 150
- 59강 순환정비방식의 정비사업 등 ····· 153
- 60강 토지 등의 수용 또는 사용 등 ··· 155
- 61강 관리처분계획(Ⅰ) ······················· 158
- 62강 관리처분계획(Ⅱ) ······················· 161
- 63강 공사완료에 따른 조치 ··············· 165
- 64강 공공재개발사업 등 ···················· 169

제4장 건축법

- 65강 총설(Ⅰ) ··········· 174
- 66강 총설(Ⅱ) ··········· 177
- 67강 총설(Ⅲ) ··········· 179
- 68강 총설(Ⅳ) ··········· 182
- 69강 건축물의 면적·높이·층수 산정(Ⅰ) ··········· 183
- 70강 건축물의 면적·높이·층수 산정(Ⅱ) ··········· 186
- 71강 건축물의 적용범위/건축기준적용의 특례 ··········· 188
- 72강 다른 법률의 배제/건축위원회 ··········· 190
- 73강 건축물의 건축 ··········· 192
- 74강 건축허가의 거부 등 ··········· 195
- 75강 건축허가의 절차와 기준 등 ··········· 197
- 76강 건축물의 용도변경 ··········· 200
- 77강 건축공사(Ⅰ) ··········· 202
- 78강 건축공사(Ⅱ) ··········· 205
- 79강 건축물의 유지·관리 ··········· 208
- 80강 건축물의 대지와 도로(Ⅰ) ··········· 211
- 81강 건축물의 대지와 도로(Ⅱ) ··········· 214
- 82강 건축물의 구조 및 재료(Ⅰ) ··········· 216
- 83강 건축물의 구조 및 재료(Ⅱ) ··········· 219
- 84강 지역 및 지구의 건축물(Ⅰ) ··········· 222
- 85강 지역 및 지구의 건축물(Ⅱ) ··········· 223
- 86강 건축설비 ··········· 226
- 87강 특별건축구역 ··········· 228
- 88강 특별가로구역의 지정·관리/건축협정 ··········· 231
- 89강 결합건축 등 ··········· 234
- 90강 건축분쟁전문위원회 ··········· 237

제5장 주택법

- 91강 총설(Ⅰ) ··········· 240
- 92강 총설(Ⅱ) ··········· 243
- 93강 총설(Ⅲ) ··········· 245
- 94강 주택건설사업자 ··········· 249
- 95강 주택조합(Ⅰ) ··········· 251
- 96강 주택조합(Ⅱ) ··········· 254
- 97강 사업계획승인 ··········· 258
- 98강 기반시설의 기부채납 등 ··········· 260
- 99강 매도청구 등 ··········· 262
- 100강 국·공유지 등의 우선매각 및 임대 ··········· 265

101강 주택의 감리 등 ·· 268
102강 주택의 건설기준 ·· 272
103강 주택의 공급 ·· 276
104강 분양가상한제 ·· 279
105강 저당권설정 등의 제한/사용검사 후 매도청구 ············· 283
106강 투기과열지구/조정대상지역 등 ·································· 285
107강 리모델링(Ⅰ) ·· 290
108강 리모델링(Ⅱ) ·· 292
109강 토지임대부 분양주택 ·· 295
110강 주택상환사채 등 ·· 298

제6장 농지법

111강 총 설 ·· 301
112강 농지의 소유제한 ·· 303
113강 농지취득자격증명 ·· 305
114강 농지의 위탁경영 등 ·· 308
115강 농지의 이용 ·· 311
116강 농업진흥지역 ·· 314
117강 농지의 전용제한 ·· 317

부동산공법

출제비율

- 농지법 5%
- 주택법 17.5%
- 건축법 17.5%
- 도시 및 주거환경정비법 15%
- 도시개발법 15%
- 국토의 계획 및 이용에 관한 법률 30%

CHAPTER별 출제비중

구 분	25회	26회	27회	28회	29회	30회	31회	32회	33회	34회	계	비율(%)
제1장 국토의 계획 및 이용에 관한 법률	12	12	12	12	12	12	12	12	12	12	120	30.0
제2장 도시개발법	6	6	6	6	6	6	6	6	6	6	60	15.0
제3장 도시 및 주거환경 정비법	6	6	6	6	6	6	6	6	6	6	60	15.0
제4장 건축법	7	7	7	7	7	7	7	7	7	7	70	17.5
제5장 주택법	7	7	7	7	7	7	7	7	7	7	70	17.5
제6장 농지법	2	2	2	2	2	2	2	2	2	2	20	5.0
소 계	40	40	40	40	40	40	40	40	40	40	400	100.0

제1장 국토의 계획 및 이용에 관한 법률

경록 에센스 노트

1강 총설(Ⅰ)

▶제정목적
「국토의 계획 및 이용에 관한 법률」은 국토의 이용·개발과 보전을 위한 계획의 수립 및 집행 등에 필요한 사항을 정하여 공공복리를 증진시키고 국민의 삶의 질을 향상시키는 것을 목적으로 한다.

▶도시·군계획
(1) 특별시·광역시·특별자치시·특별자치도·시 또는 군(광역시에 있는 군은 제외)의 관할구역에 대하여 수립하는 공간구조와 발전방향에 대한 계획으로서 도시·군기본계획과 도시·군관리계획으로 구분한다.

(2) 도시·군계획은 특별시·광역시·특별자치시·특별자치도·시 또는 군의 관할구역에서 수립되는 다른 법률에 따른 토지의 이용·개발 및 보전에 관한 계획의 기본이 된다.

▶도시·군기본계획
(1) 특별시·광역시·특별자치시·특별자치도·시 또는 군의 관할구역 및 생활권에 대해 기본적인 공간구조와 장기발전방향을 제시하는 종합계획으로서 도시·군관리계획 수립의 지침이 되는 계획

(2) 특별시장·광역시장·특별자치시장·특별자치도지사·시장 또는 군수가 관할구역에 대해 다른 법률에 따른 환경·교통·수도·하수도·주택 등에 관한 부문별 계획을 수립하는 때에는 도시·군기본계획의 내용과 부합되게 하여야 함

▶ 도시·군관리계획

(1) 용도지역·용도지구의 지정 또는 변경에 관한 계획
(2) 개발제한구역·도시자연공원구역·시가화조정구역·수산자원보호구역의 지정 또는 변경에 관한 계획
(3) 기반시설의 설치·정비 또는 개량에 관한 계획
(4) 도시개발사업 또는 정비사업에 관한 계획
(5) 지구단위계획구역의 지정 또는 변경에 관한 계획과 지구단위계획
(6) 도시혁신구역의 지정 또는 변경에 관한 계획과 도시혁신계획
(7) 복합용도구역의 지정 또는 변경에 관한 계획과 복합용도계획
(8) 도시·군계획시설입체복합구역의 지정 또는 변경에 관한 계획

2강 총설(Ⅱ)

▶광역도시계획
광역계획권의 장기발전방향을 제시하는 계획

▶국가계획
(1) 중앙행정기관이 법률에 따라 수립하거나 국가의 정책적인 목적달성을 위해 수립하는 계획 중 도시·군기본계획의 내용 또는 도시·군관리계획으로 결정할 사항이 포함된 계획
(2) 광역도시계획 및 도시·군계획은 국가계획에 부합되어야 하며, 광역도시계획 또는 도시·군계획의 내용이 국가계획의 내용과 다를 때에는 국가계획의 내용이 우선함

▶기반시설의 종류
(1) **교통시설** : 도로·철도·항만·공항·주차장·자동차정류장·궤도·차량검사 및 면허시설
(2) **공간시설** : 광장·공원·녹지·유원지·공공공지
(3) **유통·공급시설** : 유통업무설비, 수도·전기·가스공급설비, 방송·통신시설, 공동구 등
(4) **공공·문화체육시설** : 학교·공공청사·문화시설·체육시설·연구시설 등
(5) **방재시설** : 하천·유수지·저수지·방화설비·방풍설비·방수설비·사방설비·방조설비
(6) **보건위생시설** : 장사시설·도축장·종합의료시설
(7) **환경기초시설** : 하수도·폐기물처리 및 재활용시설·빗물저장 및 이용시설·폐차장

▶세분되는 기반시설
(1) **도로** : 일반도로, 자동차전용도로, 보행자우선도로, 자전거전용도로, 고가도로, 지하도로
(2) **자동차정류장** : 여객자동차터미널, 물류터미널, 공영차고지, 공동차고지, 화물자동차 휴게소, 복합환승센터, 환승센터
(3) **광장** : 교통광장, 일반광장, 경관광장, 지하광장, 건축물부설광장

▶ 도시·군계획시설

(1) 도시·군계획시설은 기반시설 중에서 도시·군관리계획으로 결정된 시설
(2) 기반시설은 원칙적으로 도시·군관리계획에 따라 설치하는데, 일부 기반시설은 도시·군관리계획에 의하지 않고 설치할 수 있다.

▶ 광역시설의 종류

광역시설은 기반시설 중에서 광역적인 정비체계가 필요한 다음의 시설

(1) 둘 이상의 특별시·광역시·특별자치시·특별자치도·시 또는 군의 관할구역에 걸치는 광역시설

　도로·철도·광장·녹지, 수도·전기·가스·열공급설비, 방송·통신시설, 공동구, 유류저장 및 송유설비, 하천·하수도(하수종말처리시설은 제외)

(2) 둘 이상의 특별시·광역시·특별자치시·특별자치도·시 또는 군이 공동으로 이용하는 광역시설

　항만·공항·자동차정류장·공원·유원지·유통업무설비·문화시설·체육시설·사회복지시설·공공직업훈련시설·청소년수련시설·유수지·장사시설·도축장·하수도(하수종말처리시설에 한함)·폐기물처리 및 재활용 시설·수질오염방지시설·폐차장

▶ 도시·군계획사업의 종류

(1) 도시·군계획시설사업
　도시·군계획시설을 설치·정비 또는 개량하는 사업
(2) 도시개발사업
　도시개발구역에서 주거·상업·산업·유통·정보통신·생태·문화·보건 및 복지 등의 기능을 가지는 단지 또는 시가지를 조성하기 위하여 시행하는 사업
(3) 정비사업
　도시기능을 회복하기 위하여 정비구역에서 정비기반시설을 정비하거나 주택 등 건축물을 개량 또는 건설하는 주거환경개선사업·재개발사업·재건축사업

3강 광역도시계획

▶광역계획권의 지정

국토부장관 또는 도지사는 둘 이상의 특별시·광역시·특별자치시·특별자치도·시 또는 군의 공간구조 및 기능을 상호 연계시키고 환경을 보전하며 광역시설을 체계적으로 정비하기 위하여 필요한 경우에는 인접한 2 이상의 특별시·광역시·특별자치시·특별자치도·시 또는 군의 관할구역의 전부 또는 일부를 광역계획권으로 지정할 수 있다.

▶광역계획권의 지정권자

(1) 광역계획권이 둘 이상의 시·도의 관할구역에 걸쳐 있는 경우 : 국토부장관
(2) 광역계획권이 도의 관할구역에 속해 있는 경우 : 도지사

▶광역계획권의 지정절차

(1) 국토부장관은 광역계획권을 지정하거나 변경하려면 관계 시·도지사, 시장 또는 군수의 의견을 들은 후 중앙도시계획위원회의 심의를 거쳐야 한다.
(2) 도지사가 광역계획권을 지정하거나 변경하려면 관계 중앙행정기관의 장, 관계 시·도지사, 시장 또는 군수의 의견을 들은 후 지방도시계획위원회의 심의를 거쳐야 한다.

▶ 광역도시계획

(1) 광역도시계획의 내용
  1) 광역계획권의 공간구조와 기능분담에 관한 사항
  2) 광역계획권의 녹지관리체계와 환경보전에 관한 사항
  3) 광역시설의 배치·규모·설치에 관한 사항
  4) 경관계획에 관한 사항 등
(2) 광역도시계획의 수립기준
   광역도시계획의 수립기준은 국토부장관이 정함

▶광역도시계획의 수립권자

(1) 광역계획권이 같은 도의 관할구역에 속하여 있는 경우 : 관할 시장 또는 군수가 공동으로 수립

(2) 광역계획권이 둘 이상의 시·도의 관할구역에 걸쳐 있는 경우 : 관할 시·도지사가 공동으로 수립

(3) 광역계획권을 지정한 날부터 3년이 지날 때까지 관할 시장 또는 군수가 광역도시계획의 승인을 신청하지 아니한 경우 : 도지사가 단독수립

(4) 국가계획과 관련된 광역도시계획의 수립이 필요한 경우와 광역계획권을 지정한 날부터 3년이 지날 때까지 관할 시·도지사로부터 광역도시계획에 대하여 승인신청이 없는 경우 : 국토부장관이 단독수립

(5) 국토부장관과 관할 시·도지사의 공동수립

국토부장관은 시·도지사의 요청이 있거나 그 밖에 필요하다고 인정되는 경우 : 관할 시·도지사와 공동으로 광역도시계획을 수립

(6) 도지사와 관할 시장·군수의 공동수립

도지사는 시장 또는 군수가 요청하는 경우와 그 밖에 필요하다고 인정하는 경우 : 관할 시장 또는 군수와 공동으로 광역도시계획을 수립

▶광역도시계획의 승인권자

(1) 시·도지사가 광역도시계획을 수립 또는 변경하려면 국토부장관의 승인을 받아야 한다.

(2) 시장·군수는 광역도시계획을 수립 또는 변경하려면 도지사의 승인을 받아야 한다.

▶ 광역도시계획의 조정

(1) **국토부장관에게 조정 신청**

광역도시계획을 공동으로 수립하는 시·도지사는 그 내용에 관하여 서로 협의가 되지 아니하면 공동이나 단독으로 국토부장관에게 조정을 신청할 수 있다.

(2) **도지사에게 조정 신청**

광역도시계획을 공동으로 수립하는 시장 또는 군수는 그 내용에 관하여 서로 협의가 되지 아니하면 공동이나 단독으로 도지사에게 조정을 신청할 수 있다.

▶ 광역도시계획의 수립절차

(1) 기초조사
(2) 광역도시계획안의 작성
(3) 공청회 개최
(4) 지방의회와 시장·군수의 의견청취
(5) 승인신청
(6) 관계 행정기관의 장과의 협의
(7) 도시계획위원회의 심의
(8) 승인
(9) 공고·공람

▶ 도시·군기본계획의 정의

(1) 도시·군기본계획은 특별시·광역시·특별자치시·특별자치도·시 또는 군의 관할 구역 및 생활권에 대하여 기본적인 공간구조와 장기발전방향을 제시하는 종합계획으로서 도시·군관리계획수립의 지침이 되는 계획

(2) 도시·군기본계획의 수립기준은 국토교통부장관이 정함

4강
도시·군기본계획

▶도시·군기본계획의 내용

1) 지역적 특성 및 계획의 방향·목표에 관한 사항
2) 공간구조 및 인구의 배분에 관한 사항
3) 생활권의 설정과 생활권역별 개발·정비 및 보전 등에 관한 사항
4) 토지의 이용 및 개발에 관한 사항
5) 토지의 용도별 수요 및 공급에 관한 사항
6) 환경의 보전 및 관리에 관한 사항
7) 기반시설에 관한 사항
8) 경관에 관한 사항
9) 방재·방범 등 안전에 관한 사항 등

▶도시·군기본계획의 수립대상지역

(1) 관할구역에 대하여 수립

특별시·광역시·특별자치시·특별자치도·시 및 군의 관할구역에 대하여 수립

(2) 인접한 시 또는 군의 전부·일부 포함 수립

미리 해당 특별시장·광역시장·특별자치시장·특별자치도지사·시장 또는 군수와 협의한 경우 인접한 특별시·광역시·특별자치시·특별자치도·시 또는 군의 관할구역의 전부 또는 일부를 포함하여 수립할 수 있다.

(3) 도시·군기본계획을 수립하지 아니할 수 있는 시 또는 군

1) 수도권에 속하지 아니하고 광역시와 경계를 같이하지 아니하는 시 또는 군으로서 인구 10만 이하인 시 또는 군
2) 관할구역 전부에 대하여 광역도시계획이 수립되어 있는 시 또는 군으로서 해당 광역도시계획에 도시·군기본계획으로 정하여야 할 사항이 모두 포함되어 있는 시 또는 군

▶ 도시·군기본계획의 수립권자 및 승인권자

(1) 도시·군기본계획의 수립권자

1) 관할 특별시장·광역시장·특별자치시장·특별자치도지사·시장 또는 군수(광역시의 관할구역에 있는 군수는 제외)가 수립함
2) 다만, 지역여건상 필요한 때에는 인접한 특별시·광역시·특별자치시·특별자치도·시 또는 군의 관할구역을 포함해서 도시·군기본계획을 수립할 수 있다.

(2) 도시·군기본계획의 승인권자

시장 또는 군수는 도시·군기본계획을 수립·변경하려면 도지사의 승인을 받아야 함

▶ 도시·군기본계획의 수립절차

(1) 기초조사에 토지적성평가·재해취약성분석의 포함

시·도지사, 시장 또는 군수는 기초조사의 내용에 토지의 토양, 입지, 활용가능성 등 토지적성평가와 재해취약성분석을 포함하여야 한다.

(2) 토지적성평가·재해취약성분석 면제사유

1) 도시·군기본계획 입안일 5년 이내에 토지적성평가·재해취약성분석을 실시한 경우
2) 다른 법률에 따른 지역·지구 등의 지정이나 개발계획 수립 등으로 인하여 도시·군기본계획의 변경이 필요한 경우

(3) 공청회 개최

공청회를 열어 주민·관계전문가 등으로부터 의견을 청취해야 하며, 공청회에서 제시된 의견이 타당하다고 인정하는 때에는 이를 도시·군기본계획의 수립에 반영

(4) 지방의회의 의견청취

특별시장·광역시장·특별자치시장·특별자치도지사·시장 또는 군수는 도시·군기본계획을 수립 또는 변경하는 때에는 미리 해당 지방의회의 의견을 들어야 한다.

(5) 도시·군기본계획의 확정

특별시장·광역시장·특별자치시장 또는 특별자치도지사는 도시·군기본계획을 수립하거나 변경하려는 때에는 관계 행정기관의 장(국토부장관을 포함)과 협의한 후 지방도시계획위원회의 심의를 거쳐야 한다.

▶국가계획, 광역도시계획 및 도시·군계획의 관계

(1) 광역도시계획 및 도시·군계획은 국가계획에 부합되어야 하며, 광역도시계획 또는 도시·군계획의 내용이 국가계획의 내용과 다를 때에는 국가계획의 내용이 우선한다.
(2) 광역도시계획이 수립되어 있는 지역에 대하여 수립하는 도시·군기본계획은 해당 광역도시계획에 부합되어야 하며, 도시·군기본계획의 내용이 광역도시계획의 내용과 다를 때에는 광역도시계획의 내용이 우선한다.

▶도시·군기본계획의 정비

(1) 특별시장·광역시장·특별자치시장·특별자치도지사·시장 또는 군수는 5년마다 관할구역의 도시·군기본계획에 대하여 타당성을 전반적으로 재검토하여 이를 정비하여야 함
(2) 특별시장·광역시장·특별자치시장·특별자치도지사·시장 또는 군수는 도시·군기본계획의 내용에 우선하는 광역도시계획의 내용 및 도시·군기본계획에 우선하는 국가계획의 내용을 도시·군기본계획에 반영해야 함

▶생활권계획 수립의 특례

(1) 생활권계획의 수립(임의)

특별시장·광역시장·특별자치시장·특별자치도지사·시장 또는 군수는 생활권역별 개발·정비 및 보선 등에 관하여 필요한 경우 생활권계획을 따로 수립할 수 있다.

5강 도시·군관리계획(Ⅰ)

(2) 도시·군기본계획수립 또는 변경의 의제

생활권계획이 수립 또는 승인된 때에는 해당 계획이 수립된 생활권에 대해서는 도시·군기본계획이 수립 또는 변경된 것으로 본다.

▶도시·군관리계획의 입안권자

★ 도시·군관리계획은 특별시·광역시·특별자치시·특별자치도·시 또는 군의 개발·정비 및 보전을 위해 수립하는 계획
★ 도시·군관리계획은 광역도시계획 및 도시·군기본계획(생활권계획을 포함)에 부합되어야 한다.

(1) 원칙적 입안권자

원칙적으로 해당 구역을 관할하는 특별시장·광역시장·특별자치시장·특별자치도지사·시장 또는 군수가 입안하여야 한다.

(2) 인접 시장·군수의 입안

특별시장·광역시장·특별자치시장·특별자치도지사·시장 또는 군수는 지역 여건상 필요하다고 인정하여 미리 인접한 특별시장·광역시장·특별자치시장·특별자치도지사·시장 또는 군수와 협의한 경우 또는 인접한 관할구역을 포함하여 도시·군기본계획을 수립한 경우에는 인접한 특별시·광역시·특별자치시·특별자치도·시 또는 군의 관할구역의 전부 또는 일부를 포함하여 도시·군관리계획을 입안할 수 있다.

(3) 국토부장관의 입안

1) 국가계획과 관련된 경우
2) 둘 이상의 시·도에 걸쳐 지정되는 용도지역·용도지구 또는 용도구역과 둘 이상의 시·도에 걸쳐 이루어지는 사업의 계획 중 도시·군관리계획으로 결정하여야 할 사항이 있는 경우
3) 특별시장·광역시장·특별자치시장·특별자치도지사·시장 또는 군수가 국토부장관이 요구한 기한까지 도시·군관리계획을 정비하지 아니하는 경우

(4) 도지사의 입안

1) 둘 이상의 시·군에 걸쳐 지정되는 용도지역·용도지구 또는 용도구역과 둘 이상의 시·군에 걸쳐 이루어지는 사업의 계획 중 도시·군관리계획으로 결정하여야 할 사항이 포함되어 있는 경우
2) 도지사가 직접 수립하는 사업의 계획으로서 도시·군관리계획으로 결정하여야 할 사항이 포함되어 있는 경우

▶도시·군관리계획 입안의 제안

주민(이해관계자 포함)은 다음 사항에 대하여 도시·군관리계획을 입안할 수 있는 자에게 도시·군관리계획도서와 계획설명서를 첨부하여 도시·군관리계획의 입안을 제안할 수 있다.

(1) 기반시설의 설치·정비 또는 개량에 관한 사항
(2) 지구단위계획구역의 지정 및 변경과 지구단위계획의 수립 및 변경에 관한 사항
(3) 개발진흥지구 중 산업·유통개발진흥지구의 지정 및 변경에 관한 사항
(4) 용도지구 중 지구단위계획으로 대체하기 위한 용도지구의 지정 및 변경에 관한 사항
(5) 도시·군계획시설입체복합구역의 지정 및 변경과 도시·군계획시설입체복합구역의 건축제한·건폐율·용적률·높이 등에 관한 사항

▶제안을 위한 토지소유자의 동의비율

(1) 기반시설의 설치·정비 또는 개량에 관한 사항에 대한 제안의 경우 : 대상 토지 면적의 4/5 이상 토지소유자의 동의(국·공유지는 제외)
(2) **지구단위계획구역의 지정 및 변경과 지구단위계획의 수립 및 변경에 관한 사항, 산업·유통개발진흥지구의 지정 및 변경에 관한 사항, 용도지구 중 지구단위계획으로 대체하기 위한 용도지구의 지정 및 변경에 관한 사항, 도시·군계획시설입체복합구역의 건축제한·건폐율·용적률·높이 등에 관한 사항에 대한 제안의 경우** : 대상 토지 면적의 2/3 이상 토지소유자의 동의

▶제안절차 등

(1) 제안받은 자는 제안일부터 45일 이내에 도시·군관리계획 입안에의 반영여부를 제안자에게 통보하여야 한다. 다만, 1회에 한하여 30일을 연장할 수 있다.

(2) 도시·군관리계획의 입안을 제안받은 자는 제안자와 협의하여 제안된 도시·군관리계획의 입안 및 결정에 필요한 비용의 전부 또는 일부를 제안자에게 부담시킬 수 있다.

▶도시·군관리계획의 결정권자

(1) **원칙적인 결정권자**

도시·군관리계획은 시·도지사가 직접 또는 시장·군수의 신청에 의하여 결정한다. 다만, 대도시의 경우에는 대도시 시장이 직접 결정하고, 다음의 도시·군관리계획은 시장 또는 군수가 직접 결정한다.

1) 시장 또는 군수가 입안한 지구단위계획구역의 지정·변경과 지구단위계획의 수립·변경에 관한 도시·군관리계획

2) 지구단위계획으로 대체하는 용도지구 폐지에 관한 도시·군관리계획 [해당 시장(대도시시장은 제외) 또는 군수가 도지사와 미리 협의한 경우에 한정한다]

(2) **예외적인 결정권자**

다음의 도시·군관리계획은 국토부장관이 결정한다.

1) 국토부장관이 입안한 도시·군관리계획

2) 개발제한구역의 지정 및 변경에 관한 도시·군관리계획

3) 국가계획과 연계한 시가화조정구역의 지정 및 변경에 관한 도시·군관리계획

[수산자원보호구역의 지정 및 변경에 관한 도시·군관리계획은 해수부장관이 결정]

6강 도시·군관리계획(Ⅱ)

▶도시·군관리계획의 입안절차

(1) 기초조사

도시·군관리계획을 수립하는 때에는 미리 인구·경제·사회·문화·교통·환경·토지이용 등에 관한 사항 중 그 도시·군관리계획의 수립에 관해 필요한 사항을 조사하거나 측량해야 한다.

(2) 기초조사의 내용에 포함사항

1) 도시·군관리계획이 환경에 미치는 영향 등에 대한 환경성 검토
2) 토지적성평가와 재해취약성 분석

(3) 기초조사 등을 실시하지 아니할 수 있는 요건

1) 해당 지구단위계획구역이 도심지에 위치하는 경우
2) 해당 지구단위계획구역 안의 나대지면적이 구역면적의 2%에 미달하는 경우
3) 해당 지구단위계획구역 또는 도시·군계획시설부지가 다른 법률에 따라 지역·지구 등으로 지정되거나 개발계획이 수립된 경우
4) 해당 지구단위계획구역의 지정목적이 해당 구역을 정비 또는 관리하고자 하는 경우로서 지구단위계획의 내용에 너비 12m 이상 도로의 설치계획이 없는 경우
5) 기존의 용도지구를 폐지하고 지구단위계획을 수립 또는 변경하여 그 용도지구에 따른 건축물이나 그 밖의 시설의 용도·종류 및 규모 등의 제한을 그대로 대체하려는 경우
6) 해당 도시·군계획시설의 결정을 해제하려는 경우

(4) 입안의 기준

1) 도시·군관리계획은 계획의 상세 정도, 도시·군관리계획으로 결정해야 하는 기반시설의 종류 등에 대해 도시와 농·산·어촌 지역의 인구밀도, 토지이용의 특성 및 주변 환경 등을 종합적으로 고려해서 차등을 두어 입안해야 한다.
2) 도시·군관리계획의 수립기준은 국토부장관(수산자원보호구역의 경우에는 해수부장관)이 정한다.

▶도시·군관리계획 입안의 특례

국토부장관, 시·도지사, 시장 또는 군수는 도시·군관리계획을 조속히 입안하여야 할 필요가 있다고 인정되면 광역도시계획이나 도시·군기본계획을 수립할 때에 도시·군관리계획을 함께 입안할 수 있다.

▶도시·군관리계획의 결정권자

(1) 도시·군관리계획에 관한 관계 행정기관의 장과 협의 : 결정권자
　　⇩
(2) 도시계획위원회의 심의 : 결정권자
　　⇩
(3) 결정·고시 : 결정권자
　　⇩
(4) 공람 : 관계 특별시장·광역시장·특별자치시장·특별자치도지사·시장·군수

▶도시·군관리계획결정의 효력

(1) 도시·군관리계획결정의 효력발생시기

도시·군관리계획결정의 효력은 지형도면을 고시한 날부터 발생한다.

(2) 효력발생 및 실효 규정

도시·군관리계획결정의 효력발생 및 실효 등에 관해서는 「토지이용규제 기본법」 제8조 제3항부터 제5항까지의 규정에 따른다.

▶진행중인 사업 또는 공사의 특례

(1) 도시·군관리계획결정 당시 이미 사업 또는 공사에 착수한 자는 해당 도시·군관리계획결정과 관계 없이 그 사업 또는 공사를 계속할 수 있다.
(2) 시가화조정구역 또는 수산자원보호구역의 지정에 관한 도시·군관리계획결정이 있는 경우에는 그 고시가 있은 날부터 3개월 이내에 사업 또는 공사의 내용을 관할 특별시장·광역시장·특별자치시장·특별자치도지사·시장 또는 군수에게 신고하고 그 사업 또는 공사를 계속할 수 있다.

(3) 시가화조정구역 또는 수산자원보호구역의 지정에 의하여 신고한 행위가 건축물의 건축을 목적으로 하는 토지의 형질변경인 경우에는 토지의 형질변경에 관한 공사를 완료한 후 3개월 이내에 건축허가를 신청하는 때에는 해당 건축물을 건축할 수 있다.
(4) 건축물의 건축을 목적으로 하는 토지의 형질변경에 관한 공사를 완료한 후 1년 이내에 시가화조정구역 또는 수산자원보호구역의 지정에 관한 도시·군관리계획결정의 고시가 있는 경우에는 고시일부터 6개월 이내에 건축허가를 신청해야 해당 건축물을 건축할 수 있다.

▶도시·군관리계획의 정비
특별시장·광역시장·특별자치시장·특별자치도지사·시장·군수는 5년마다 도시·군관리계획에 대하여 그 타당성을 전반적으로 재검토하여 정비하여야 함

▶지형도면의 고시
(1) 지형도면의 작성권자
  1) 특별시장·광역시장·특별자치시장·특별자치도지사·시장 또는 군수는 도시·군관리계획결정이 고시되면 지적이 표시된 지형도에 도시·군관리계획에 관한 사항을 자세히 밝힌 도면을 작성하여야 한다.
  2) 다만, 국토부장관(해수부장관) 또는 도지사가 도시·군관리계획을 직접 입안한 경우에는 국토부장관(해수부장관) 또는 도지사가 직접 지형도면을 작성할 수 있다.
(2) 지형도면의 승인권자
  1) 시장(대도시 시장은 제외)이나 군수는 지형도에 도시·군관리계획(지구단위계획구역의 지정·변경과 지구단위계획의 수립·변경에 관한 도시·군관리계획은 제외)에 관한 사항을 자세히 밝힌 지형도면을 작성하면 도지사의 승인을 받아야 한다.
  2) 이 경우 지형도면의 승인신청을 받은 도지사는 그 지형도면과 결정·고시된 도시·군관리계획을 대조해서 착오가 없다고 인정되는 때에는 30일 안에 지형도면을 승인해야 한다.

(3) **지형도면의 고시**

국토부장관(해수부장관), 시·도지사, 시장 또는 군수는 직접 지형도면을 작성하거나 지형도면을 승인한 경우에는 이를 고시하여야 한다.

(4) **지형도면의 작성기준 및 방법**

지형도면의 작성기준 및 방법과 지형도면의 고시방법 및 절차 등에 관하여는 「토지이용규제 기본법」의 규정에 따른다.

7강 도시·군관리계획(Ⅲ)

▶**공간재구조화계획의 의의**

토지의 이용 및 건축물이나 그 밖의 시설의 용도·건폐율·용적률·높이 등을 완화하는 용도구역의 효율적이고 계획적 관리를 위하여 수립하는 계획

▶**공간재구조화계획의 내용**

(1) 도시혁신구역 및 도시혁신계획, 복합용도구역 및 복합용도계획, 도시·군계획시설입체복합구역의 용도구역 지정 위치 및 용도구역에 대한 계획 등에 관한 사항
(2) 그 밖에 위의 용도구역을 지정함에 따라 인근 지역의 주거·교통·기반시설 등에 미치는 영향 등 대통령령으로 정하는 사항

▶**공간재구조화계획의 입안권자 및 수립대상**

특별시장·광역시장·특별자치시장·특별자치도지사·시장 또는 군수는 다음의 용도구역을 지정하고 해당 용도구역에 대한 계획을 수립하기 위하여 공간재구조화계획을 입안하여야 한다.(요청 시 국토부장관도 입안 가능)

(1) 도시혁신구역 및 도시혁신계획
(2) 복합용도구역 및 복합용도계획
(3) 도시·군계획시설입체복합구역(위 용도구역과 함께 구역을 지정하거나 계획을 입안하는 경우로 한정한다)

▶공간재구조화계획 입안의 제안

주민(이해관계자를 포함)은 다음의 용도구역 지정을 위하여 공간재구조화계획 입안권자에게 공간재구조화계획의 입안을 제안할 수 있다. 이 경우 제안서에는 공간재구조화계획도서와 계획설명서를 첨부하여야 한다.

(1) 도시혁신구역
(2) 복합용도구역
(3) 도시·군계획시설입체복합구역(위 용도구역과 함께 구역을 지정하는 경우로 한정)

▶공간재구조화계획의 결정권자

공간재구조화계획은 시·도지사가 직접 또는 시장·군수의 신청에 따라 결정한다.
다만, 국토부장관이 입안한 공간재구조화계획은 국토부장관이 결정한다.

▶공간재구조화계획의 결정절차

국토부장관 또는 시·도지사가 공간재구조화계획을 결정하려면 미리 관계행정기관의 장과 협의하고 다음에 따라 중앙도시계획위원회 또는 지방도시계획위원회의 심의를 거쳐야 한다. 이 경우 협의요청을 받은 기관의 장은 특별한 사유가 없으면 그 요청을 받은 날부터 30일 이내에 의견을 제시하여야 한다.

(1) 다음의 어느 하나에 해당하는 사항은 중앙도시계획위원회의 심의를 거침
   ① 국토부장관이 결정하는 공간재구조화계획
   ② 시·도지사가 결정하는 공간재구조화계획중 용도구역 지정 및 입지 타당성 등에 관한 사항
(2) 위 사항을 제외한 공간재구조화계획에 대하여는 지방도시계획위원회의 심의를 거침

▶공간재구조화계획의결정·고시
국토부장관 또는 시·도지사는 공간재구조화계획을 그 결정을 고시하고, 국토부장관이나 도지사는 관계 서류를 관계 특별시장·광역시장·특별자치시장·특별자치도지사·시장 또는 군수에게 송부하여 일반이 열람할 수 있도록 하여야 한다.

▶공간재구조화계획결정의 효력발생시기
공간재구조화계획결정의 효력은 지형도면을 고시한 날부터 발생한다. 다만, 지형도면이 필요없는 경우에는 공간재구조화계획결정·고시한 날부터 효력이 발생한다.

▶결정·고시의 의제
결정·고시를 한 경우에 해당 구역 지정 및 계획 수립에 필요한 내용에 대해서는 고시한 내용에 따라 도시·군기본계획의 수립·변경과 도시·군관리계획의결정(변경결정을 포함) 고시를 한 것으로 본다.

▶진행중인 사업 또는 공사
결정·고시를 할 당시에 이미 사업이나 공사에 착수한 자는 그 공간재구조화계획결정과 관계없이 그 사업이나 공사를 계속할 수 있다.

▶도시·군계획으로 관리
결정·고시된 공간재구조화계획의 내용은 도시·군계획으로 관리하여야 함

8강 용도지역(Ⅰ)

▶ 용도지역의 정의
토지의 이용 및 건축물의 용도·건폐율·용적률·높이 등을 제한함으로써 토지를 경제적·효율적으로 이용하고 공공복리의 증진을 도모하기 위하여 서로 중복되지 아니하게 도시·군관리계획으로 결정하는 지역

▶ 용도지역의 지정
(1) **도시지역** : 인구와 산업이 밀집되어 있거나 밀집이 예상되어 그 지역에 대하여 체계적인 개발·정비·관리·보전 등이 필요한 지역
　1) **주거지역** : 거주의 안녕과 건전한 생활환경의 보호를 위하여 필요한 지역
　2) **상업지역** : 상업이나 그 밖의 업무의 편익을 증진하기 위하여 필요한 지역
　3) **공업지역** : 공업의 편익을 증진하기 위하여 필요한 지역
　4) **녹지지역** : 자연환경·농지 및 산림의 보호, 보건위생, 보안과 도시의 무질서한 확산을 방지하기 위하여 녹지의 보전이 필요한 지역

(2) **관리지역**
　1) **보전관리지역** : 자연환경 보호, 산림 보호, 수질오염 방지, 녹지공간 확보 및 생태계 보전 등을 위하여 보전이 필요하나, 주변 용도지역과의 관계 등을 고려할 때 자연환경보전지역으로 지정하여 관리하기가 곤란한 지역
　2) **생산관리지역** : 농업·임업·어업 생산 등을 위하여 관리가 필요하나, 주변 용도지역과의 관계 등을 고려할 때 농림지역으로 지정하여 관리하기가 곤란한 지역
　3) **계획관리지역** : 도시지역으로의 편입이 예상되는 지역이나 자연환경을 고려하여 제한적인 이용·개발을 하려는 지역으로서 계획적·체계적인 관리가 필요한 지역

(3) **농림지역** : 도시지역에 속하지 아니하는 농업진흥지역 또는 보전산지 등으로서 농림업을 진흥시키고 산림을 보전하기 위하여 필요한 지역

(4) **자연환경보전지역** : 자연환경·수자원·해안·생태계·상수원 및 국가유산의 보전과 수산자원의 보호·육성 등을 위하여 필요한 지역

▶ 주거지역

(1) **전용주거지역**
  1) 제1종 전용주거지역 : 단독주택 중심의 양호한 주거환경을 보호하기 위하여 필요한 지역
  2) 제2종 전용주거지역 : 공동주택 중심의 양호한 주거환경을 보호하기 위하여 필요한 지역

(2) **일반주거지역**
  1) 제1종 일반주거지역 : 저층주택을 중심으로 편리한 주거환경을 조성하기 위하여 필요한 지역
  2) 제2종 일반주거지역 : 중층주택을 중심으로 편리한 주거환경을 조성하기 위하여 필요한 지역
  3) 제3종 일반주거지역 : 중고층주택을 중심으로 편리한 주거환경을 조성하기 위하여 필요한 지역

(3) **준주거지역** : 주거기능을 위주로 이를 지원하는 일부 상업기능 및 업무기능을 보완하기 위하여 필요한 지역

▶ 상업지역

(1) **근린상업지역** : 근린지역에서의 일용품 및 서비스의 공급을 위하여 필요한 지역
(2) **유통상업지역** : 도시 내 및 지역간 유통기능의 증진을 위하여 필요한 지역
(3) **일반상업지역** : 일반적인 상업기능 및 업무기능을 담당하게 하기 위하여 필요한 지역
(4) **중심상업지역** : 도심·부도심의 상업기능 및 업무기능의 확충을 위하여 필요한 지역

▶공업지역

(1) **전용공업지역** : 주로 중화학공업·공해성 공업 등을 수용하기 위하여 필요한 지역
(2) **일반공업지역** : 환경을 저해하지 아니하는 공업의 배치를 위하여 필요한 지역
(3) **준공업지역** : 공업 그 밖의 공업을 수용하되, 주거기능·상업기능 및 업무기능의 보완이 필요한 지역

▶녹지지역

(1) **보전녹지지역** : 도시의 자연환경·경관·산림 및 녹지공간을 보전할 필요가 있는 지역
(2) **생산녹지지역** : 주로 농업적 생산을 위하여 개발을 유보할 필요가 있는 지역
(3) **자연녹지지역** : 도시의 녹지공간의 확보, 도시확산의 방지, 장래 도시용지의 공급 등을 위하여 보전할 필요가 있는 지역으로서 불가피한 경우에 한하여 제한적인 개발이 허용되는 지역

▶용도지역 관리의무

(1) **도시지역** : 관계 법률이 정하는 바에 따라 그 지역이 체계적이고 효율적으로 개발·정비·보전될 수 있도록 미리 계획을 수립하고 이를 시행해야 한다.
(2) **관리지역** : 관계 법률이 정하는 바에 따라 필요한 보전조치를 취하고 개발이 필요한 지역에 대해서는 계획적인 이용과 개발을 도모해야 한다.
(3) **농림지역** : 관계 법률이 정하는 바에 따라 농·임업의 진흥과 산림의 보전·육성에 필요한 조사와 대책을 마련해야 한다.
(4) **자연환경보전지역** : 관계 법률이 정하는 바에 따라 환경오염방지, 자연환경·수질·수자원·해안·생태계 및 국가유산의 보전과 수산자원의 보호·육성을 위해 필요한 조사와 대책을 마련해야 한다.

9강

용도지역(Ⅱ)

▶공유수면매립지에 관한 용도지역의 지정특례

(1) 용도지역 지정이 의제되는 경우

공유수면(바다만 해당함)의 매립 목적이 그 매립구역과 이웃하고 있는 용도지역(도시지역, 관리지역, 농림지역, 자연환경보전지역. 다만, 용도지역이 도시지역에 해당하는 경우에는 세분하여 지정된 용도지역을 말함)의 내용과 같으면 도시·군관리계획의 입안 및 결정 절차 없이 그 매립준공구역은 그 매립의 준공인가일부터 이와 이웃하고 있는 용도지역으로 지정된 것으로 본다. 이 경우 관계 특별시장·광역시장·특별자치시장·특별자치도지사·시장 또는 군수는 그 사실을 지체 없이 고시하여야 한다.

(2) 도시·군관리계획결정으로 지정하여야 하는 경우

공유수면의 매립 목적이 그 매립구역과 이웃하고 있는 용도지역의 내용과 다른 경우 및 그 매립구역이 둘 이상의 용도지역에 걸쳐 있거나 이웃하고 있는 경우 그 매립구역이 속할 용도지역은 도시·군관리계획결정으로 지정하여야 한다.

▶도시지역으로 결정·고시 의제

(1) 「항만법」에 의한 항만구역으로서 도시지역에 연접된 공유수면
(2) 「어촌·어항법」에 의한 어항구역으로서 도시지역에 연접된 공유수면
(3) 「산업입지 및 개발에 관한 법률」에 의한 국가산업단지·일반산업단지 및 도시첨단산업단지
(4) 「택지개발촉진법」에 의한 택지개발지구
(5) 「전원개발촉진법」에 의한 전원개발사업구역 및 예정구역(수력발전소 또는 송·변전설비만을 설치하기 위한 전원개발사업구역 및 예정구역은 제외)

▶농림지역으로 결정·고시 의제

관리지역에서 「농지법」에 따른 농업진흥지역으로 지정·고시된 지역은 농림지역으로 결정·고시된 것으로 본다.

▶농림지역 또는 자연환경보전지역으로 결정·고시 의제

관리지역의 산림 중 「산지관리법」에 따라 보전산지로 지정·고시된 지역은 그 고시에서 구분하는 바에 따라 농림지역 또는 자연환경보전지역으로 결정·고시된 것으로 본다.

▶구역 등의 해제에 따른 용도지역의 환원

(1) 도시지역·농림지역 또는 자연환경보전지역의 지정이 의제되는 구역 등이 해제되는 경우(개발사업의 완료로 해제되는 경우는 제외함) 「국토계획법」 또는 다른 법률에서 당해 구역 등이 어떤 용도지역에 해당되는지를 따로 정하고 있지 아니한 때에는 이를 지정하기 이전의 용도지역으로 환원된 것으로 본다.
(2) 용도지역이 환원되는 당시 이미 사업 또는 공사에 착수한 자는 그 용도지역의 환원과 관계없이 그 사업 또는 공사를 계속할 수 있다.

10강 용도지구

▶ 용도지구의 정의

(1) 토지의 이용 및 건축물의 용도·건폐율·용적률·높이 등에 대한 용도지역의 제한을 강화 또는 완화하여 적용함으로써 용도지역의 기능을 증진시키고 경관·안전 등을 도모하기 위하여 도시·군관리계획으로 결정하는 지역
(2) 용도지구는 용도지역과는 달리 하나의 지역이 그 지역의 특성에 따라 여러 개의 용도지구로 중복 지정될 수 있다.

▶용도지구의 지정

(1) **지정권자** : 국토부장관, 시·도지사 또는 대도시 시장
(2) 경관지구, 고도지구, 방화지구, 방재지구, 보호지구, 취락지구, 개발진흥지구, 특정용도제한지구, 복합용도지구의 지정 또는 변경을 도시·군관리계획으로 결정한다.
(3) 「국토계획법 시행령」에 따른 용도지구의 세분
  경관지구·방재지구·보호지구·취락지구 및 개발진흥지구

▶방재지구의 의무 지정

시·도지사 또는 대도시 시장은 다음의 지역에 대해서는 방재지구의 지정 또는 변경을 도시·군관리계획으로 결정하여야 한다.

1) 연안침식으로 인하여 심각한 피해가 발생하거나 발생할 우려가 있어 이를 특별히 관리할 필요가 있는 지역으로서 「연안관리법」에 따른 연안침식관리구역으로 지정된 지역
2) 풍수해, 산사태 등의 동일한 재해가 최근 10년 이내 2회 이상 발생하여 인명피해를 입은 지역으로서 향후 동일한 재해 발생 시 상당한 피해가 우려되는 지역

▶경관지구

경관의 보전·관리 및 형성을 위하여 필요한 지구

1) **자연경관지구** : 산지·구릉지 등 자연경관을 보호하거나 유지하기 위하여 필요한 지구
2) **시가지경관지구** : 지역 내 주거지, 중심지 등 시가지의 경관을 보호 또는 유지하거나 형성하기 위하여 필요한 지구
3) **특화경관지구** : 지역 내 주요 수계의 수변 또는 문화적 보존가치가 큰 건축물 주변의 경관 등 특별한 경관을 보호 또는 유지하거나 형성하기 위하여 필요한 지구

▶방재지구

풍수해, 산사태, 지반의 붕괴 그 밖에 재해를 예방하기 위해 필요한 지구

1) **시가지방재지구** : 건축물·인구가 밀집되어 있는 지역으로서 시설 개선 등을 통하여 재해 예방이 필요한 지구
2) **자연방재지구** : 토지의 이용도가 낮은 해안변, 하천변, 급경사지 주변 등의 지역으로서 건축 제한 등을 통하여 재해 예방이 필요한 지구

▶ 보호지구

국가유산, 중요 시설물(항만, 공항, 공용시설, 교정시설, 국방·군사시설을 말함) 및 문화적·생태적으로 보존가치가 큰 지역의 보호와 보존을 위하여 필요한 지구

1) **역사문화환경보호지구** : 국가유산·전통사찰 등 역사·문화적으로 보존가치가 큰 시설 및 지역의 보호와 보존을 위하여 필요한 지구
2) **중요시설물보호지구** : 중요시설물의 보호와 기능의 유지 및 증진 등을 위하여 필요한 지구
3) **생태계보호지구** : 야생동식물서식처 등 생태적으로 보존가치가 큰 지역의 보호와 보존을 위하여 필요한 지구

▶ 취락지구

녹지지역·관리지역·농림지역·자연환경보전지역·개발제한구역 또는 도시자연공원구역의 취락을 정비하기 위한 지구

1) **자연취락지구** : 녹지지역·관리지역·농림지역·자연환경보전지역의 취락을 정비하기 위하여 필요한 지구
2) **집단취락지구** : 개발제한구역의 취락을 정비하기 위해 필요한 지구

▶ 개발진흥지구

주거기능·상업기능·공업기능·유통물류기능·관광기능·휴양기능 등을 집중적으로 개발·정비할 필요가 있는 지구

1) **주거개발진흥지구** : 주거기능을 중심으로 개발·정비할 필요가 있는 지구
2) **산업·유통개발진흥지구** : 공업기능 및 유통·물류기능을 중심으로 개발·정비할 필요가 있는 지구
3) **관광·휴양개발진흥지구** : 관광·휴양기능을 중심으로 개발·정비할 필요가 있는 지구
4) **복합개발진흥지구** : 주거기능, 공업기능, 유통·물류기능 및 관광·휴양기능 중 2 이상의 기능을 중심으로 개발·정비할 필요가 있는 지구
5) **특정개발진흥지구** : 주거기능, 공업기능, 유통·물류기능 및 관광·휴양기능 외의 기능을 중심으로 특정한 목적을 위하여 개발·정비할 필요가 있는 지구

▶고도지구
쾌적한 환경 조성 및 토지의 효율적 이용을 위하여 건축물 높이의 최고한도를 규제할 필요가 있는 지구

▶방화지구
화재의 위험을 예방하기 위하여 필요한 지구

▶특정용도제한지구
주거 및 교육 환경 보호나 청소년 보호 등의 목적으로 오염물질 배출시설, 청소년 유해시설 등 특정시설의 입지를 제한할 필요가 있는 지구

▶복합용도지구
지역의 토지이용 상황, 개발수요 및 주변 여건 등을 고려하여 효율적이고 복합적인 토지이용을 도모하기 위하여 특정시설의 입지를 완화할 필요가 있는 지구

▶도시·군계획조례에 따른 용도지구의 세분
시·도지사나 대도시 시장은 지역여건상 필요한 때에는 도시·군계획조례로 정하는 바에 따라 경관지구를 추가적으로 세분(특화경관지구의 세분을 포함)하거나 중요시설물보호지구 및 특정용도제한지구를 세분해서 지정할 수 있다.

▶도시·군계획조례에 따른 용도지구의 추가 지정
시·도지사나 대도시 시장은 지역여건상 필요한 때에는 도시·군계획조례로 용도지구의 명칭 및 지정목적, 건축 그 밖의 행위의 금지 및 제한에 관한 사항 등을 정해서 「국토계획법령」에 규정된 용도지구 외의 용도지구의 지정 또는 변경을 도시·군관리계획으로 결정할 수 있다.

▶복합용도지구의 지정 대상 지역
시·도지사 또는 대도시 시장은 일반주거지역·일반공업지역·계획관리지역에 복합용도지구를 지정할 수 있다.

▶복합용도지구 지정의 기준

시·도지사 또는 대도시 시장은 복합용도지구를 지정하는 경우에는 다음의 기준을 따라야 한다.

1) 용도지역의 변경 시 기반시설이 부족해지는 등의 문제가 우려되어 해당 용도지역의 건축제한만을 완화하는 것이 적합한 경우에 시정할 것
2) 간선도로의 교차지(交叉地), 대중교통의 결절지(結節地) 등 토지이용 및 교통여건의 변화가 큰 지역 또는 용도지역 간의 경계지역, 가로변 등 토지를 효율적으로 활용할 필요가 있는 지역에 지정할 것
3) 용도지역의 지정목적이 크게 저해되지 아니하도록 해당 용도지역 전체 면적의 1/3 이하의 범위에서 지정할 것
4) 그 밖에 해당 지역의 체계적·계획적인 개발 및 관리를 위하여 지정 대상지가 국토부장관이 정하여 고시하는 기준에 적합할 것

11강 용도구역

▶ 용도구역의 정의

토지의 이용 및 건축물의 용도·건폐율·용적률·높이 등에 대한 용도지역 및 용도지구의 제한을 강화 또는 완화하여 따로 정함으로써 시가지의 무질서한 확산방지, 계획적이고 단계적인 토지이용의 도모, 혁신적이고 복합적인 토지활용의 촉진, 토지이용의 종합적 조정·관리 등을 위하여 도시·군관리계획으로 결정하는 지역

▶개발제한구역

국토부장관은 다음의 경우 개발제한구역의 지정 또는 변경을 도시·군관리계획으로 결정할 수 있다.

(1) 도시의 무질서한 확산을 방지하고 도시주변의 자연환경을 보전해서 도시민의 건전한 생활환경을 확보하기 위해 도시의 개발을 제한할 필요가 있다고 인정되는 경우
(2) 국방부장관의 요청이 있어서 보안상 도시의 개발을 제한할 필요가 있다고 인정되는 경우 개발제한구역의 지정 또는 변경에 관해 필요한 사항은 따로 법률로 정한다. 이 법률이 「개발제한구역의 지정 및 관리에 관한 특별조치법」이다.

▶도시자연공원구역

(1) 시·도지사 또는 대도시 시장은 도시의 자연환경 및 경관을 보호하고 도시민에게 건전한 여가·휴식공간을 제공하기 위하여 도시지역 안에서 식생이 양호한 산지의 개발을 제한할 필요가 있다고 인정하면 도시자연공원구역의 지정 또는 변경을 도시·군관리계획으로 결정할 수 있다.

(2) 도시자연공원구역의 지정 또는 변경에 관해 필요한 사항은 따로 법률로 정한다. 이 법률이「도시공원 및 녹지 등에 관한 법률」이다.

▶시가화조정구역

(1) 시·도지사는 직접 또는 관계 행정기관의 장의 요청을 받아 도시지역과 그 주변 지역의 무질서한 시가화를 방지하고 계획적·단계적인 개발을 도모하기 위하여 일정기간 시가화를 유보할 필요가 있다고 인정되면 시가화조정구역의 지정 또는 변경을 도시·군관리계획으로 결정할 수 있다.

(2) 다만, 국가계획과 연계하여 시가화조정구역의 지정 또는 변경이 필요한 경우에는 국토부장관이 직접 시가화조정구역의 지정 또는 변경을 도시·군관리계획으로 결정할 수 있다.

▶시가화유보기간

시가화유보기간은 5년 이상 20년 이내

▶시가화조정구역지정의 실효

시가화조정구역의 지정에 관한 도시·군관리계획의 결정은 시가화유보기간이 만료된 날의 다음 날부터 그 효력을 잃는다. 이 경우 국토부장관 또는 시·도지사는 그 사실을 고시하여야 한다.

▶수산자원보호구역

해양수산부장관은 직접 또는 관계 행정기관의 장의 요청을 받아 수산자원을 보호·육성하기 위하여 필요한 공유수면이나 그에 인접한 토지에 대한 수산자원보호구역의 지정 또는 변경을 도시·군관리계획으로 결정할 수 있다.

▶도시혁신구역

(1) 도시혁신계획의 의의

창의적이고 혁신적인 도시공간의 개발을 목적으로 도시혁신구역에서의 토지의 이용 및 건축물의 용도·건폐율·용적률·높이 등의 제한에 관한 사항을 따로 정하기 위하여 공간재구조화계획으로 결정하는 도시·군관리계획을 말한다.

(2) 도시혁신구역의 지정

공간재구조화계획 결정권자는 다음의 지역을 도시혁신구역으로 지정할 수 있다.

1) 도시·군기본계획에 따른 도심·부도심 또는 생활권의 중심지역
2) 주요 기반시설과 연계하여 지역의 거점 역할을 수행할 수 있는 지역
3) 그 밖에 도시공간의 창의적이고 혁신적인 개발이 필요하다고 인정되는 경우로서 대통령령으로 정하는 지역

▶공간재구조화계획으로 결정

도시혁신구역의 지정 및 변경과 도시혁신계획은 공간재구조화계획으로 결정한다.

▶지구단위계획구역 규정의 준용

도시혁신구역 및 도시혁신계획에 관한 도시·군관리계획결정의 실효, 도시혁신구역에서의 건축 등에 관하여 다른 특별한 규정이 없는 한 지구단위계획구역 규정을 준용한다.

▶복합용도구역

(1) 복합용도계획의 의의

주거·상업·산업·교육·문화·의료 등 다양한 도시기능이 융·복합된 공간의 조성을 목적으로 복합용도구역에서의 건축물의 용도별 구성비율 및 건폐율·용적률·높이 등의 제한에 관한 사항을 따로 정하기 위하여 공간재구조화계획으로 결정하는 도시·군관리계획을 말한다.

(2) 복합용도구역의 지정

공간재구조화계획결정권자는 다음의 지역을 복합용도구역으로 지정할 수 있다.

1) 산업구조 또는 경제활동의 변화로 복합적 토지이용이 필요한 지역
2) 노후 건축물 등이 밀집하여 단계적 정비가 필요한 지역
3) 그 밖에 복합된 공간이용을 촉진하고 다양한 도시공간을 조성하기 위해 계획적 관리가 필요하다고 인정되는 경우로서 대통령령으로 정하는 지역

▶공간재구조화계획으로결정

복합용도구역의 지정 및 변경과 복합용도계획은 공간재구조화계획으로 결정한다.

▶지구단위계획구역 규정의 준용

복합용도구역 및 복합용도계획에 관한 도시·군관리계획결정의 실효, 복합용도구역에서의 건축 등에 관하여 다른 특별한 규정이 없는 한 지구단위계획구역규정을 준용한다.

▶도시·군계획시설입체복합구역

도시·군관리계획의 결정권자는 도시·군계획시설의 입체복합적 활용을 위하여 도시·군계획시설이 결정된 토지의 전부 또는 일부를 도시·군계획시설입체복합구역(입체복합구역)으로 지정할 수 있다.

▶입체복합구역에서 건폐율과 용적률의 최대한도

입체복합구역에서 건폐율과 용적률은 법 제77조(용도지역의 건폐율) 및 법 제78조(용도지역에서의 용적률)에 따라 대통령령으로 정하고 있는 해당 용도지역별 최대한도의 200% 이하로 한다.

12강 입지규제 최소구역

▶ 다른 법률에 따른 구역 등의 지정제한

중앙행정기관의 장이나 지자체의 장은 다른 법률에 따라 토지이용에 관한 지역·지구·구역 또는 구획 등을 지정하려면 그 구역 등의 지정목적이 국토계획법에 따른 용도지역·용도지구 및 용도구역의 지정목적에 부합되도록 하여야 한다.

▶ 다른 법률에 따른 구역 등의 지정에 대한 협의 또는 승인

(1) 중앙행정기관의 장이나 지자체의 장은 다른 법률에 따라 1㎢(도시개발구역의 경우에는 5㎢) 이상의 구역등을 지정하거나 변경하려면 중앙행정기관의 장은 국토부장관과 협의하여야 하며, 지자체의 장은 국토부장관의 승인을 받아야 한다.
(2) 지자체의 장이 승인을 받아야 하는 구역등 중 5㎢ 미만의 구역등을 지정하거나 변경하려는 경우 시·도지사는 국토부장관의 승인을 받지 아니하고, 시장·군수 또는 구청장은 시·도지사의 승인을 받아야 한다.

▶ 국토부장관의 협의 또는 승인의 생략

(1) 다른 법률에 따라 지정하거나 변경하려는 구역등이 도시·군기본계획에 반영된 경우
(2) 보전관리지역·생산관리지역·농림지역 또는 자연환경보전지역에서 다음의 지역을 지정하려는 경우
   1) 농업진흥지역   2) 수변구역
   3) 상수원보호구역   4) 생태·경관보전지역
   5) 야생생물특별보호구역 6) 해양보호구역
(3) 군사상 기밀을 지켜야 할 필요가 있는 구역등을 지정하려는 경우
(4) 협의하거나 승인받은 구역등의 면적의 10%의 범위에서 면적을 증감시키는 경우
(5) 협의하거나 승인받은 구역등의 면적산정의 착오를 정정하기 위한 경우

▶도시계획위원회의 심의

국토부장관 또는 시·도지사는 구역 등의 지정에 관해 협의하거나 승인을 하려면 중앙도시계획위원회 또는 시·도도시계획위원회의 심의를 거쳐야 한다.

▶도시계획위원회의 심의 생략

1) 생산관리지역 또는 보전관리지역에서 다음의 구역 등을 지정하는 경우
   ① 「산지관리법」에 따른 보전산지
   ② 「야생생물 보호 및 관리에 관한 법률」에 따른 야생생물 보호구역
   ③ 「습지보전법」에 따른 습지보호구역
   ④ 「토양환경보전법」에 따른 토양보전대책지역

2) 농림지역 또는 자연환경보전지역에서 다음의 구역 등을 지정하는 경우
   ① 「산지관리법」에 따른 보전산지
   ② 「야생생물 보호 및 관리에 관한 법률」에 따른 야생생물 보호구역
   ③ 「습지보전법」에 따른 습지보호구역
   ④ 「토양환경보전법」에 따른 토양보전대책지역
   ⑤ 「자연공원법」에 따른 자연공원
   ⑥ 「자연환경보전법」에 따른 생태·자연도1등급 권역
   ⑦ 「독도 등 도서지역의 생태계보전에 관한 특별법」에 따른 특정도서
   ⑧ 「자연유산의 보존 및 활용에 관한 법률」에 따른 명승 및 천연기념물과 그 보호구역
   ⑨ 「해양생태계의 보전 및 관리에 관한 법률」에 따른 해양생태도 1등급 권역

▶도시·군관리계획 입안권자의 의견청취

중앙행정기관의 장이나 지자체의 장은 다른 법률에 따라 지정된 토지이용에 관한 구역 등을 변경하거나 해제하려면 도시·군관리계획입안권자의 의견을 들어야 한다.

이 경우 의견 요청을 받은 도시·군관리계획입안권자는 용도지역·용도지구·용도구역의 변경이 필요하면 도시·군관리계획에 반영해야 한다.

▶ 다른 법률에 따른 용도지역 등의 변경 제한

(1) 도시계획위원회의 심의를 받아야 하는 경우

중앙행정기관의 장이나 지자체의 장은 다른 법률에서 용도지역·용도지구 또는 용도구역의 지정 또는 변경에 관한 도시·군관리계획결정을 의제하는 내용이 포함되어 있는 계획을 허가·인가·승인 또는 결정하려면 도시계획위원회의 심의를 받아야 한다.

(2) 도시계획위원회의 심의를 받지 않아도 되는 경우

1) 구역 등의 지정 또는 변경에 관하여 국토부장관과 협의하거나 국토부장관 또는 시·도지사의 승인을 받은 경우
2) 다른 법률에 따라 도시계획위원회의 심의를 받은 경우
3) 다른 법률에 따라 지정하거나 변경하려는 구역 등이 도시·군기본계획에 반영된 경우
4) 도시·군관리계획 결정을 의제하는 계획에서 그 계획면적의 5% 미만을 변경하는 경우

▶ 도시·군계획시설 결정에 따른 설치

(1) 지상·수상·공중·수중 또는 지하에 기반시설을 설치하고자 하는 때에는 해당 시설의 종류·명칭·위치·규모 등을 미리 도시·군관리계획으로 결정하여야 한다.

(2) 효율적인 토지이용을 위하여 둘 이상의 도시·군계획시설을 같은 토지에 함께 결정하거나 도시·군계획시설이 위치하는 공간의 일부를 구획하여 도시·군계획시설을 결정할 수 있다.

13강
기반시설의 설치

▶ 도시·군관리계획으로 결정 없이 설치할 수 있는 시설

- 도시지역 또는 지구단위계획구역에서 다음의 기반시설을 설치하고자 하는 경우

  공항 중 도심공항터미널, 주차장, 전세버스운송사업용 여객자동차터미널, 차량검사 및 면허시설, 광장 중 건축물부설광장, 공공공지, 열공급설비, 방송·통신시설, 마을상수도, 시장, 공공청사, 문화시설, 도서관, 연구시설, 사회복지시설, 공공직업훈련시설, 청소년수련시설, 저수지, 방화설비, 방풍설비, 방수설비, 사방설비, 방조설비, 장사시설, 종합의료시설, 폐기물처리 및 재활용 시설 중 재활용시설, 빗물저장 및 이용시설, 폐차장 등

▶ 도시·군계획시설결정과 용도지역·용도지구

도시·군계획시설에 대해서는 용도지역 및 용도지구에서의 건축제한 등에 관한 규정을 적용하지 않는다.

▶ 도시·군계획시설의 관리

(1) 도시·군관리계획에 따라 설치한 도시·군계획시설의 관리에 관해「국토계획법」 또는 다른 법률에 특별한 규정이 있는 경우를 제외하고는 국가가 관리하는 도시·군계획시설은 「국유재산법」에 따른 중앙관서의 장이 관리한다.

(2) 지자체가 관리하는 도시·군계획시설은 조례로 도시·군계획시설의 관리에 관한 사항을 정한다.

▶ 공동구

(1) 전기·가스·수도 등의 공급설비, 통신시설, 하수도시설 등 지하매설물을 공동수용(共同收容)함으로써 미관의 개선, 도로구조의 보전 및 교통의 원활한 소통을 위해 지하에 설치하는 시설물을 말한다.

(2) 공동구가 설치된 경우에는 공동구에 수용해야 할 시설이 모두 수용되도록 해야 한다.

▶ 공동구의 설치 대상 지역

다음에 해당하는 지역 등이 200만m²를 초과하는 경우에는 해당 지역 등에서 개발사업을 시행하는 자는 공동구를 설치하여야 한다.

1) 도시개발구역
2) 택지개발지구
3) 경제자유구역
4) 정비구역
5) 공공주택지구
6) 도청이전신도시

▶ 공동구에의 수용 의무

(1) 개발사업의 시행자는 공동구 설치공사를 완료한 때에는 지체 없이 점용공사기간·수용대상시설의 종류 등을 공동구점용예정자에게 개별적으로 통지해야 한다.
(2) 공동구점용예정자는 이 기간 안에 그 시설을 공동구에 수용하여야 한다. 다만, 그 기간 내에 점용공사를 완료하지 못하는 특별한 사정이 있어서 미리 개발사업의 시행자와 협의한 경우에는 예외로 한다.

▶ 공동구의 설치비용

(1) 공동구의 설치(개량하는 경우를 포함)에 필요한 비용은 이 법 또는 다른 법률에 특별한 규정이 있는 경우를 제외하고는 공동구 점용예정자와 사업시행자가 부담한다.
(2) 개발사업의 시행자는 공동구의 설치가 포함되는 개발사업의 실시계획인가 등이 있은 후 지체 없이 공동구점용예정자에게 부담금의 납부를 통지해야 한다.

▶ 공동구의 관리·운영

(1) **공동구관리자** : 공동구는 특별시장·광역시장·특별자치시장·특별자치도지사·시장 또는 군수가 관리한다.
(2) **공동구의 안전 및 유지관리계획 수립** : 공동구관리자는 5년마다 해당 공동구의 안전 및 유지관리계획을 수립·시행하여야 한다. 공동구관리자가 이 계획을 수립하거나 변경하려면 미리 관계 행정기관의 장과 협의한 후 공동구협의회의 심의를 거쳐야 한다.

▶ 공동구의 안전점검 실시

(1) 공동구관리자는 「시설물의 안전 및 유지관리에 관한 특별법」에 따른 안전점검 및 정밀안전진단을 1년에 1회 이상 공동구의 안전점검을 실시해야 하며, 안전점검결과 이상이 있다고 인정되는 때에는 지체 없이 정밀안전진단·보수·보강 등 필요한 조치를 해야 한다.

(2) 공동구관리자는 공동구의 설치·관리에 관한 주요 사항의 심의 또는 자문을 하게 하기 위해 공동구협의회를 둘 수 있다.

▶ 공동구의 관리비용

(1) 공동구의 관리에 소요되는 비용은 그 공동구를 점용하는 자가 함께 부담하되, 부담비율은 점용면적을 고려해서 공동구관리자가 정한다.

(2) 공동구관리자는 공동구의 관리비용을 연 2회 분할납부하게 해야 한다.

14강 도시·군계획시설부지의 매수청구

▶ 매수청구의 요건

도시·군계획시설결정의 고시일부터 10년 이내에 그 도시·군계획시설의 설치에 관한 도시·군계획시설사업이 시행되지 아니하는 경우(실시계획의 인가 또는 그에 상당하는 절차가 행해진 경우는 제외) 그 도시·군계획시설의 부지로 되어 있는 토지 중 지목이 대(垈)인 토지(당해 토지에 있는 건축물 및 정착물을 포함)의 소유자는 당해 토지의 매수를 청구할 수 있다.

▶ 매수의무자

(1) 원 칙

특별시장·광역시장·특별자치시장·특별자치도지사·시장 또는 군수

(2) 예 외

1) 도시·군계획시설사업의 시행자가 정하여진 경우에는 그 시행자
2) 도시·군계획시설을 설치하거나 관리하여야 할 의무가 있는 자가 있는 경우에는 그 의무가 있는 자

▶ 매수여부결정 및 매수기한
(1) 매수의무자는 매수청구가 있은 날부터 6개월 이내에 매수여부를 결정하여 토지소유자와 특별시장·광역시장·특별자치시장·특별자치도지사·시장 또는 군수(매수의무자가 특별시장·광역시장·특별사치시장·특별자치도지사·시장 또는 군수인 경우는 제외)에게 통지하여야 한다.
(2) 매수하기로 결정한 토지는 매수결정을 통지한 날부터 2년 이내에 매수하여야 한다.

▶ 매수대금의 지급방법
(1) **원칙** : 현금 지급
(2) **예외** : 도시·군계획시설 채권 지급
    다음의 경우로서 매수의무자가 지자체인 경우에는 도시·군계획시설채권을 발행하여 지급할 수 있다.
    1) 토지소유자가 원하는 경우
    2) 부재부동산소유자의 토지 또는 비업무용 토지의 매수대금이 3천만원을 초과하는 경우 그 초과하는 금액에 대하여 지급하는 경우

▶ 도시·군계획시설채권의 발행
(1) 도시·군계획시설채권의 상환기간은 10년 이내로 하며, 그 이율은 채권발행 당시 은행이 적용하는 1년 만기 정기예금금리의 평균 이상이어야 하며, 구체적인 상환기간과 이율은 조례로 정한다.
(2) 도시·군계획시설채권의 발행절차 그 밖에 필요한 사항에 관하여「국토계획법」에 특별한 규정이 있는 경우를 제외하고는「지방재정법」이 정하는 바에 따른다.

▶ 매수가격·매수절차 등의 준용
매수청구된 토지의 매수가격·매수절차 등에 관하여「국토계획법」에 특별한 규정이 있는 경우를 제외하고는「토지보상법」을 준용한다.

15강 도시·군계획시설결정의 실효

▶ 매수거부·지연시의 조치

매수의무자가 매수하지 아니하기로 결정하거나 매수결정을 통지한 날부터 2년이 경과될 때까지 당해 토지를 매수하지 아니하는 경우 토지소유자는 개발행위허가를 받아 해당 토지에 다음의 시설을 설치할 수 있다.

(1) 3층 이하의 단독주택(다중주택·다가구주택 및 공관은 제외)
(2) 3층 이하의 제1종 근린생활시설 및 제2종 근린생활시설(단란주점, 안마시술소, 노래연습장, 다중생활시설은 제외)
(3) 공작물

▶ 실효시기

도시·군계획시설결정이 고시된 도시·군계획시설에 대하여 그 고시일부터 20년이 지날 때까지 그 시설의 설치에 관한 도시·군계획시설사업이 시행되지 아니하는 경우 그 도시·군계획시설결정은 그 고시일부터 20년이 되는 날의 다음 날에 그 효력을 잃는다.

▶ 실효고시

시·도지사 또는 대도시 시장은 도시·군계획시설결정이 실효되면 지체없이 그 사실을 공보에 고시해야 한다.

▶ 해제 대상 지방의회에 보고

특별시장·광역시장·특별자치시장·특별자치도지사·시장 또는 군수는 다음의 도시·군계획시설에 대해서는 그 현황과 단계별 집행계획을 해당 지방의회의 정례회 또는 임시회의 기간 중에 보고해야 한다.

(1) 도시·군계획시설결정이 고시된 도시·군계획시설 중 설치할 필요성이 없어진 도시·군계획시설
(2) 도시·군계획시설결정의 고시일부터 10년이 지날 때까지 해당 시설의 설치에 관한 도시·군계획시설사업이 시행되지 않은 도시·군계획시설

▶ 지방의회의 해제권고

(1) 지방의회는 해당 특별시장·광역시장·특별자치시장·특별자치도지사·시장 또는 군수에게 도시·군계획시설결정의 해제를 권고할 수 있다.

(2) 이 경우 보고가 지방의회에 접수된 날부터 90일 이내에 해제를 권고하는 서면을 지방자치단체의 장에게 보내야 한다.

▶ 도시·군계획시설결정의 해제결정

특별시장·광역시장·특별자치시장·특별자치도지사·시장 또는 군수는 상위계획과의 연관성, 단계별 집행계획, 교통, 환경 및 주민 의사 등을 고려해서 해제할 수 없다고 인정하는 특별한 사유가 없으면 해제권고를 받은 날부터 1년 이내에 그 도시·군계획시설결정의 해제를 위한 도시·군관리계획을 결정하거나 도지사에게 그 결정을 신청해야 하며, 신청을 받은 도지사는 특별한 사유가 없으면 1년 이내에 그 도시·군계획시설결정의 해제를 위한 도시·군관리계획을 결정해야 한다.

▶ 해제신청요건

도시·군계획시설결정의 고시일부터 10년 이내에 그 도시·군계획시설의 설치에 관한 도시·군계획시설사업이 시행되지 아니한 경우로서 단계별 집행계획상 해당 도시·군계획시설의 실효 시까지 집행계획이 없는 경우에는 그 도시·군계획시설 부지로 되어 있는 토지의 소유자는 해당 도시·군계획시설에 대한 도시·군관리계획 입안권자에게 그 토지의 도시·군계획시설결정 해제를 위한 도시·군관리계획 입안을 신청할 수 있다.

▶ 해제신청의 입안여부 통지기간

도시·군관리계획 입안권자는 해제 신청을 받은 날부터 3개월 이내에 입안 여부를 결정하여 토지소유자에게 알려야 하며, 해당 도시·군계획시설결정의 실효 시까지 설치하기로 집행계획을 수립하는 등 특별한 사유가 없으면 그 도시·군계획시설결정의 해제를 위한 도시·군관리계획을 입안하여야 한다.

▶ 결정권자의 해제결정 여부 통지기간

도시·군관리계획 결정권자는 도시·군계획시설결정의 해제 신청을 받은 날부터 2개월 이내에 결정 여부를 정하여 토지소유자에게 알려야 하며, 특별한 사유가 없으면 그 도시·군계획시설결정을 해제하여야 한다.

▶ 해제심사 신청사유

도시·군계획시설결정의 해제 신청을 한 토지소유자는 해당 도시·군계획시설결정이 해제되지 아니하는 등 다음의 어느 하나에 해당하는 경우에는 국토부장관에게 그 도시·군계획시설결정의 해제심사를 신청할 수 있다.

(1) 결정권자가 해당 도시·군계획시설결정의 해제를 하지 아니하기로 정하여 신청인에게 통지한 경우
(2) 결정권자가 해당 도시·군계획시설결정의 해제를 하기로 정하여 신청인에게 통지하였으나 도시·군관리계획 결정절차를 거쳐 신청토지의 전부 또는 일부를 해제하지 아니하기로 결정한 경우

▶ 국토부장관의 해제 권고

(1) 해제심사신청을 받은 국토부장관은 중앙도시계획위원회의 심의를 거쳐 해당 도시·군계획시설에 대한 도시·군관리계획 결정권자에게 도시·군계획시설결정의 해제를 권고할 수 있다.
(2) 해제를 권고 받은 도시·군관리계획 결정권자는 특별한 사유가 없으면 그 도시·군계획시설결정을 해제하여야 한다.

▶ 지구단위계획의 정의

도시·군계획수립 대상지역의 일부에 대해 토지이용을 합리화하고 그 기능을 증진시키며 미관을 개선하고 양호한 환경을 확보하며, 그 지역을 체계적·계획적으로 관리하기 위해 수립하는 도시·군관리계획

16강
지구단위계획
지구단위계획구역(Ⅰ)

▶ 지구단위계획의 내용

1) 용도지역이나 용도지구를 세분하거나 변경하는 사항
2) 기존의 용도지구를 폐지하고 그 용도지구에서의 건축물이나 그 밖의 시설의 용도·종류 및 규모 등의 제한을 대체하는 사항
3) 지구단위계획구역의 지정목적달성을 위하여 필요한 기반시설의 배치와 규모
4) 가구 또는 획지의 규모와 조성계획
5) 건축물의 용도제한, 건축물의 건폐율 또는 용적률, 건축물 높이의 최고한도 또는 최저한도
6) 건축물의 배치·형태·색채 또는 건축선에 관한 계획
7) 환경관리계획 또는 경관계획
8) 보행안전 등을 고려한 교통처리계획
9) 그 밖에 토지이용의 합리화, 도시 또는 농·산·어촌의 기능증진 등에 필요한 사항

▶ 지구단위계획에 의무적 포함 사항

(1) 해당 지구단위계획구역의 지정목적달성을 위해 필요한 기반시설의 배치와 규모
(2) 건축물의 용도제한, 건축물의 건폐율 또는 용적률, 건축물의 높이의 최고한도 또는 최저한도

▶ 지구단위계획의 수립기준

지구단위계획은 다음 사항을 고려해서 수립한다.
1) 도시의 정비·관리·보전·개발 등 지구단위계획구역의 지정 목적
2) 주거·산업·유통·관광·휴양·복합 등 지구단위계획구역의 중심기능
3) 해당 용도지역의 특성
4) 지역 공동체의 활성화
5) 안전하고 지속 가능한 생활권의 조성
6) 해당 지역 및 인근 지역의 토지이용을 고려한 토지이용계획과 건축계획의 조화

지구단위계획의 수립기준 등은 국토부장관이 정한다.

▶ 도시지역 내 지구단위계획구역 지정대상지역

1) 「국토계획법」에 따라 지정된 용도지구
2) 「도시개발법」에 따라 지정된 도시개발구역
3) 「도시정비법」에 따라 지정된 정비구역
4) 「택지개발촉진법」에 따라 지정된 택지개발지구
5) 「주택법」에 따른 대지조성사업지구
6) 「관광진흥법」에 따라 지정된 관광단지와 관광특구
7) 「산업입지 및 개발에 관한 법률」에 의한 산업단지 및 준산업단지
8) 다음의 구역 중 계획적인 개발 또는 관리가 필요한 지역
   ① 개발제한구역·도시자연공원구역·시가화조정구역 또는 공원에서 해제되는 구역
   ② 녹지지역에서 주거지역·상업지역·공업지역으로 변경되는 구역
   ③ 새로이 도시지역으로 편입되는 구역
9) 시범도시, 개발행위허가제한지역, 지하 및 공중공간을 효율적으로 개발하고자 하는 지역, 용도지역의 지정·변경에 관한 도시·군관리계획을 입안하기 위하여 열람공고된 지역, 조례가 정하는 지역

▶ 지구단위계획구역으로 지정하여야 하는 대상지역(의무지정대상)

(1) 다음의 지역에서 시행되는 사업이 완료된 후 10년이 경과된 지역
   ① 「도시정비법」에 따라 지정된 정비구역
   ② 「택지개발촉진법」에 따라 지정된 택지개발지구
(2) 체계적·계획적인 개발, 관리가 필요한 다음의 지역으로서 30만㎡ 이상인 지역
   ① 시가화조정구역 또는 공원에서 해제되는 지역
   ② 녹지지역에서 주거지역·상업지역 또는 공업지역으로 변경되는 지역
   ③ 그 밖에 도시·군계획조례로 정하는 지역

▶ 도시지역 외 지역에서의 지구단위계획구역 지정대상지역

(1) 지정하려는 구역 면적의 50/100 이상이 계획관리지역으로서 다음의 요건에 해당하는 지역
  ① 계획관리지역 외 지구단위계획구역으로 포함할 수 있는 나머지 용도지역은 생산관리지역 또는 보전관리지역일 것
  ② 아파트 또는 연립주택의 건설계획이 포함되는 경우에는 30만㎡ 이상일 것
  ③ 아파트 또는 연립주택의 건설계획이 포함되지 않은 경우에는 3만㎡ 이상일 것

(2) 해당 개발진흥지구가 다음의 지역에 위치할 것
  ① 주거개발진흥지구, 복합개발진흥지구(주거기능이 포함된 경우에 한함) 및 특정개발진흥지구 : 계획관리지역
  ② 산업·유통개발진흥지구 및 복합개발진흥지구(주거기능이 포함되지 아니한 경우에 한함) : 계획관리지역·생산관리지역 또는 농림지역
  ③ 관광·휴양개발진흥지구 : 도시지역 외의 지역

(3) 용도지구를 폐지하고 그 용도지구에서의 행위 제한 등을 지구단위계획으로 대체하려는 지역

▶ 지구단위계획구역의 실효시기

지구단위계획구역의 지정에 관한 도시·군관리계획결정의 고시일부터 3년 이내에 그 지구단위계획구역에 관한 지구단위계획이 결정·고시되지 아니하면 그 3년이 되는 날의 다음 날에 그 지구단위계획구역의 지정에 관한 도시·군관리계획결정은 효력을 잃는다.

▶ 지구단위계획의 실효시기

지구단위계획(주민이 입안을 제안한 것에 한정함)에 관한 도시·군관리계획결정의 고시일부터 5년 이내에 이 법 또는 다른 법률에 따라 허가·인가·승인 등을 받아 사업이나 공사에 착수하지 아니하면 그 5년이 된 날의 다음 날에 그 지구단위계획에 관한 도시·군관리계획결정은 효력을 잃는다.

17강
지구단위계획구역(Ⅱ)
지구단위계획구역의 실효 등

▶ 지구단위계획구역에서의 건축제한

지구단위계획이 수립되어 있는 경우 지구단위계획구역에서 건축물(존치기간이 3년의 범위에서 도시·군계획조례로정한 존치기간 이내인 가설건축물, 재해복구기간 중 이용하는 재해복구용 가설건축물 또는 공사기간 중 이용하는 공사용 가설건축물은 제외)을 건축 또는 용도변경하거나 공작물을 설치하려면 그 지구단위계획에 맞게 하여야 한다.

▶ 도시지역 내 지구단위계획구역에서의 건축기준의 완화

(1) 도시지역 내 지구단위계획구역에서 건축물을 건축하려는 자가 그 대지의 일부를 공공시설등의 부지로 제공하거나 이러한 공공시설 등을 설치해서 제공하는 경우에는 그 건축물에 대해 지구단위계획으로 건폐율·용적률 및 높이제한을 완화하여 적용할 수 있다. 이 경우 제공받은 공공시설등은 국유재산 또는 공유재산으로 관리한다.

  1) 완화할 수 있는 건폐율 = 해당 용도지역에 적용되는 건폐율 × [1 + 공공시설등의 부지로 제공하는 면적 ÷ 원래의 대지면적] 이내

  2) 완화할 수 있는 용적률 = 해당 용도지역에 적용되는 용적률 + [1.5 × (공공시설등의 부지로 제공하는 면적 × 공공시설등 제공 부지의 용적률) ÷ 공공시설등의 부지 제공 후의 대지면적] 이내

  3) 완화할 수 있는 높이 = 건축법에 따라 제한된 높이 × (1 + 공공시설 등의 부지로 제공하는 면적 ÷ 원래의 대지면적) 이내

(2) **도시지역 내 건폐율 및 용적률 완화의 상한**

  도시지역 내 지구단위계획구역에서 완화하여 적용되는 건폐율 및 용적률은 당해 용도지역·용도지구에 적용되는 건폐율의 150% 및 용적률의 200%를 각각 초과할 수 없다.

▶ 주차장설치기준의 완화

지구단위계획구역의 지정목적이 다음에 해당하는 경우에는 지구단위계획으로 주차장설치기준을 100%까지 완화할 수 있다.

(1) 한옥마을을 보존하는 경우
(2) 차 없는 거리를 조성하는 경우
(3) 원활한 교통소통 또는 보행환경조성을 위해 도로에서 대지로의 차량통행이 제한되는 차량진입금지구간을 지정한 경우

▶ 지구단위계획구역 내 준주거지역에서 용적률과 높이의 완화

(1) 지구단위계획구역 내 준주거지역(지구단위계획에 따라 준주거지역으로 변경하는 경우를 포함)에서 건축물을 건축하려는 자가 그 대지의 일부를 공공시설등의 부지로 제공하거나 공공시설등을 설치하여 제공하는 경우에는 지구단위계획으로 용적률의 140% 이내의 범위에서 용적률을 완화하여 적용할 수 있다.

(2) 지구단위계획구역 내 준주거지역에서는 지구단위계획으로 채광 등의 확보를 위한 건축물의 높이 제한을 200% 이내의 범위에서 완화하여 적용할 수 있다.

▶ 도시지역 외 지구단위계획구역에서의 건축기준의 완화

(1) 건폐율 및 용적률의 완화적용

　도시지역 외 지구단위계획구역에서는 지구단위계획으로 해당 용도지역 또는 개발진흥지구에 적용되는 건폐율의 150% 및 용적률의 200% 이내에서 건폐율 및 용적률을 완화하여 적용할 수 있다.

(2) 건축물의 용도·종류 및 규모 등의 완화적용

　1) 도시지역 외 지구단위계획구역에서는 지구단위계획으로 건축물의 용도·종류 및 규모 등을 완화하여 적용할 수 있다.

　2) 다만, 개발진흥지구(계획관리지역에 지정된 개발진흥지구를 제외)에 지정된 지구단위계획구역에 대하여는 공동주택 중 아파트 및 연립주택은 허용되지 아니한다.

18강 개발행위허가(Ⅰ)

▶ 개발행위의 허가권자
도시·군계획사업에 의하지 않고 개발행위를 하려는 자는 특별시장·광역시장·특별자치시장·특별자치도지사·시장 또는 군수의 개발행위허가를 받아야 한다.

▶ 개발행위허가의 대상행위
(1) 건축물의 건축
(2) 공작물의 설치
(3) 토지의 형질변경(경작을 위한 토지의 형질변경은 제외)
(4) 토석의 채취(토지의 형질변경을 목적으로 하는 것은 제외)
(5) 토지의 분할(「건축법」에 따른 건축물이 있는 대지는 제외)
(6) 물건을 쌓아놓는 행위

▶ 개발행위의 적용 특례
토지의 형질변경 및 토석의 채취 중 도시지역 및 계획관리지역 안의 산림에서의 임도의 설치와 사방사업에 관하여는 각각 「산림자원의 조성 및 관리에 관한 법률」 및 「사방사업법」의 규정에 의하고, 보전관리지역·생산관리지역·농림지역 및 자연환경보전지역 안의 산림에서의 토지의 형질변경 및 토석의 채취에 관하여는 「산지관리법」의 규정에 의한다.

▶ 예외적으로 개발행위허가를 받지 않아도 되는 경우
(1) 재해복구 또는 재난수습을 위한 응급조치
　　조치 후 1개월 이내에 특별시장·광역시장·특별자치시장·특별자치도지사·시장 또는 군수에게 신고하여야 한다.
(2) 건축신고대상인 건축물의 개축·증축 또는 재축
　　「건축법」에 따라 신고하고 설치할 수 있는 건축물의 개축·증축 또는 재축과 이에 필요한 범위에서의 토지형질변경

(3) 경미한 건축물의 건축

「건축법」에 따른 건축허가 또는 건축신고 및 가설건축물의 건축허가 또는 축조신고 대상에 해당하지 아니하는 건축물의 건축

(4) 경미한 공작물의 설치

1) 도시지역 또는 지구단위계획구역에서 무게 50톤 이하, 부피 50m³ 이하, 수평투영면적 50m² 이하의 공작물의 설치
2) 도시지역·자연환경보전지역 및 지구단위계획구역 외의 지역에서 무게 150톤 이하, 부피 150m³ 이하, 수평투영면적이 150m² 이하인 공작물의 설치
3) 녹지지역·관리지역 또는 농림지역에서의 농림어업용 비닐하우스의 설치(양식업을 하기 위하여 비닐하우스에 설치하는 양식장은 제외)

(5) 다음의 토지형질변경

1) 높이 50㎝ 이내 또는 깊이 50㎝ 이내의 절토·성토·정지 등(포장을 제외)
2) 도시지역·자연환경보전지역 및 지구단위계획구역 외의 지역에서 면적 660m² 이하의 토지에 대한 지목변경을 수반하지 아니하는 절토·성토·정지·포장 등
3) 조성이 완료된 기존 대지에서의 건축물이나 그 밖의 공작물을 설치하기 위한 토지의 형질변경(절토 및 성토는 제외)
4) 국가·지자체가 공익상의 필요에 의하여 직접 시행하는 사업을 위한 토지형질변경

(6) 다음의 토석채취

1) 도시지역 또는 지구단위계획구역에서 채취면적이 25m² 이하인 토지에서의 부피 50m³ 이하의 토석채취
2) 도시지역·자연환경보전지역 및 지구단위계획구역 외의 지역에서 채취면적이 250m² 이하인 토지에서의 부피 500m³ 이하의 토석채취

(7) 다음의 토지분할

1) 「사도법」에 의한 사도개설허가를 받은 토지의 분할
2) 토지의 일부를 국유지 또는 공유지로 하거나 공공시설로 사용하기 위한 토지의 분할
3) 행정재산 중 용도폐지되는 부분의 분할 또는 일반재산을 매각·교환 또는 양여하기 위한 분할
4) 토지의 일부가 도시·군계획시설로 지형도면고시가 된 당해 토지의 분할
5) 너비 5m 이하로 이미 분할된 토지의 「건축법」상 분할제한면적 이상으로의 분할

(8) 다음의 물건을 쌓아놓는 행위

1) 녹지지역 또는 지구단위계획구역에서 물건을 쌓아놓는 면적이 25m² 이하인 토지에 전체무게 50톤 이하, 전체부피 50m³ 이하로 물건을 쌓아놓는 행위
2) 관리지역(지구단위계획구역으로 지정된 지역은 제외)에서 물건을 쌓아놓는 면적이 250m² 이하인 토지에 전체무게 500톤 이하, 전체부피 500m³ 이하로 물건을 쌓아놓는 행위

▶ 개발행위허가의 면적기준

토지형질변경면적이 다음의 규모에 적합할 것

1) 도시지역 안
   ① 주거지역, 상업지역, 생산녹지지역, 자연녹지지역 : 1만m² 미만
   ② 공업지역 : 3만m² 미만
   ③ 보전녹지지역 : 5천m² 미만
2) 관리지역, 농림지역 : 3만m² 미만
3) 자연환경보전지역 : 5천m² 미만

19강
개발행위허가(Ⅱ)

▶ 토지가 둘 이상의 용도지역에 걸치는 경우

(1) 개발행위허가의 대상인 토지가 2 이상의 용도지역에 걸치는 경우에는 각각의 용도지역에 위치하는 토지부분에 대해 각각의 용도지역의 개발행위의 규모에 관한 규정을 적용한다.

(2) 다만, 개발행위허가의 대상인 토지의 총면적이 해당 토지가 걸쳐 있는 용도지역 중 개발행위의 규모가 가장 큰 용도지역의 개발행위의 규모를 초과하여서는 아니 된다.

▶ 개발행위허가의 절차

(1) 개발행위를 하려는 자는 그 개발행위에 따른 기반시설의 설치 또는 그에 필요한 용지의 확보·위해방지·환경오염방지·경관·조경 등에 관한 계획서를 첨부한 신청서를 개발행위 허가권자에게 제출하여야 한다.

(2) 이 경우 개발밀도관리구역 안에서는 기반시설의 설치 또는 그에 필요한 용지의 확보에 관한 계획서를 제출하지 아니한다. 다만, 「건축법」의 적용을 받는 건축물의 건축 또는 공작물의 설치를 하려는 자는 「건축법」에서 정하는 절차에 따라 신청서류를 제출하여야 한다.

▶ 개발행위허가 처리기한

(1) 특별시장·광역시장·특별자치시장·특별자치도지사·시장 또는 군수는 개발행위허가의 신청에 대해 특별한 사유가 없는 한 15일 이내에 허가 또는 불허가의 처분을 해야 한다.

(2) 이 경우 지체 없이 신청인에게 허가내용이나 불허가처분사유를 서면 또는 국토이용정보체계를 통하여 알려야 한다.

▶ 도시계획사업 시행자의 의견청취

특별시장·광역시장·특별자치시장·특별자치도지사·시장 또는 군수는 개발행위허가를 하는 때에는 그 개발행위가 도시·군계획사업의 시행에 지장을 주는지의 여부에 관해 그 지역에서 시행되는 도시·군계획사업의 시행자의 의견을 들어야 한다.

▶ 조건부 허가

특별시장·광역시장·특별자치시장·특별자치도지사·시장 또는 군수는 개발행위허가를 하는 경우에는 개발행위에 따른 기반시설의 설치 또는 그에 필요한 용지의 확보·위해방지·환경오염방지·경관·조경 등에 관한 조치를 할 것을 조건으로 개발행위허가를 할 수 있다.

▶ 이행보증금 예치

허가권자는 기반시설의 설치 또는 그에 필요한 용지의 확보, 위해방지, 환경오염방지, 경관, 조경 등을 위해 필요한 경우 개발행위허가를 받는 자로 하여금 이행보증금을 예치하게 할 수 있다.

▶ 이행보증금을 예치하지 않아도 되는 시행자

(1) 국가, 지방자치단체
(2) 공공기관 중 공기업과 위탁집행형 준정부기관
(3) 조례로 정하는 공공단체

▶ 원상회복 명령

(1) 특별시장·광역시장·특별자치시장·특별자치도지사·시장 또는 군수는 개발행위허가를 받지 않고 개발행위를 하거나 허가내용과 다르게 개발행위를 하는 자에 대해서는 그 토지의 원상회복을 명할 수 있다.

(2) 원상회복명령을 받은 자가 원상회복을 하지 않는 때에는 「행정대집행법」에 따른 행정대집행에 의해 원상회복을 할 수 있다. 이 경우 행정대집행에 필요한 비용은 개발행위허가를 받은 자가 예치한 이행보증금을 사용할 수 있다.

▶ 개발행위허가의 제한

국토부장관, 시·도지사, 시장 또는 군수는 다음의 지역으로서 도시·군관리계획상 특히 필요하다고 인정되는 지역에 대해서 중앙도시계획위원회 또는 지방도시계획위원회의 심의를 거쳐 한 차례만 3년 이내의 기간 동안 개발행위허가를 제한할 수 있다. 다만, 아래 3) 내지 5)에 해당하는 지역에 대해서는 중앙도시계획위원회나 지방도시계획위원회의 심의를 거치지 아니하고 한 차례만 2년 이내의 기간 동안 개발행위허가의 제한을 연장할 수 있다.

1) 녹지지역·계획관리지역으로서 수목이 집단적으로 생육되고 있거나 조수류 등이 집단적으로 서식하고 있는 지역 또는 우량농지 등으로 보전할 필요가 있는 지역
2) 개발행위로 인하여 주변의 환경·경관·미관·문화재 등이 크게 오염되거나 손상될 우려가 있는 지역
3) 도시·군기본계획 또는 도시·군관리계획을 수립하고 있는 지역으로서 용도지역·용도지구 또는 용도구역의 변경이 예상되고 그에 따라 개발행위허가의 기준이 크게 달라질 것으로 예상되는 지역
4) 지구단위계획구역으로 지정된 지역
5) 기반시설부담구역으로 지정된 지역

▶ 개발행위허가 제한의 절차

개발행위허가를 제한하려는 경우 국토부장관은 중앙도시계획위원회의 심의를, 시·도지사나 시장 또는 군수는 지방도시계획위원회의 심의를 거쳐야 한다. 이 경우 국토부장관이나 시·도지사는 도시계획위원회의 심의를 거치기 전에 관할 시장 또는 군수의 의견을 들어야 한다.

▶미집행도시·군계획시설 부지에 대한 특례

특별시장·광역시장·특별자치시장·특별자치도지사·시장 또는 군수는 도시·군계획시설결정의 고시일부터 2년이 지날 때까지 그 시설의 설치에 관한 사업이 시행되지 않은 경우 단계별 집행계획이 수립되지 않은 도시·군계획시설부지와 제1단계 집행계획에 포함되지 않은 도시·군계획시설부지에 대해서는 예외적으로 가설건축물의 건축, 공작물의 설치, 건축물의 개축 또는 재축과 이에 필요한 범위에서 토지형질변경의 개발행위를 허가할 수 있다.

▶준공검사

다음의 행위에 관한 개발행위허가를 받은 자는 그 개발행위를 마치면 특별시장·광역시장·특별자치시장·특별자치도지사·시장·군수의 준공검사를 받아야 한다.

(1) 건축물의 건축 또는 공작물의 설치(「건축법」에 따른 사용승인을 받은 경우는 제외)
(2) 토지형질변경
(3) 토석채취

▶ 개발행위에 따른 공공시설의 귀속

(1) 개발행위허가를 받은 자가 행정청인 경우
  1) 개발행위허가를 받은 자가 새로이 공공시설을 설치하거나 기존의 공공시설에 대체되는 공공시설을 설치한 경우에는 새로이 설치된 공공시설은 그 시설을 관리할 관리청에 무상으로 귀속된다.
  2) 종래의 공공시설은 개발행위허가를 받은 자에게 무상으로 귀속된다.
(2) 개발행위허가를 받은 자가 행정청이 아닌 경우
  1) 개발행위허가를 받은 자가 새로이 설치한 공공시설은 그 시설을 관리할 관리청에 무상으로 귀속된다.
  2) 개발행위로 인하여 용도가 폐지되는 공공시설은 새로이 설치한 공공시설의 설치비용에 상당하는 범위에서 개발행위허가를 받은 자에게 무상으로 이를 양도할 수 있다.

21강 개발행위에 따른 기반시설의 설치

▶ 관리청의 의견청취

특별시장·광역시장·특별자치시장·특별자치도지사·시장 또는 군수는 공공시설의 귀속에 관한 사항이 포함된 개발행위허가를 하려면 미리 해당 공공시설의 관리청의 의견을 들어야 한다.

다만, 관리청이 지정되지 않은 경우에는 관리청이 지정된 후 준공되기 전에 관리청의 의견을 들어야 하며, 관리청이 불분명한 경우에는 도로 등에 대하여는 국토부장관을, 하천에 대하여는 환경부장관을, 그 외의 재산에 대해서는 기획재정부장관을 관리청으로 본다.

▶ 공공시설의 귀속시기

(1) 개발행위허가를 받은 자가 행정청인 경우

해당 시설의 관리청에 공공시설의 종류와 토지의 세목을 통지해야 한다. 이 경우 공공시설은 통지를 한 날에 그 시설을 관리할 관리청과 개발행위허가를 받은 자에게 각각 귀속된 것으로 본다.

(2) 개발행위허가를 받은 자가 행정청이 아닌 경우

준공검사를 받음으로써 그 시설을 관리할 관리청과 개발행위허가를 받은 자에게 각각 귀속되거나 양도된 것으로 본다.

▶ 수익금의 사용제한

개발행위허가를 받은 자가 행정청인 경우 개발행위허가를 받은 자는 그에게 귀속된 공공시설의 처분으로 인한 수익금을 도시·군계획사업 외의 목적에 사용하면 안 된다.

▶ 개발밀도관리구역

(1) 개발밀도관리구역의 정의

개발밀도관리구역은 개발로 인하여 기반시설이 부족할 것이 예상되나 기반시설의 설치가 곤란한 지역을 대상으로 건폐율 또는 용적률을 강화하여 적용하기 위하여 지정하는 구역

(2) 개발밀도관리구역의 지정권자 및 지정대상지역

특별시장·광역시장·특별자치시장·특별자치도지사·시장 또는 군수는 주거지역·상업지역 또는 공업지역에서의 개발행위로 인하여 기반시설의 처리·공급 또는 수용능력이 부족할 것으로 예상되는 지역 중 기반시설의 설치가 곤란한 지역을 지방도시계획위원회의 심의를 거쳐 개발밀도관리구역으로 지정

▶ 기반시설부담구역

(1) 기반시설부담구역의 정의
개발밀도관리구역 외의 지역으로서 개발로 인하여 기반시설의 설치가 필요한 지역을 대상으로 기반시설을 설치하거나 그에 필요한 용지를 확보하게 하기 위하여 지정·고시하는 구역

(2) 기반시설부담구역의 지정권자
특별시장·광역시장·특별자치시장·특별자치도지사·시장 또는 군수가 지방도시계획위원회의 심의를 거쳐 기반시설부담구역을 지정

(3) 기반시설부담구역의 지정대상지역
1) 「국토계획법」 또는 다른 법령의 제정·개정으로 인하여 행위제한이 완화되거나 해제되는 지역
2) 「국토계획법」 또는 다른 법령에 의하여 지정된 용도지역 등이 변경되거나 해제되어 행위제한이 완화되는 지역
3) 개발행위허가 현황 및 인구증가율 등을 고려하여 해당 지역의 전년도 개발행위허가 건수가 전전년도 개발행위허가 건수보다 20% 이상 증가한 지역
4) 개발행위허가 현황 및 인구증가율 등을 고려하여 해당 지역의 전년도 인구증가율이 그 지역이 속하는 특별시·광역시·특별자치시·특별자치도·시·군의 전년도 인구증가율보다 20% 이상 높은 지역

(4) 기반시설부담구역지정의 해제의제
기반시설부담구역의 지정고시일부터 1년이 되는 날까지 기반시설설치계획을 수립하지 아니하면 그 1년이 되는 날의 다음 날에 기반시설부담구역의 지정은 해제된 것으로 본다.

(5) 기반시설설치비용의 부과대상

1) 기반시설부담구역 안에서 기반시설설치비용의 부과대상인 건축행위는 200㎡(기존 건축물의 연면적을 포함)를 초과하는 건축물의 신·증축행위로 한다.
2) 다만, 기존 건축물을 철거하고 신축하는 경우에는 기존 건축물의 건축연면적을 초과하는 건축행위에 대해서만 부과대상으로 한다.

(6) 기반시설설치비용의 납부의무자

1) 건축행위를 하는 자
2) 건축행위를 위탁 또는 도급한 경우에는 그 위탁이나 도급을 한 자
3) 타인 소유의 토지를 임차하여 건축행위를 하는 경우에는 그 행위자
4) 건축행위를 완료하기 전에 위의 자의 지위를 승계한 자

(7) 기반시설설치비용의 부과·징수

1) 특별시장·광역시장·특별자치시장·특별자치도지사·시장·군수는 납부의무자가 국가 또는 지자체로부터 건축허가를 받은 날부터 2개월 이내에 기반시설설치비용을 부과하여야 하고, 납부의무자는 사용승인 신청 시까지 이를 납부하여야 한다.
2) 특별시장·광역시장·특별자치시장·특별자치도지사·시장 또는 군수는 납부의무자가 기반시설설치비용을 납부하기가 곤란하다고 인정되면 그 개발사업의 목적에 따른 이용상황 등을 고려해서 1년의 범위에서 납부기일을 연기하거나 2년의 범위에서 분할납부를 인정할 수 있다.

(8) 기반시설설치비용의 강제징수

특별시장·광역시장·특별자치시장·특별자치도지사·시장또는군수는 납부의무자가 납부기한까지 기반시설설치비용을 완납하지 않으면 납부기한이 지난후 10일 이내에 독촉장을 보내야 하며, 납부의무자가 독촉한 기한까지 기반시설설치비용을 납부하지 않으면 「지방행정제재·부과금의 징수 등에 관한 법률」에 따라 징수할 수 있다.

▶성장관리계획의 정의

성장관리계획구역에서의 난개발을 방지하고 계획적인 개발을 유도하기 위하여 수립하는 계획

▶성장관리계획구역의 지정기준

특별시장·광역시장·특별자치시장·특별자치도지사·시장 또는 군수는 녹지지역, 관리지역, 농림지역 및 자연환경보전지역 중 다음의 어느 하나에 해당하는 지역의 전부 또는 일부에 대하여 성장관리계획구역을 지정할 수 있다.

(1) 개발수요가 많아 무질서한 개발이 진행되고 있거나 진행될 것으로 예상되는 지역
(2) 주변의 토지이용이나 교통여건 변화 등으로 향후 시가화가 예상되는 지역
(3) 주변지역과 연계하여 체계적인 관리가 필요한 지역
(4) 지역·지구등의 변경으로 토지이용에 대한 행위제한이 완화되는 지역
(5) 인구 감소 또는 경제성장 정체 등으로 압축적이고 효율적인 도시 성장관리가 필요한 지역
(6) 공장 등과 입지 분리 등을 통해 쾌적한 주거환경 조성이 필요한 지역
(7) 그 밖에 난개발의 방지와 체계적인 관리가 필요한 지역으로서 도시·군계획조례로 정하는 지역

▶성장관리계획구역에서의 건폐율 완화

성장관리계획구역에서는 다음의 구분에 따른 범위에서 성장관리계획으로 정하는 바에 따라 특별시·광역시·특별자치시·특별자치도·시 또는 군의 조례로 정하는 비율까지 건폐율을 완화하여 적용할 수 있다.

(1) **계획관리지역** : 50% 이하
(2) **생산관리지역·농림지역·자연녹지지역 및 생산녹지지역**: 30% 이하

▶성장관리계획구역에서의 용적률 완화

성장관리계획구역 내 계획관리지역에서는 125% 이하의 범위에서 성장관리계획으로 정하는 바에 따라 특별시·광역시·특별자치시·특별자치도·시 또는 군의 조례로 정하는 비율까지 용적률을 완화하여 적용할 수 있다.

▶성장관리계획의 정비

(1) 특별시장·광역시장·특별자치시장·특별자치도지사·시장 또는 군수는 5년마다 관할 구역 내 수립된 성장관리계획에 대하여 그 타당성을 전반적으로 재검토하여 정비하여야 한다.
(2) 성장관리계획구역에서 개발행위 또는 건축물의 용도변경을 하려면 그 성장관리계획에 맞게 하여야 한다.

▶ 용도지역·지구·구역에서의 행위제한

(1) 용도지역에서의 건축물 그 밖의 시설의 용도·종류·규모 등의 제한에 관해서는 「국토계획법 시행령」에 규정되어 있다.
(2) 용도지구에서의 건축물 그 밖의 시설의 용도·종류·규모 등의 제한에 관해서는 「국토계획법」 또는 다른 법률에 특별한 규정이 있는 경우를 제외하고는 「국토계획법 시행령」이 정하는 기준에 따라 특별시·광역시·특별자치시·특별자치도·시 또는 군의 조례로 정할 수 있다.
(3) 용도지역 및 용도지구에서의 건축물 그 밖의 시설의 용도·종류 및 규모 등의 제한은 그 용도지역 및 용도지구의 지정목적에 적합해야 한다.

22강
용도지역·지구·구역
에서의 행위제한(Ⅰ)

▶ 용도구역에서의 건축제한에 관하여는 다음의 법령에서 정하는 바에 따른다.

(1) **개발제한구역 안에서의 건축제한** : 「개발제한구역의 지정 및 관리에 관한 특별조치법」
(2) **도시자연공원구역 안에서의 건축제한** : 「도시공원 및 녹지 등에 관한 법률」

(3) 시가화조정구역 안에서의 건축제한 : 「국토의 계획 및 이용에 관한 법률 시행령」 제87조부터 제89조까지의 규정
(4) 수산자원보호구역 안에서의 건축제한 : 「수산자원관리법」

▶ 용도지역 및 용도지구에서의 건축제한의 특례

(1) 취락지구에서는 취락지구의 지정목적의 범위에서 「국토계획법 시행령」으로 따로 정한다.
(2) 개발진흥지구에서는 개발진흥지구의 지정목적 범위에서 「국토계획법 시행령」으로 따로 정한다.
(3) 농공단지에서는 「산업입지 및 개발에 관한 법률」이 정하는 바에 따른다.
(4) 농림지역 중 농업진흥지역인 경우에는 「농지법」, 보전산지인 경우에는 「산지관리법」, 초지인 경우에는 「초지법」이 정하는 바에 따른다.
(5) 자연환경보전지역 중 수산자원보호구역인 경우에는 「수산자원관리법」이, 자연공원구역인 경우에는 「자연공원법」이, 상수원보호구역인 경우에는 「수도법」이, 지정문화유산과 그 보호구역인 경우에는 「문화유산의 보존 및 활용에 관한 법률」이, 천연기념물과 그 보호구역인 경우에는 「자연유산의 보존 및 활용에 관한 법률」이, 해양보호구역인 경우에는 「해양생태계의 보전 및 관리에 관한 법률」이 정하는 바에 따른다.

▶ 부속건축물에 대한 건축제한

용도지역에서의 건축제한을 적용할 때에 부속건축물에 대해서는 주된 건축물에 대한 건축제한을 적용한다.

▶ 도시·군계획시설에 대한 예외

도시·군계획시설에 대해서는 용도지역 및 용도지구에서의 건축제한에 관한 규정을 적용하지 않는다.

▶ 보전관리지역·생산관리지역에서의 건축제한 특례

보전관리지역 또는 생산관리지역에 대하여 농림축산식품부장관·환경부장관·해양수산부장관 또는 산림청장이 농지보전·자연환경보전·해양환경보전 또는 산림보전에 필요하다고 인정하는 경우 「농지법」, 「자연환경보전법」, 「야생동식물 보호법」·「해양생태계의 보전 및 관리에 관한 법률」 또는 「산림자원의 조성 및 관리에 관한 법률」에 의하여 건축물 그 밖의 시설의 용도·종류 및 규모 등의 제한을 할 수 있다.

▶ 방재지구의 건축물에 대한 건축제한의 특례

방재지구의 건축물 중 1층 전부를 필로티 구조로 하는 경우에는 용도지역에서의 용도제한을 적용할 때에 필로티 부분은 층수에서 제외한다.

▶ 공사용 부대시설의 설치

용도지역·용도지구 또는 용도구역에서 허용되는 건축물 또는 시설을 설치하기 위해 공사현장에 설치하는 자재야적장, 레미콘·아스콘생산시설 등 공사용 부대시설은 용도지역·용도지구 또는 용도구역에서의 건축물의 건축제한과 개발행위허가기준에 불구하고 그 공사에 필요한 최소한의 면적의 범위에서 기간을 정해 사용한 후에 그 시설 등을 설치한 자의 부담으로 원상복구할 것을 조건으로 설치를 허가할 수 있다.

▶ 용도지역 미지정 또는 미세분지역에서의 건축제한

(1) 용도지역 미지정지역에서의 건축제한

도시지역·관리지역·농림지역 또는 자연환경보전지역으로 용도가 지정되지 아니한 지역에 대하여는 법 제76조(건축제한)·법 제77조(건폐율)·법 제78조(용적률)의 규정을 적용함에 있어서 자연환경보전지역에 관한 규정을 적용

(2) 용도지역 미세분지역에서의 건축제한

도시지역 또는 관리지역이 세부용도지역으로 지정되지 아니한 경우에는 법 제76조(건축제한)·법 제77조(건폐율)·법 제78조(용적률)의 규정을 적용함에 있어서 당해 용도지역이 도시지역인 경우에는 보전녹지지역에 관한 규정을 적용하고, 관리지역인 경우에는 보전관리지역에 관한 규정을 적용

23강
용도지역·지구·구역에서의 행위제한(Ⅱ)

▶ 도시지역에서 다른 법률규정의 적용배제
(1) 「도로법」 제40조 접도구역의 규정을 적용하지 아니한다.
(2) 「농지법」 제8조 농지취득자격증명의 발급 규정을 적용하지 아니한다. 다만, 녹지지역의 농지로서 도시·군계획시설사업에 필요하지 아니한 농지에 대하여는 제외한다.

▶ 둘 이상의 용도지역·지구·구역에 걸치는 대지에 대한 적용기준
하나의 대지가 둘 이상의 용도지역 등에 걸치는 경우로서 각 용도지역 등에 걸치는 부분 중 가장 작은 부분의 규모가 330m² 이하(도로변에 띠 모양으로 지정된 상업지역에 걸쳐 있는 토지의 경우에는 660m² 이하)인 경우에는 전체 대지의 건폐율 및 용적률은 각 부분이 전체 대지 면적에서 차지하는 비율을 고려하여 다음의 구분에 따라 각 용도지역등별 건폐율 및 용적률을 가중평균한 값을 적용한다. 그 밖의 건축제한 등에 관한 사항은 그 대지 중 가장 넓은 면적이 속하는 용도지역 등에 관한 규정을 적용한다.
(1) 가중평균한 건폐율=$(f_1X_1+f_2X_2+\cdots+f_nX_n)$/전체 대지 면적
(2) 가중평균한 용적률=$(f_1X_1+f_2X_2+\cdots+f_nX_n)$/전체 대지 면적

▶ 건축물이 고도지구에 걸치는 경우
건축물이 고도지구에 걸쳐 있는 경우에는 그 건축물 및 대지의 전부에 대하여 고도지구의 건축물 및 대지에 관한 규정을 적용한다.

▶ 건축물이 방화지구에 걸치는 경우
(1) 하나의 건축물이 방화지구와 그 밖의 용도지역 등에 걸쳐 있는 경우에는 그 전부에 대하여 방화지구의 건축물에 관한 규정을 적용한다.
(2) 다만, 그 건축물이 있는 방화지구와 그 밖의 용도지역 등의 경계가 방화벽으로 구획되는 경우 그 밖의 용도지역 등에 있는 부분에 대하여는 방화지구의 건축물에 관한 규정을 적용하지 않는다.

▶ 녹지지역에 걸치는 경우

(1) 하나의 대지가 녹지지역과 그 밖의 용도지역·용도지구 또는 용도구역에 걸쳐 있는 경우(규모가 가장 작은 부분이 녹지지역으로서 해당 녹지지역이 330m² 이하인 경우는 제외)에는 각각의 용도지역·용도지구 또는 용도구역의 건축물 및 토지에 관한 규정을 적용한다.

(2) 다만, 녹지지역의 건축물이 고도지구에 걸쳐 있는 경우에는 그 건축물 및 대지의 전부에 대해 고도지구의 건축물 및 대지에 관한 규정을 적용하고, 녹지지역의 건축물이 방화지구에 걸쳐 있는 경우에는 그 전부에 대해 방화지구의 건축물에 관한 규정을 적용한다.

▶ 용도지역 안에서의 건축제한

(1) 용도지역별 건축제한 체계

준주거지역, 상업지역, 준공업지역 및 계획관리지역의 경우에는 건축할 수 '없는' 건축물을 규정하고, 나머지 용도지역에서는 건축할 수 '있는' 건축물을 규정하고 있다.

(2) 건축물의 층수가 4층 이하로 제한받는 용도지역 및 용도지구

제1종 일반주거지역(단지형 연립주택과 단지형 다세대주택인 경우에는 5층 이하), 보전·생산·자연녹지지역, 보전·생산·계획관리지역, 자연취락지구

▶ 용도지역별 건축제한

(1) 계획관리지역에서 휴게음식점·제과점·일반음식점 및 숙박시설을 건축할 수 있는 지역은 국토부령이 정하는 기준에 해당하는 지역이어야 한다.

(2) 자연환경보전지역에서 조례에 따라 건축이 허용되는 건축물을 건축할 수 있는 지역은 수질오염 및 경관훼손의 우려가 없다고 인정해서 조례로 정하는 지역에 한한다.

24강 용도지역에서의 행위제한

(3) 아파트 건축금지지역

제1종 전용주거지역·제1종 일반주거지역·유통상업지역·전용공업지역·일반공업지역·녹지지역·관리지역·농림지역·자연환경보전지역

(4) 연립주택과 다세대주택 건축금지지역

유통상업지역·전용공업지역·일반공업지역·보전녹지지역·보전관리지역·농림지역·자연환경보전지역

(5) 단독주택 건축금지지역

유통상업지역 및 전용공업지역

(6) 판매시설 건축금지지역

전용주거지역·보전녹지지역·보전관리지역·농림지역 및 자연환경보전지역에 건축하지 못한다.

(7) 학교 건축금지지역

초등학교는 전용공업지역에 건축하지 못하며, 중·고등학교는 전용공업지역, 농림지역과 자연환경보전지역에 건축하지 못한다.

(8) 숙박시설 건축가능지역

준주거지역, 상업지역, 준공업지역, 자연녹지지역 및 계획관리지역에만 건축할 수 있는데 준주거지역, 자연녹지지역 및 계획관리지역의 경우에는 극히 예외적인 경우에 한해 건축할 수 있다.

(9) 위락시설 건축가능지역 : 상업지역에만 건축할 수 있다.
(10) 공장 건축금지지역 : 전용주거지역·유통상업지역·보전녹지지역·보전관리지역·농림지역 및 자연환경보전지역에 건축하지 못한다.

▶ 용도지구별 건축제한의 원칙

용도지구 안에서의 건축제한은 원칙적으로 특별시·광역시·특별자치시·특별자치도·시 또는 군의 도시·군계획조례로 정한다.

25강
용도지구별 건축제한

(1) 경관지구에서의 건축제한

1) 경관지구에서는 그 지구의 경관의 보전·관리·형성에 장애가 된다고 인정해서 도시·군계획조례로 정하는 건축물은 건축할 수 없다.
2) 다만, 지정목적에 위배되지 않는 범위에서 도시·군계획조례로 정하는 기준에 적합하다고 인정해서 도시계획위원회의 심의를 거친 경우에는 건축을 할 수 있다.
3) 경관지구에서의 건축물의 건폐율, 용적률, 높이, 최대너비, 색채, 대지 안의 조경 등에 관해서는 그 지구의 경관의 보전·관리·형성에 필요한 범위에서 도시·군계획조례로 정한다.

(2) 고도지구에서의 건축제한

고도지구에서는 도시·군관리계획으로 정하는 높이를 초과하는 건축물은 건축할 수 없다.

(3) 방재지구에서의 건축제한

1) 방재지구에서는 풍수해, 산사태, 지반붕괴, 지진 그 밖에 재해예방에 장애가 된다고 인정해서 도시·군계획조례로 정하는 건축물은 건축할 수 없다.
2) 다만, 특별시장·광역시장·특별자치시장·특별자치도지사·시장 또는 군수가 지구의 지정목적에 위배되지 않는 범위에서 도시·군계획조례로 정하는 기준에 적합하다고 인정해서 도시계획위원회의 심의를 거친 경우에는 건축을 할 수 있다.

(4) 보호지구에서의 건축제한

보호지구 안에서는 다음의 구분에 따른 건축물에 한하여 건축할 수 있다. 다만, 특별시장·광역시장·특별자치시장·특별자치도지사·시장 또는 군수가 지구의 지정목적에 위배되지 아니하는 범위 안에서 도시·군계획조례가 정하는 기준에 적합하다고 인정하여 관계 행정기관의 장과의 협의 및 당해 지방자치단체에 설치된 도시계획위원회의 심의를 거친 경우에는 건축을 할 수 있다.

1) 역사문화환경보호지구

「문화유산의 보존 및 활용에 관한 법률」의 적용을 받는 문화유산을 직접 관리·보호하기 위한 건축물과 문화적으로 보존가치가 큰 지역의 보호 및 보존을 저해하지 아니하는 건축물로서 도시·군계획조례가 정하는 것

2) 중요시설물보호지구

중요시설물의 보호와 기능 수행에 장애가 되지 아니하는 건축물로서 도시·군계획조례가 정하는 것. 이 경우 공항시설에 관한 보호지구를 세분하여 지정하려는 경우에는 공항시설을 보호하고 항공기의 이·착륙에 장애가 되지 아니하는 범위에서 건축물의 용도 및 형태 등에 관한 건축제한을 포함하여 정할 수 있다.

3) 생태계보호지구

생태적으로 보존가치가 큰 지역의 보호 및 보존을 저해하지 아니하는 건축물로서 도시·군계획조례가 정하는 것

▶ 취락지구에서의 건축제한

(1) **자연취락지구에서의 건축제한** : 건축물의 층수는 4층 이하(4층 이하의 범위에서 도시·군계획조례로 따로 층수를 정하는 경우에는 그 층수 이하)

(2) **집단취락지구에서의 건축제한** : 개발제한구역의 지정 및 관리에 관한 특별조치법령이 정하는 바에 따른다.

▶ 개발진흥지구에서의 건축제한

(1) **지구단위계획 또는 개발계획 수립하는 개발진흥지구의 건축제한**

지구단위계획 또는 관계 법률에 따른 개발계획을 수립하는 개발진흥지구에서는 지구단위계획 또는 관계 법률에 따른 개발계획에 위반하여 건축물을 건축할 수 없으며, 지구단위계획 또는 개발계획이 수립되기 전에는 개발진흥지구의 계획적 개발에 위배되지 아니하는 범위에서 도시·군계획조례로 정하는 건축물을 건축할 수 있다.

(2) **지구단위계획 또는 개발계획 수립하지 않는 개발진흥지구의 건축제한**
지구단위계획 또는 관계 법률에 따른 개발계획을 수립하지 아니하는 개발진흥지구에서는 해당 용도지역에서 허용되는 건축물을 건축할 수 있다.

▶ 복합용도지구에서의 건축제한

복합용도지구에서는 해당 용도지역에서 허용되는 건축물 외에 다음에 따른 건축물 중 도시·군계획조례가 정하는 건축물을 건축할 수 있다.

(1) **일반주거지역** : 준주거지역에서 허용되는 건축물. 다만, 다음의 건축물은 제외한다.
  1) 제2종 근린생활시설 중 안마시술소
  2) 관람장
  3) 공장
  4) 위험물 저장 및 처리시설
  5) 동물 및 식물 관련 시설
  6) 장례시설

(2) **일반공업지역** : 준공업지역에서 허용되는 건축물. 다만, 다음의 건축물은 제외한다.
  1) 아파트
  2) 제2종 근린생활시설 중 단란주점 및 안마시술소
  3) 노유자시설

(3) **계획관리지역** : 다음의 어느 하나에 해당하는 건축물
  1) 제2종 근린생활시설 중 일반음식점·휴게음식점·제과점
  2) 판매시설
  3) 숙박시설(계획관리지역에서 시행령에 따라 건축할 수 없는 숙박시설은 제외)
  4) 유원시설업의 시설, 그 밖에 이와 비슷한 시설

26강 용도지역에서의 건폐율 제한

▶ 용도지역 안에서의 건폐율제한의 체계
용도지역에서의 건폐율의 최대한도는 법률에서 규정하고 시행령으로 용도지역별 기준 건폐율을 정하며 이 범위에서 도시·군계획조례로 정한다.

▶ 용도지역별 건폐율의 최대한도
(1) 도시지역
  1) 주거지역 : 70% 이하
  2) 상업지역 : 90% 이하
  3) 공업지역 : 70% 이하
  4) 녹지지역 : 20% 이하

(2) 관리지역
  1) 보전관리지역 : 20% 이하
  2) 생산관리지역 : 20% 이하
  3) 계획관리지역 : 40% 이하

(3) 농림지역 : 20% 이하

(4) 자연환경보전지역 : 20% 이하

▶ 건폐율제한의 특례
1) 취락지구 : 60% 이하(집단취락지구는 개특법이 정하는 바에 의함)
2) 도시지역 외의 지역에 지정된 개발진흥지구 : 40% 이하
3) 자연녹지지역에 지정된 개발진흥지구 : 30% 이하
4) 수산자원보호구역 : 40% 이하
5) 「자연공원법」에 따른 자연공원 : 60% 이하
6) 「산업입지 및 개발에 관한 법률」에 따른 농공단지 : 70% 이하
7) 국가산업단지·일반산업단지·도시첨단산업단지·준산업단지 : 80% 이하

▶ 건폐율의 강화

특별시장·광역시장·특별자치시장·특별자치도지사·시장 또는 군수는 도시지역에서 토지이용의 과밀화를 방지하기 위하여 건폐율을 낮추어야 할 필요가 있다고 인정하는 건축물의 경우 그 건폐율은 그 구역에 적용할 건폐율의 최대한도의 40% 이상의 범위 안에서 도시·군계획조례가 정하는 비율을 초과하여서는 아니 된다.

▶ 건폐율의 완화

(1) 준주거지역·일반상업지역·근린상업지역·공업지역의 방화지구에 있는 주요구조부와 외벽이 내화구조인 건축물 중 도시·군계획조례로 정하는 건축물은 80% 이상 90% 이하의 범위에서 도시·군계획조례로 정하는 비율을 초과할 수 없다.

(2) 녹지지역·관리지역·농림지역 및 자연환경보전지역의 건축물로서 방재지구의 재해저감대책에 부합하게 재해예방시설을 설치한 건축물은 해당 용도지역별 건폐율의 150% 이하의 범위에서 도시·군계획조례로 정하는 비율을 초과하면 안 된다.

(3) 자연녹지지역의 창고시설 또는 연구소(자연녹지지역으로 지정될 당시 이미 준공된 것으로서 기존 부지에서 증축하는 경우에 한함)의 경우에는 건폐율은 40%의 범위에서 최초 건축허가를 할 때에 그 건축물에 허용된 건폐율을 초과하면 안 된다.

(4) 계획관리지역의 기존 공장·창고시설 또는 연구소의 경우에는 건폐율은 50%의 범위에서 도시·군계획조례로 정하는 비율을 초과하면 안 된다.

(5) 보전관리지역·생산관리지역·농림지역 또는 자연환경보전지역에 설치되는 「농지법」에 따라 건축할 수 있는 건축물의 건폐율은 60% 이하의 범위에서 도시·군계획조례로 정하는 비율 이하로 한다.

(6) 자연녹지지역에 설치되는 도시·군계획시설 중 유원지의 건폐율은 30%의 범위에서, 공원의 건폐율은 20%의 범위에서 도시·군계획조례로 정하는 비율 이하로 한다.

27강 용도지역에서의 용적률 제한

▶ 용도지역 안에서 용적률제한의 체계
용도지역 안에서의 용적률의 최대한도는 법률에서 규정하고 시행령으로 용도지역별 기준 용적률을 정하며 이 범위 안에서 도시·군계획조례로 정한다.

▶ 용도지역별 용적률의 최대한도
(1) 도시지역
   1) 주거지역 : 500% 이하
   2) 상업지역 : 1,500% 이하
   3) 공업지역 : 400% 이하
   4) 녹지지역 : 100% 이하
(2) 관리지역
   1) 보전관리지역 : 80% 이하
   2) 생산관리지역 : 80% 이하
   3) 계획관리지역 : 100% 이하
(3) **농림지역** : 80% 이하
(4) **자연환경보전지역** : 80% 이하

▶ 용적률제한의 완화
(1) 주거지역에서는 임대주택(임대의무기간이 8년 이상인 경우에 한정한다)을 건설하는 경우 주거지역에 따른 용적률의 120% 이하의 범위에서 도시·군계획조례로 정하는 비율로 완화할 수 있다.
(2) 주거지역·상업지역 또는 공업지역의 방재지구에 있는 건축물로서 방재지구의 재해저감대책에 부합하게 재해예방시설을 설치한 건축물의 용적률은 해당 용도지역 용적률의 120% 이하의 범위에서 도시·군계획조례로 정하는 비율로 할 수 있다.

▶ 용적률제한의 특례

1) 도시지역 외의 지역에 지정된 개발진흥지구 : 100% 이하
2) 수산자원보호구역 : 80% 이하
3) 「자연공원법」에 따른 자연공원 : 100% 이하
4) 도시지역 외의 지역에 지정된 농공단지 : 150% 이하

▶ 공지에 접한 경우의 용적률의 1.2배 범위 완화

준주거지역·중심상업지역·일반상업지역·근린상업지역·공업지역 안의 건축물로서 공지에 20m 이상 접한 대지 안의 건축물에 대한 용적률은 해당 용적률의 120% 이하의 범위 안에서 도시·군계획조례가 정하는 비율로 할 수 있다.

▶ 공공시설부지제공에 따른 용적률의 2배 범위 완화

다음의 지역 안에서 건축물을 건축하고자 하는 자가 그 대지의 일부를 공공시설부지로 제공하는 경우에는 해당 건축물에 대한 용적률은 해당 용적률의 200% 이하의 범위 안에서 대지면적의 제공비율에 따라 도시·군계획조례가 정하는 비율로 할 수 있다.

1) 상업지역
2) 재개발사업·재건축사업을 시행하기 위한 정비구역

▶ 용적률 완화에 관한 특례규정의 중첩 적용

국토계획법 및 건축법 등 다른 법률에 따른 용적률의 완화에 관한 규정은 다음의 구분에 따른 범위에서 중첩하여 적용할 수 있다. 다만, 용적률 완화 규정을 중첩 적용하여 완화되는 용적률이 해당 용도지역별 용적률 최대한도를 초과하는 경우에는 관할 시·도지사, 시장·군수 또는 구청장이 건축위원회와 도시계획위원회의 공동 심의를 거쳐 기반시설의 설치 및 그에 필요한 용지의 확보가 충분하다고 인정하는 경우에 한정한다.

1) 지구단위계획구역 : 지구단위계획으로 정하는 범위
2) 지구단위계획구역 외의 지역 : 해당 용도지역별 용적률 최대한도의 120% 이하

28강 도시·군계획사업의 시행제한 등

▶ 시가화조정구역에서 도시·군계획사업의 시행제한

시가화조정구역에서 도시·군계획사업은 국방상 또는 공익상 시가화조정구역에서의 사업시행이 불가피한 것으로서 관계중앙행정기관의 장의 요청에 의하여 국토부장관이 시가화조정구역의 지정목적달성에 지장이 없다고 인정하는 도시·군계획사업만 시행할 수 있다.

▶ 시가화조정구역에서 행위허가의 대상

개발행위허가제 및 용도지역 안에서의 건축제한에 불구하고 도시·군계획사업에 의하는 경우를 제외하고는 다음의 행위에 한하여 특별시장·광역시장·특별자치시장·특별자치도지사·시장 또는 군수의 허가를 받아 이를 할 수 있다.

(1) 농업·임업 또는 어업용의 건축물 그 밖의 시설을 건축하는 행위
(2) 마을공동시설, 공익시설·공공시설, 광공업 등 주민의 생활을 영위하는 데에 필요한 행위
(3) 입목의 벌채, 조림, 육림, 토석의 채취 그 밖의 경미한 행위

▶ 행위허가의 의제

시가화조정구역에서의 행위허가가 있은 경우에는 다음의 허가 또는 신고가 있은 것으로 본다.

(1) 「산지관리법」에 따른 산지전용의 허가 또는 신고, 산지일시사용의 허가 또는 신고
(2) 「산림자원의 조성 및 관리에 관한 법률」에 따른 입목벌채등의 허가 또는 신고

▶ 산지전용허가권자 등과의 협의

특별시장·광역시장·특별자치시장·특별자치도지사·시장 또는 군수는 시가화조정구역에서의 행위허가를 하는 때에는 미리 다음의 자와 협의해야 한다.

(1) 산지전용, 산지일시사용 또는 입목벌채 등의 허가권자
(2) 허가대상행위와 관련 있는 공공시설의 관리자
(3) 허가대상행위에 의해 설치되는 공공시설을 관리하게 될 자

▶ 도시혁신구역에서의 행위제한

용도지역 및 용도지구에 따른 제한에도 불구하고 도시혁신구역에서의 토지의이용, 건축물이나 그 밖의 시설의 용도·건폐율·용적률·높이 등에 관한 제한 및 그 밖에 대통령령으로 정하는 사항에 관하여는 도시혁신계획으로 따로 정한다.

▶ 도시혁신구역에서의 다른 법률의 적용 특례

도시혁신구역에서는 다음의 법률 규정에도 불구하고 도시혁신계획으로 따로 정할 수 있다.
(1) 「주택법」에 따른 주택의 배치, 부대시설·복리시설의 설치기준 및 대지조성기준
(2) 「주차장법」에 따른 부설주차장의 설치
(3) 「문화예술진흥법」에 따른 건축물에 대한 미술작품의 설치
(4) 「건축법」에 따른 공개 공지 등의 확보
(5) 「도시공원 및 녹지 등에 관한 법률」에 따른 도시공원 또는 녹지 확보 기준
(6) 「학교용지 확보 등에 관한 특례법」에 따른 학교용지의 조성·개발 기준

▶ 특별건축구역지정의 의제

도시혁신구역으로 지정된 지역은 「건축법」에 따른 특별건축구역으로 지정된 것으로 본다.

▶ 도시개발구역의 지정 및 도시개발계획수립 고시의 의제

도시혁신구역의 지정·변경 및 도시혁신계획 결정의 고시는 「도시개발법」에 따른 개발계획의 내용에 부합하는 경우 도시개발구역의 지정 및 도시개발계획 수립의 고시로 본다.

▶ 복합용도구역에서의 행위제한

용도지역 및 용도지구에 따른 제한에도 불구하고 복합용도구역에서의 건축물이나 그 밖의 시설의 용도·종류 및 규모 등의 제한에 관한 사항은 대통령령으로 정하는 범위에서 복합용도계획으로 따로 정한다.

29강 도시·군계획 시설사업의 시행(Ⅰ)

▶ 복합용도구역에서의 건폐율과 용적률의 적용

복합용도구역에서의 건폐율과 용적률은 용도지역별 건폐율과 용적률의 최대한도의 범위에서 복합용도계획으로 정한다.

▶ 특별건축구역지정의 의제

복합용도구역으로 지정된 지역은 「건축법」에 따른 특별건축구역으로 지정된 것으로 본다.

▶ 단계별집행계획의 수립권자

(1) 원 칙

특별시장·광역시장·특별자치시장·특별자치도지사·시장 또는 군수는 도시·군계획시설에대하여 도시·군계획시설결정의 고시일부터 3개월 이내에 재원조달계획·보상계획 등을 포함하는 단계별집행계획을 수립하여야 한다.

다만, 「도시정비법」, 「도시재정비 촉진을 위한 특별법」, 「도시재생 활성화 및 지원에 관한 특별법」에 따라 도시·군관리계획의 결정이 의제되는 경우에는 해당 도시·군계획시설결정의 고시일부터 2년 이내에 단계별 집행계획을 수립할 수 있다.

(2) 예 외

국토부장관이나 도지사가 직접 입안한 도시·군관리계획인 경우 국토부장관이나 도지사는 단계별집행계획을 수립하여 해당 특별시장·광역시장·특별자치시장·특별자치도지사·시장 또는 군수에게 송부할 수 있다.

▶ 단계별집행계획의 구분수립

제1단계집행계획과 제2단계집행계획으로 구분하여 수립
 (1) **제1단계집행계획** : 3년 이내에 시행하는 도시·군계획시설사업
 (2) **제2단계집행계획** : 3년 후에 시행하는 도시·군계획시설사업

▶ 단계별집행계획의 검토

특별시장·광역시장·특별자치시장·특별자치도지사·시장 또는 군수는 매년 제2단계집행계획을 검토하여 3년 이내에 도시·군계획시설사업을 시행할 도시·군계획시설을 선정하여 제1단계집행계획에 포함시킬 수 있다. 단계별집행계획을 수립하려는 때에는 미리 관계 행정기관의 장과 협의해야 하며, 해당 지방의회의 의견을 들어야 한다.

▶ 도시·군계획시설사업의 시행자

(1) 특별시장·광역시장·특별자치시장·특별자치도지사·시장 또는 군수는 이 법 또는 다른 법률에 특별한 규정이 있는 경우를 제외하고는 관할구역 안의 도시·군계획시설사업을 시행한다.

(2) **도시·군계획시설사업이 2 이상의 특별시·광역시·특별자치시·특별자치도·시 또는 군의 관할구역에 걸쳐 시행되게 되는 때** : 관계 특별시장·광역시장·특별자치시장·특별자치도지사·시장 또는 군수가 서로 협의하여 시행자를 정한다.

(3) **협의가 성립되지 아니하는 경우** : 도시·군계획시설사업을 시행하고자 하는 구역이 같은 도의 관할구역에 속하는 때에는 관할 도지사가, 2 이상의 시·도의 관할구역에 걸치는 때에는 국토부장관이 시행자를 지정하고 이를 고시한다.

(4) 국토부장관은 국가계획과 관련되거나 그 밖에 특히 필요하다고 인정되는 때에는 관계 특별시장·광역시장·특별자치시장·특별자치도지사·시장 또는 군수의 의견을 들어 직접 도시·군계획시설사업을 시행할 수 있다.

(5) 도지사는 광역도시계획과 관련되거나 특히 필요하다고 인정되는 때에는 관계 시장 또는 군수의 의견을 들어 직접 도시·군계획시설사업을 시행할 수 있다.

(6) **시행자지정을 받은 자** : 그 밖의 자는 국토부장관, 시·도지사, 시장 또는 군수로부터 시행자로 지정을 받아 도시·군계획시설사업을 시행할 수 있다. 도시·군계획시설사업의 시행자로 지정받으려면 도시·군계획시설사업의 대상인 토지(국·공유지는 제외) 면적의 2/3 이상에 해당하는 토지를 소유하고 토지소유자 총수의 1/2 이상에 해당하는 자의 동의를 받아야 한다(민간 시행자에 한함).

▶ 시행자의 처분에 대한 행정심판

(1) 「국토계획법」에 따른 도시·군계획시설사업 시행자의 처분에 대해서는 「행정심판법」에 따라 행정심판을 청구할 수 있다.
(2) 이 경우 행정청이 아닌 시행자의 처분에 대해서는 그 시행자를 지정한 자에게 행정심판을 청구해야 한다.

▶ 실시계획

(1) **실시계획의 작성**
도시·군계획시설사업의 시행자는 그 도시·군계획시설사업에 관한 실시계획을 작성하여야 한다.
(2) **실시계획의 인가**
국토부장관, 시·도지사와 대도시 시장이 아닌 도시·군계획시설사업의 시행자는 실시계획을 작성한 때에는 시·도지사 또는 대도시 시장(국토부장관이 지정한 시행자인 경우에는 국토부장관)의 인가를 받아야 한다.

▶ 실시계획의 효력상실

(1) **원칙적 효력상실 시기** : 도시·군계획시설결정의 고시일부터 10년 이후에 실시계획을 작성하거나 인가(다른 법률에 따라 의제된 경우는 제외) 받은 도시·군계획시설사업의 시행자(장기미집행 도시·군계획시설사업의 시행자)가 실시계획 고시일부터 5년 이내에 「토지보상법」에 따른 재결 신청을 하지 아니한 경우에는 실시계획 고시일부터 5년이 지난 다음 날에 그 실시계획은 효력을 잃는다.

30강
도시·군계획
시설사업의 시행(Ⅱ)

(2) **예외적 효력상실 시기** : 장기미집행 도시·군계획시설사업의 시행자가 재결신청을 하지 아니하고 실시계획 고시일부터 5년이 지나기 전에 해당 도시·군계획시설사업에 필요한 토지 면적의 2/3 이상을 소유하거나 사용할 수 있는 권원을 확보하고 실시계획 고시일부터 7년 이내에 재결신청을 하지 아니한 경우 실시계획고시일부터 7년이 지난 다음 날에 그 실시계획은 효력을 잃는다.

▶ 도시·군계획시설사업의 분할시행

(1) 도시·군계획시설사업의 시행자는 도시·군계획시설사업의 효율적인 추진을 위해 필요하다고 인정되면 사업시행대상지역 또는 대상시설을 둘 이상으로 분할해서 도시·군계획시설사업을 시행할 수 있다.
(2) 도시·군계획시설사업을 분할시행하는 때에는 분할된 지역별로 실시계획을 수립할 수 있다.

▶ 이행보증금의 예치

(1) 특별시장·광역시장·특별자치시장·특별자치도지사·시장 또는 군수는 기반시설의 설치나 그에 필요한 용지의 확보, 위해 방지, 환경오염 방지, 경관 조성, 조경 등을 위하여 필요하다고 인정되는 경우에는 그 이행을 담보하기 위하여 도시·군계획시설사업의 시행자에게 이행보증금을 예치하게 할 수 있다.
(2) 다만, 국가, 지자체, 공공기관 등은 이행보증금을 예치하지 않아도 된다.

▶ 원상회복

(1) 특별시장·광역시장·특별자치시장·특별자치도지사·시장 또는 군수는 실시계획의 인가 또는 변경인가를 받지 않고 도시·군계획시설사업을 하거나 그 인가내용과 다르게 도시·군계획시설사업을 하는 자에게 그 토지의 원상회복을 명할 수 있다.
(2) 특별시장·광역시장·특별자치시장·특별자치도지사·시장 또는 군수는 원상회복의 명령을 받은 자가 원상회복을 하지 않는 때에는 「행정대집행법」에 따른 행정대집행에 따라 원상회복을 할 수 있다.

▶ 국·공유지의 처분제한

도시·군관리계획결정의 고시가 있는 때에는 국·공유지로서 도시·군계획시설사업에 필요한 토지는 당해 도시·군관리계획으로 정하여진 목적 외의 목적으로 이를 매각하거나 양도할 수 없다. 이를 위반한 행위는 무효로 한다.

▶ 서류의 송달

(1) 도시·군계획시설사업의 시행자는 이해관계인에게 서류를 송달할 필요가 있으나 이해관계인의 주소 또는 거소의 불명, 그 밖의 사유로 인해 서류의 송달을 할 수 없는 때에는 그 서류의 송달에 갈음해서 이를 공시할 수 있다.

(2) 이 경우 행정청이 아닌 시행자는 국토부장관, 관할 시·도지사나 대도시시장의 승인을 받아야 한다.

(3) 서류의 공시송달에 관해서는 「민사소송법」의 공시송달의 예에 따른다.

▶ 토지 등의 수용 및 사용

(1) 도시·군계획시설사업의 시행자는 도시·군계획시설사업에 필요한 토지·건축물, 그 토지에 정착된 물건 또는 그 소유권 외의 권리를 수용·사용할 수 있다.

(2) **토지보상법의 준용**

　수용 및 사용에 관하여는 「국토계획법」에 특별한 규정이 있는 경우를 제외하고는 「토지보상법」에 관한 법률을 준용한다.

(3) **사업인정·고시의 특례**

　「토지보상법」을 준용함에 있어서 실시계획의 고시가 있은 때에는 「토지보상법」에 의한 사업인정 및 그 고시가 있은 것으로 본다.

(4) **재결신청기간의 특례**

　「토지보상법」에도 불구하고 도시·군계획시설사업의 경우에는 실시계획에서 정하여진 사업시행기간 내에 재결신청을 하여야 한다.

31강 도시·군계획시설사업의 시행(Ⅲ)

▶ 확장 사용

도시·군계획시설사업의 시행자는 사업시행을 위하여 특히 필요하다고 인정되면 도시·군계획시설에 인접한 토지·건축물, 그 토지에 정착된 물건 또는 그 소유권 외의 권리를 일시 사용할 수 있다.

▶ 준공검사

도시·군계획시설사업의 시행자(국토부장관, 시·도지사와 대도시 시장은 제외)가 도시·군계획시설사업의 공사를 완료한 때에는 공사를 완료한 날부터 7일 이내에 공사완료보고서를 작성하여 시·도지사 또는 대도시 시장의 준공검사를 받아야 한다.

▶ 공사완료 공고

(1) 시·도지사나 대도시 시장은 준공검사를 한 결과 실시계획대로 완료되었다고 인정되는 경우에는 도시·군계획시설사업의 시행자에게 준공검사증명서를 발급하고 공사완료 공고를 하여야 한다.

(2) 국토부장관, 시·도지사나 대도시 시장인 도시·군계획시설사업의 시행자는 도시·군계획시설사업의 공사를 완료한 때에는 공사완료공고를 해야 한다.

▶ 다른 법령에 따른 준공검사 등의 의제

(1) 실시계획고시에 의해 의제되는 인·허가 등에 따른 준공검사·준공인가 등에 관해 준공검사를 하거나 공사완료공고를 하는 자가 미리 관계 행정기관의 장과 협의한 경우에는 그 준공검사·준공인가 등을 받은 것으로 본다.

(2) 국토부장관, 시·도지사나 대도시 시장은 준공검사를 하거나 공사완료공고를 할 때에 그 내용에 의제되는 준공검사·준공인가 등이 있는 때에는 미리 관계 행정기관의 장과 협의해야 한다.

▶ 공공시설의 귀속

개발행위허가에 있어서의 공공시설의 귀속에 관한 규정은 도시·군계획시설사업에 의해 새로 공공시설을 설치하거나 기존의 공공시설에 대체되는 공공시설을 설치한 경우에 관해 준용한다.

▶ 조성대지 등의 처분

(1) 도시·군계획시설사업으로 인하여 조성된 대지 및 건축물 중 국가 또는 지자체의 소유에 속하는 재산을 처분하고자 하는 때에는 「국유재산법」 및 「공유재산 및 물품관리법」의 규정에 불구하고 다음의 순위에 의하여 처분할 수 있다.

  1) 그 도시·군계획시설사업의 시행으로 인하여 수용된 토지·건축물 소유자에의 양도
  2) 다른 도시·군계획시설사업에 필요한 토지와의 교환

(2) 국가 또는 지자체는 조성된 대지 등을 처분하려는 때에는 이를 미리 관보 또는 공보와 인터넷 홈페이지에 게재하는 방법으로 한다.

▶ 시범도시

(1) **시범도시의 지정권자**

  국토부장관이 직접 또는 관계 중앙행정기관의 장이나 시·도지사의 요청에 의하여 지정한다.

(2) **시범도시의 공모**

  국토부장관은 직접 시범도시를 지정함에 있어서 필요한 경우에는 그 대상이 되는 도시를 공모할 수 있다.

(3) **시범도시의 지원기준**

  국토부장관, 관계 중앙행정기관의 장 또는 시·도지사는 시범도시에 대하여 시범도시사업계획의 수립에 소요되는 비용의 80% 이하, 시범도시사업의 시행에 소요되는 비용(보상비는 제외)의 50% 이하의 범위 안에서 보조 또는 융자를 할 수 있다.

32강

보 칙

▶ 중앙도시계획위원회

(1) **중앙도시계획위원회의 설치** : 광역도시계획, 도시·군계획, 허가구역 등 국토부장관의 권한에 속하는 사항의 심의를 수행하기 위해 국토부에 중앙도시계획위원회를 둔다.
(2) **중앙도시계획위원회의 구성** : 중앙도시계획위원회는 위원장 및 부위원장 각 1명을 포함한 25명 이상 30명 이내의 위원으로 구성한다.

▶ 토지에의 출입 등

(1) **타인 토지 출입에 대한 허가와 통지**
  1) 타인의 토지에 출입하고자 하는 자는 특별시장·광역시장·특별자치시장·특별자치도지사·시장 또는 군수의 허가를 받아야 하며, 출입하고자 하는 날의 7일 전까지 그 토지의 소유자·점유자 또는 관리인에게 그 일시와 장소를 통지하여야 한다.
  2) 다만, 행정청인 도시·군계획시설사업의 시행자는 허가를 받지 아니하고 타인의 토지에 출입할 수 있다.
(2) **일출 전·일몰 후의 출입제한**
  일출 전이나 일몰 후에는 그 토지의 점유자의 승낙 없이 택지나 담장 또는 울타리로 둘러싸인 타인의 토지에 출입할 수 없다.
(3) **일시사용 등에 대한 동의**
  타인의 토지를 재료적치장 또는 임시통로로 일시사용하거나 나무·흙·돌 그 밖의 장애물을 변경 또는 제거하고자 하는 자는 토지의 소유자·점유자 또는 관리인의 동의를 얻어야 한다.
(4) **일시사용 등에 대한 통지·허가**
  토지 또는 장애물의 소유자·점유자 또는 관리인이 현장에 없거나 주소 또는 거소의 불명으로 그 동의를 얻을 수 없는 때 : 행정청인 도시·군계획시설사업의 시행자는 관할 특별시장·광역시장·특별자치시장·특별자치도지사·시장 또는 군수에게 그 사실을 통지하여야 하며, 행정청이 아닌 도시·군계획시설사업의 시행자는 미리 관할 특별시장·광역시장·특별자치시장·특별자치도지사·시장 또는 군수의 허가를 받아야 한다.

▶ 토지에의 출입 등에 따른 손실보상

(1) 토지의 일시사용이나 장애물의 변경 또는 제거로 인하여 손실을 입은 자가 있으면 그 행위자가 속하는 행정청 또는 도시·군계획사업의 시행자가 그 손실을 보상하여야 한다.

(2) 손실보상에 관하여는 그 손실을 보상할 자와 손실을 입은 자가 협의하여야 한다.

(3) 손실을 보상할 자 또는 손실을 입은 자는 협의가 성립되지 아니하거나 협의를 할 수 없는 경우에는 관할 토지수용위원회에 재결을 신청할 수 있다.

(4) 관할 토지수용위원회의 재결에 관하여는 「토지보상법」의 규정을 준용한다.

▶ 비 용

(1) **비용 부담의 원칙** : 광역도시계획 및 도시·군계획의 수립과 도시·군계획시설사업에 관한 비용은 이 법 또는 다른 법률에 특별한 규정이 있는 경우 외에 국가가 하는 경우에는 국가예산에서, 지자체가 하는 경우에는 해당 지자체가, 행정청이 아닌 자가 하는 경우에는 그 자가 부담함을 원칙으로 한다.

(2) **보조 또는 융자**

1) 시·도지사, 시장 또는 군수가 수립하는 광역도시계획 또는 도시·군계획에 관한 기초조사 또는 지형도면의 작성에 소요되는 비용은 그 비용의 80% 이하를 국가예산에서 보조할 수 있다.

2) 행정청이 시행하는 도시·군계획시설사업에 소요되는 비용(조사·측량비, 설계비 및 관리비를 제외한 공사비와 감정비를 포함한 보상비를 말함)의 50% 이하의 범위 안에서 국가예산으로 보조 또는 융자할 수 있다.

도시개발법

제2장
경록 에센스 노트

33강
총설

▶ 용어의 정의

(1) 도시개발사업

도시개발구역에서 주거·상업·산업·유통·정보통신·생태·문화·보건 및 복지 등의 기능을 가지는 단지 또는 시가지를 조성하기 위하여 시행하는 사업

(2) 도시개발구역

도시개발사업을 시행하기 위하여 「도시개발법」에 의하여 지정·고시된 구역

▶ 도시개발사업의 시행방식

(1) 환지방식

1) 대지로서의 효용증진과 공공시설의 정비를 위하여 토지의 교환·분할·합병, 그 밖의 구획변경, 지목 또는 형질의 변경이나 공공시설의 설치·변경이 필요한 경우

2) 도시개발사업을 시행하는 지역의 지가가 인근의 다른 지역에 비하여 현저히 높아 수용 또는 사용방식으로 시행하는 것이 어려운 경우

(2) 수용 또는 사용방식

계획적이고 체계적인 도시개발 등 집단적인 조성과 공급이 필요한 경우

(3) 혼용방식

도시개발구역으로 지정하려는 지역이 부분적으로 환지방식 또는 수용·사용방식에 해당하는 경우

(4) 혼용방식의 유형

1) **분할 혼용방식** : 수용 또는 사용 방식이 적용되는 지역과 환지 방식이 적용되는 지역을 사업시행지구별로 분할하여 시행하는 방식
2) **미분할 혼용방식** : 사업시행지구를 분할하지 아니하고 수용 또는 사용방식과 환지방식을 혼용하여 시행하는 방식. 이 경우 환지에 대해서는 환지방식에 따른 사업시행에 관한 규정을 적용하고, 그 밖의 사항에 대해서는 수용 또는 사용방식에 관한 규정을 적용한다.

▶ 도시개발사업의 시행자

도시개발사업의 시행자는 다음의 자 중에서 도시개발구역지정권자가 이를 지정한다.

1) 국가 또는 지방자치단체
2) LH · 한국수자원공사 · 한국농어촌공사 · 한국관광공사 · 한국철도공사
3) 한국철도공단(역세권개발사업에 한함) · 제주국제자유도시개발센터
4) 「지방공기업법」에 의하여 설립된 지방공사
5) 도시개발구역의 토지소유자(수용 또는 사용방식의 경우에는 도시개발구역 안의 국 · 공유지를 제외한 토지면적의 2/3 이상을 소유한 자를 말함)
6) 도시개발구역의 토지소유자가 도시개발을 위하여 설립한 조합(도시개발사업의 전부를 환지방식으로 시행하는 경우에 한함)
7) 과밀억제권역에서 3년 이상 계속하여 공장시설을 갖추고 사업을 영위하고 있거나 3년 이상 계속하여 본점 또는 주사무소를 두고 있는 법인으로서 그 공장시설의 전부 또는 본사를 수도권 외의 지역으로 이전하는 종업원 500명 이상인 법인
8) 「주택법」에 따른 등록사업자

▶ 전부환지방식으로 시행하는 도시개발사업의 시행자

도시개발구역지정권자는 도시개발구역의 전부를 환지방식으로 시행하는 경우에는 토지소유자 또는 도시개발조합을 시행자로 지정한다.

▶ 예외적 시행자의 지정 사유

다음의 사유가 있는 때에는 지자체, LH공사, 지방공사 또는 신탁업자를 전부환지방식으로 시행하는 도시개발사업의 시행자로 지정할 수 있다.

1) 토지소유자 또는 도시개발조합이 개발계획의 수립·고시일부터 1년 이내에 시행자지정을 신청하지 아니한 경우 또는 도시개발구역지정 권자가 신청된 내용이 위법 또는 부당하다고 인정한 경우
2) 지자체의 장이 집행하는 공공시설에 관한 사업과 병행하여 시행할 필요가 있다고 인정한 경우
3) 도시개발구역의 국·공유지를 제외한 토지면적의 1/2 이상에 해당하는 토지소유자 및 토지소유자 총수의 1/2 이상이 지자체·LH공사·지방공사 또는 신탁업자의 시행에 동의한 경우

▶ 민·관공동출자법인의 설립

국가·지자체·공공기관·정부출연기관 또는 지방공사(공공시행자)가 민간참여자와 민·관공동출자법인을 설립하여 도시개발사업을 시행하고자 하는 경우에는 총사업비, 예상 수익률, 민간참여자와의 역할 분담 등이 포함된 사업계획을 마련하여야 한다.

이 경우 민간참여자의 기여 정도 등을 고려하여 민간참여자의 이윤율은 총사업비 중 공공시행자의 부담분을 제외한 비용의 10/100 이내로 한다.

▶ 시행자의 처분에 대한 행정심판

(1) 시행자가 「도시개발법」에 따라 행한 처분에 불복하는 자는 「행정심판법」에 따라 행정심판을 제기할 수 있다.
(2) 다만, 행정청이 아닌 시행자가 한 처분에 관해서는 다른 법률에 특별한 규정이 있는 경우를 제외하고는 도시개발구역 지정권자에게 행정심판을 제기해야 한다.

34강 도시개발조합

▶ 조합설립의 인가

도시개발조합을 설립하려면 도시개발구역의 토지소유자 7명 이상이 정관을 작성하여 지정권자에게 조합설립의 인가를 받아야 한다. 인가를 받은 사항을 변경하려면 지정권자로부터 변경인가를 받아야 한다. 다만, 다음의 경미한 사항을 변경하려는 경우에는 신고하여야 한다.

(1) 주된 사무소 소재지의 변경
(2) 공고방법의 변경

▶ 조합설립인가 신청 시 토지소유자의 동의

조합설립인가를 신청하려면 해당 도시개발구역의 토지면적의 2/3 이상에 해당하는 토지소유자와 그 구역의 토지소유자 총수의 1/2 이상의 동의를 받아야 한다.

▶ 동의자 수의 산정방법

(1) 토지소유자는 조합설립인가의 신청 전에 동의를 철회할 수 있다. 이 경우 그 토지소유자는 동의자 수에서 제외한다.
(2) 조합설립인가에 동의한 자로부터 토지를 취득한 자는 조합의 설립에 동의한 것으로 본다. 다만, 토지를 취득한 자가 조합설립인가 신청 전에 동의를 철회한 경우에는 그러하지 아니하다.

▶ 조합의 설립

(1) 조합은 법인으로 하며, 주된 사무소의 소재지에서 등기를 하면 설립한다.
(2) 조합설립인가를 받은 조합의 대표자는 설립인가를 받은 날부터 30일 이내에 주된 사무소의 소재지에서 설립등기를 하여야 한다.
(3) 조합에 관하여 「도시개발법」에 규정된 것을 제외하고는 「민법」 중 사단법인에 관한 규정을 준용한다.

▶ 조합원

(1) 조합의 조합원은 도시개발구역의 토지소유자로 한다.
(2) 조합의 임원으로 조합장 1명과 이사 및 감사를 둔다. 조합의 임원은 의결권을 가진 조합원이어야 하고, 정관으로 정하는 바에 따라 총회에서 선임한다.
(3) **조합의 임원이 될 수 없는 자**
   1) 피성년후견인, 피한정후견인 또는 미성년자
   2) 파산선고를 받은 자로서 복권되지 않은 자
   3) 금고 이상의 형을 선고받고 그 집행이 종료되거나 집행을 받지 않기로 확정된 후 2년이 지나지 않은 자 또는 그 형의 집행유예기간 중에 있는 자
(4) 조합의 임원은 그 조합의 다른 임원 또는 직원을 겸할 수 없으며, 같은 목적의 사업을 하는 다른 조합의 임원 또는 직원을 겸할 수 없다.

▶ 대의원회

(1) 의결권을 가진 조합원의 수가 50인 이상인 조합은 총회의 권한을 대행하게 하기 위하여 대의원회를 둘 수 있다. 다만, 대의원회는 다음의 사항에 관한 권한은 대행하지 못한다.
   ① 정관의 변경
   ② 개발계획의 수립 및 변경
   ③ 환지계획의 작성
   ④ 조합임원의 선임
   ⑤ 조합의 합병 또는 해산에 관한 사항
(2) 대의원회에 두는 대의원의 수는 의결권을 가진 조합원 총수의 10% 이상으로 하며, 대의원은 의결권을 가진 조합원 중에서 정관이 정하는 바에 따라 선출한다.

▶ 조합원의 경비부담

(1) 부과금의 부과·징수

조합은 그 사업에 필요한 비용을 조성하기 위하여 정관이 정하는 바에 따라 조합원에 대하여 경비를 부과·징수할 수 있다.

(2) 부과금징수의 위탁

특별자치도지사·시장·군수 또는 구청장이 부과금이나 연체료의 징수를 위탁받으면 지방세체납처분의 예에 따라 이를 징수할 수 있다 (위탁수수료 : 징수한 금액의 4%).

35강 도시개발구역의 지정(Ⅰ)

▶ 도시개발구역의 지정권자

(1) 시·도지사, 대도시 시장
(2) 둘 이상의 시·도, 대도시의 행정구역에 걸치는 경우에는 관계 시·도지사, 대도시 시장이 협의하여 도시개발구역을 지정할 자를 정한다.

▶ 국토부장관의 지정사유

(1) 국가가 도시개발사업을 실시할 필요가 있는 경우
(2) 관계 중앙행정기관의 장이 요청하는 경우
(3) LH공사·한국수자원공사·한국농어촌공사·한국관광공사·한국철도공사의 장 또는 정부출연기관의 장이 30만m² 이상으로서 국가계획과 밀접한 관련이 있는 도시개발구역의 지정을 제안하는 경우
(4) 관계 시·도지사, 대도시 시장 간에 도시개발구역지정권자에 관한 협의가 성립되지 아니하는 경우
(5) 천재지변, 그 밖의 사유로 인하여 도시개발사업을 긴급하게 할 필요가 있는 경우

▶ 도시개발구역의 지정요청

(1) 시장(대도시 시장은 제외)·군수 또는 구청장은 시·도지사에게 도시개발구역의 지정을 요청할 수 있다.

(2) 시장·군수 또는 구청장은 도시개발구역의 지정을 요청하려면 도시개발구역으로 지정될 구역의 토지·건축물·공작물 그 밖의 필요한 사항을 조사하거나 측량할 수 있다.

(3) 시장·군수 또는 구청장이 도시개발구역의 지정을 요청하고자 하는 때에는 공람을 통해 주민의견을 청취해야 하며, 제시된 의견이 타당하다고 인정되는 때에는 이를 반영해야 한다.

(4) 시장·군수 또는 구청장은 도시개발구역의 면적이 100만m^2 이상인 경우에는 공람기간이 끝난 후에 공청회를 개최해서 관계 전문가 등으로부터 의견을 들어야 하며, 제시된 의견이 타당하다고 인정되는 때에는 이를 반영해야 한다.

▶ 도시개발구역지정의 제안

(1) 도시개발구역지정의 제안자

1) 도시개발사업의 시행자가 될 수 있는 자(국가·지자체 및 조합은 제외)는 특별자치도지사·시장·군수 또는 구청장에게 도시개발구역의 지정을 제안할 수 있다.
2) 다만, 국토부장관이 도시개발구역을 지정할 수 있는 사유에 해당하는 경우에는 국토부장관에게 직접 제안할 수 있다.

(2) 토지소유자의 수용 또는 사용방식의 제안

도시개발구역의 토지소유자가 수용 또는 사용의 방식으로 제안하는 때에는 도시개발구역의 국·공유지를 제외한 토지면적의 2/3 이상을 사용할 수 있는 권원을 가지고 1/2 이상을 소유해야 한다.

(3) 민간사업시행자의 동의

토지소유자등인 민간사업시행자가 도시개발구역의 지정을 제안하려는 경우에는 대상구역 토지면적의 2/3 이상에 해당하는 토지소유자(지상권자를 포함)의 동의를 받아야 한다.

(4) 제안내용의 수용여부 통보기간

도시개발구역지정의 제안을 받은 국토부장관이나 특별자치도지사·시장·군수 또는 구청장은 제안내용의 수용여부를 1개월 이내에 제안자에게 통보하여야 한다. 다만, 1개월 이내의 범위에서 통보기간을 연장할 수 있다.

(5) 도시개발구역의 지정에 관한 비용의 부담

특별자치도지사·시장·군수 또는 구청장은 제안자와 협의하여 도시개발구역의 지정을 위하여 필요한 비용의 전부 또는 일부를 제안자에게 부담시킬 수 있다.

▶ 도시개발구역의 지정요건

(1) 도시지역 내의 지역
1) 주거지역 및 상업지역 : 1만m² 이상
2) 공업지역 : 3만m² 이상
3) 자연녹지지역 : 1만m² 이상
4) 생산녹지지역(생산녹지지역이 도시개발구역 지정면적의 30% 이하인 경우에 한함) : 1만m² 이상

(2) 도시지역 외의 지역 : 30만m² 이상

다만, 아파트 또는 연립주택의 건설계획이 포함되는 경우로서 다음의 요건을 모두 갖춘 경우 : 10만m² 이상

1) 도시개발구역 안에 초등학교용지를 확보하여 관할 교육청의 동의를 얻은 경우
2) 도시개발구역에서 「도로법」에 해당하는 도로 또는 국토부령이 정하는 도로와 연결되는 4차로 이상의 도로를 설치하는 경우

▶ 도시개발구역의 지정대상지역 제한

(1) 자연녹지지역·생산녹지지역 및 도시지역 외의 지역에 도시개발구역을 지정하는 경우에는 광역도시계획 또는 도시·군기본계획에 의하여 개발이 가능한 지역에서만 국토부장관이 정하는 기준에 따라 지정하여야 한다.
　　다만, 광역도시계획 및 도시·군기본계획이 수립되지 아니한 지역의 경우 자연녹지지역 및 계획관리지역에 한하여 도시개발구역을 지정할 수 있다.
(2) 다음의 어느 하나에 해당하는 지역으로서 지정권자가 계획적인 도시개발이 필요하다고 인정하는 지역에 대하여는 지정규모 및 지정대상지역에 따른 제한을 적용하지 아니한다.
　1) 취락지구 또는 개발진흥지구로 지정된 지역
　2) 지구단위계획구역으로 지정된 지역
　3) 국토부장관이 국가균형발전을 위하여 관계 중앙행정기관의 장과 협의하여 도시개발구역으로 지정하려는 지역(자연환경보전지역은 제외)

▶ 도시개발구역의 분할 및 결합

(1) 도시개발구역을 둘 이상의 사업시행지구로 분할할 수 있는 경우는 지정권자가 효율적인 추진을 위하여 필요하다고 인정하는 경우로서 분할 후 각 사업시행지구의 면적이 각각 1만㎡ 이상인 경우로 한다.
(2) 서로 떨어진 둘 이상의 지역을 결합하여 하나의 도시개발구역으로 지정할 수 있는 경우는 면적이 1만㎡ 이상인 토지이용이 제한되는 지역, 방화지구, 방재지구 등에 해당하는 지역이 도시개발구역에 하나 이상 포함된 경우로 한다.

▶ 개발계획의 수립

도시개발구역지정권자는 도시개발구역을 지정하려면 해당 도시개발구역에 대한 개발계획을 수립하여야 한다. 다만, 개발계획을 공모하거나 다음의 지역에 도시개발구역을 지정할 때에는 도시개발구역을 지정한 후에 개발계획을 단계적으로 수립할 수 있다.

1) 자연녹지지역
2) 생산녹지지역
3) 도시지역 외의 지역
4) 국토부장관이 국가균형발전을 위하여 관계 중앙행정기관의 장과 협의하여 도시개발구역으로 지정하고자 하는 지역(자연환경보전지역은 제외)
5) 당해 도시개발구역에 포함되는 주거지역·상업지역·공업지역의 면적의 합계가 전체 도시개발구역 지정 면적의 30% 이하인 지역

▶ 환지방식의 개발계획수립 시 토지소유자의 동의

(1) 도시개발구역지정권자는 환지방식의 도시개발사업에 대한 개발계획을 수립하려면 환지방식이 적용되는 지역의 토지면적의 2/3 이상에 해당하는 토지소유자와 그 지역의 토지소유자 총수의 1/2 이상의 동의를 받아야 한다.
(2) 다만, 도시개발사업의 시행자가 국가 또는 지자체에 해당하는 자이면 토지소유자의 동의를 받을 필요가 없다.

▶ 개발계획의 작성기준

(1) 광역도시계획 또는 도시·군기본계획이 수립되어 있는 지역에 대하여 개발계획을 수립하고자 하는 때에는 개발계획의 내용이 당해 광역도시계획 또는 도시·군기본계획에 부합되도록 하여야 한다.
(2) 개발계획의 작성 기준 및 방법은 국토부장관이 정한다.

37강 도시개발구역의 지정(Ⅲ)

▶ 도시개발구역의 지정절차

(1) 공청회 개최

도시개발구역의 면적이 100만m² 이상인 경우에는 도시개발구역 지정권자나 도시개발구역의 지정을 요청하고자 하는 시장·군수 또는 구청장은 공람기간이 끝난 후에 공청회를 개최해서 관계 전문가 등으로부터 의견을 들어야 하며, 제시된 의견이 타당하다고 인정되는 때에는 이를 반영해야 한다.

(2) 관계 행정기관의 장과의 협의와 도시계획위원회의 심의

1) 도시개발구역 지정권자는 도시개발구역을 지정하거나 도시개발구역을 지정한 후 개발계획을 수립하는 때에는 관계 행정기관의 장과 협의한 후 해당 도시계획위원회의 심의를 거쳐야 한다.

2) 다만, 지구단위계획에 따라 도시개발사업을 시행하기 위해 도시개발구역을 지정하는 경우에는 소속 도시계획위원회의 심의를 거치지 않는다.

▶ 도시개발구역지정의 효과

(1) 도시개발구역이 지정·고시된 경우 당해 도시개발구역은 도시지역과 지구단위계획구역으로 결정·고시된 것으로 본다.

(2) 다만, 도시지역 외의 지구단위계획구역 및 취락지구로 지정된 지역인 경우에는 제외한다.

▶ 도시개발구역 및 그 예정지 안에서의 행위제한

(1) 허가대상행위

도시개발구역지정에 관한 주민의견청취를 위한 공고가 있은 지역이나 도시개발구역에서 다음의 행위를 하고자 하는 자는 특별시장·광역시장·특별자치도지사·시장 또는 군수의 허가를 받아야 한다.

1) 건축물의 건축·대수선 또는 용도변경
2) 공작물의 설치

3) 토지의 형질변경(굴착을 포함)
4) 토석채취
5) 토지의 분할
6) 죽목의 벌채 및 식재
7) 옮기기 쉽지 아니한 물건을 1개월 이상 쌓아놓는 행위

(2) **허가를 요하지 않는 행위**
1) 재해복구 또는 재난수습에 필요한 응급조치를 위하여 하는 행위
2) 농림수산물의 생산에 직접 이용되는 것으로서 간이공작물의 설치
3) 경작을 위한 토지의 형질변경
4) 도시개발구역의 개발에 지장을 주지 아니하고 자연경관을 훼손하지 아니하는 토석채취
5) 도시개발구역에 남겨두기로 결정된 대지에서 물건을 쌓아놓는 행위
6) 관상용 죽목의 임시 식재(경작지에서의 임시 식재는 제외)

▶ 진행중인 공사 또는 사업의 신고

도시개발구역의 지정·고시 당시 이미 관계 법령에 의하여 허가를 받았거나 허가를 받을 필요가 없는 행위에 관하여 그 공사 또는 사업에 착수한 자는 도시개발구역이 지정·고시된 날부터 30일 이내에 관할 특별시장·광역시장·특별자치도지사·시장·군수에게 신고한 후 계속 시행할 수 있다.

▶ 도시개발구역지정의 해제

(1) **도시개발구역지정의 해제시기**
1) 도시개발구역이 지정·고시된 날부터 3년이 되는 날까지 도시개발사업에 관한 실시계획의 인가를 신청하지 아니하는 경우에는 그 3년이 되는 날의 다음 날
2) 도시개발사업의 공사가 완료된 경우(환지방식의 사업은 제외)에는 공사완료공고일의 다음 날
3) 환지처분이 있은 경우에는 환지처분공고일의 다음 날

(2) 도시개발구역지정한 후 개발계획을 수립하는 경우의 해제시기(도시개발구역의 면적이 330만m² 이상인 경우에는 5년)

  1) 도시개발구역을 지정·고시한 날부터 2년이 되는 날까지 개발계획을 수립·고시하지 아니하는 경우에는 그 2년이 되는 날의 다음 날

  2) 개발계획을 수립·고시한 날부터 3년이 되는 날까지 실시계획인가를 신청하지 아니하는 경우에는 그 3년이 되는 날의 다음 날

(3) 용도지역의 환원

  1) 도시개발구역의 지정이 해제의제된 때에는 해당 도시개발구역에 대한 용도지역 및 지구단위계획구역은 당해 도시개발구역 지정 전의 용도지역 및 지구단위계획구역으로 각각 환원 또는 폐지된 것으로 본다.

  2) 다만, 공사완료로 도시개발구역의 지정이 해제의제된 경우에는 환원되거나 폐지된 것으로 보지 아니한다.

▶ 시행자의 지정

(1) 도시개발사업의 시행자로 지정받고자 하는 자는 사업시행자지정신청서를 시장·군수 또는 구청장을 거쳐 지정권자에게 제출하여야 한다.

(2) 지정권자가 도시개발사업을 직접 시행하는 경우에는 그러하지 아니하며, 국토부장관·특별자치도지사 또는 대도시 시장이 지정권자인 경우에는 국토부장관·특별자치도지사 또는 대도시 시장에게 직접 제출할 수 있다.

38강
수용 또는 사용방식의
사업시행(Ⅰ)

▶ 시행자의 변경 사유

지정권자는 다음에 해당하는 경우에는 시행자를 변경할 수 있다.

  1) 도시개발사업에 관한 실시계획인가를 받은 후 2년 이내에 사업을 착수하지 아니하는 경우

  2) 행정처분에 의하여 시행자의 지정 또는 실시계획의 인가가 취소된 경우

3) 시행자의 부도·파산 기타 이와 유사한 사유로 인하여 도시개발사업의 목적을 달성하기 어렵다고 인정되는 경우
4) 도시개발구역 전부를 환지방식으로 시행하기 위해 시행자로 지정된 토지소유자 또는 도시개발조합이 도시개발구역지정의 고시일부터 1년 이내에 실시계획의 인가를 신청하지 아니하는 경우

▶ 실시계획

(1) 실시계획의 작성
도시개발사업의 시행자는 개발계획에 부합되게 도시개발사업에 관한 실시계획을 작성하여야 한다.

(2) 실시계획의 내용
1) 실시계획에는 지구단위계획이 포함되어야 한다. 지구단위계획은 「국토계획법」에 따른 지구단위계획의 수립기준에 따라 작성하여야 한다.
2) 실시계획의 작성에 관해 필요한 사항은 국토부장관이 정한다.

(3) 실시계획의 인가
시행자(지정권자가 시행자인 경우는 제외)는 실시계획에 관하여 시장·군수 또는 구청장을 거쳐 도시개발구역지정권자의 인가를 받아야 한다.

(4) 지방자치단체의 장의 의견청취
지정권자가 실시계획을 작성하거나 인가하는 경우 국토부장관인 지정권자는 시·도지사 또는 대도시 시장의 의견을, 시·도지사인 지정권자는 시장(대도시 시장은 제외)·군수 또는 구청장의 의견을 미리 들어야 한다.

▶ 도시·군관리계획결정의 의제

(1) 실시계획을 고시한 경우 그 고시된 내용 중 「국토계획법」에 의하여 도시·군관리계획(지구단위계획을 포함)으로 결정하여야 하는 사항은 도시·군관리계획이 결정·고시된 것으로 본다.
(2) 이 경우 종전에 도시·군관리계획으로 결정된 사항 중 고시내용에 저촉되는 사항은 고시된 내용으로 변경된 것으로 본다.

▶ 순환개발방식의 개발사업

(1) 시행자는 도시개발사업을 원활하게 시행하기 위해 도시개발구역의 내외에 새로 건설하는 주택 또는 이미 건설되어 있는 주택에 그 도시개발사업의 시행으로 철거되는 주택의 세입자 또는 소유자를 임시로 거주하게 하는 등의 방식으로 그 도시개발구역을 순차적으로 개발할 수 있다.

(2) 이 경우 주택의 세입자 및 소유자는 주민 등의 의견을 듣기 위한 공람일이나 공청회의 개최에 관한 사항을 공고한 날 이전부터 도시개발구역의 주택에 실제로 거주하는 자에 한한다.

▶ 공사의 감리

(1) 감리자의 지정
   1) 지정권자는 실시계획을 인가하였을 때에는 건설엔지니어링사업자를 도시개발사업의 공사에 대한 감리를 할 자로 지정하고 지도·감독하여야 한다.
   2) 다만, 시행자가 국가, 지자체, 공기업, 준정부기관, 지방공사, 지방공단에 해당하는 자인 경우에는 제외

(2) 감리원의 배치 등
   1) 감리자는 감리원을 배치하고 감리업무를 수행해야 한다.
   2) 시행자는 감리자에게 공사감리비를 지급해야 한다.
   3) 시행자와 감리자 간의 책임내용과 책임범위는 이 법으로 규정한 것 외에는 당사자 간의 계약으로 정한다.

(3) 감리업무의 수행
   1) 감리자는 업무를 수행할 때 위반사항을 발견하면 지체 없이 시공자와 시행자에게 위반사항을 시정할 것을 알리고 7일 이내에 지정권자에게 그 내용을 보고하여야 한다.
   2) 시공자 및 시행자는 시정통지를 받은 때에는 특별한 사유가 없으면 그 공사를 중지하고 위반사항을 시정한 후 감리자의 확인을 받아야 한다.

39강 수용 또는 사용방식의 사업시행(Ⅱ)

▶ 토지 등의 수용 또는 사용

(1) 시행자는 도시개발사업에 필요한 토지 등을 수용 또는 사용할 수 있다.
(2) 민간사업시행자가 토지 등을 수용 또는 사용하고자 할 때에는 사업대상 토지면적의 2/3 이상에 해당하는 토지를 소유하고 토지소유자 총수의 1/2 이상에 해당하는 자의 동의를 받아야 한다.
(3) 토지 등의 수용 또는 사용에 관하여 「도시개발법」에 특별한 규정이 있는 경우를 제외하고는 「토지보상법」을 준용한다.
(4) 수용 또는 사용의 대상이 되는 토지의 세부목록을 고시한 경우에는 「토지보상법」에 의한 사업인정 및 그 고시가 있은 것으로 본다. 다만, 재결신청은 「토지보상법」의 규정에 불구하고 개발계획에서 정한 도시개발사업의 시행기간 종료일까지 해야 한다.

▶ 원형지의 공급과 개발

(1) 원형지의 공급승인

시행자는 도시를 자연친화적으로 개발하거나 복합적·입체적으로 개발하기 위해 필요한 경우에는 미리 지정권자의 승인을 받아 다음의 자에게 원형지를 공급해서 개발하게 할 수 있다. 이 경우 공급될 수 있는 원형지의 면적은 도시개발구역 전체 토지 면적의 1/3 이내로 한정한다.

1) 국가 또는 지자체   2) 공공기관   3) 지방공사
4) 국가, 지자체, 공공기관이 복합개발 등을 위해 실시한 공모에서 선정된 자
5) 원형지를 학교·공장 등의 부지로 직접 사용하는 자

(2) 원형지개발자의 선정방법

1) 원형지개발자의 선정은 수의계약의 방법으로 한다.
2) 다만, 원형지를 학교·공장 등의 부지로 직접 사용하는 자는 경쟁입찰의 방식으로 선정하며, 경쟁입찰이 2회 이상 유찰된 경우에는 수의계약의 방법으로 선정할 수 있다.

(3) 원형지의 공급가격

개발계획이 반영된 원형지의 감정가격에 시행자가 원형지에 설치한 기반시설 등의 공사비를 더한 금액을 기준으로 시행자와 원형지개발자가 협의해서 결정한다.

(4) 원형지 매각의 제한

원형지개발자(국가 및 지자체는 제외)는 다음의 기간 중 먼저 끝나는 기간 안에는 원형지를 매각할 수 없다. 다만, 이주용 주택이나 공공·문화시설 등의 경우로서 미리 지정권자의 승인을 받은 경우에는 예외로 한다.
1) 원형지에 대한 공사완료공고일부터 5년
2) 원형지 공급계약일부터 10년

▶ 토지상환채권

(1) 토지상환채권의 발행

시행자는 토지소유자가 원하면 토지 등의 매수대금의 일부를 지급하기 위하여 사업시행으로 조성된 토지 또는 건축물로 상환하는 토지상환채권을 발행할 수 있다.

(2) 토지상환채권발행의 승인

시행자(지정권자인 시행자는 제외)는 토지상환채권을 발행하려면 토지상환채권의 발행계획을 작성하여 미리 지정권자의 승인을 얻어야 한다.

(3) 토지상환채권의 발행규모

토지상환채권의 발행규모는 그 토지상환채권으로 상환할 토지 및 건축물이 그 도시개발사업으로 조성되는 분양토지 또는 분양건축물의 1/2을 초과하지 아니하도록 하여야 한다.

(4) 토지상환채권의 발행방식

토지상환채권은 기명식 증권으로 하며, 그 이율은 발행 당시의 은행의 예금금리 및 부동산 수급상황을 고려하여 발행자가 정한다.

(5) 토지상환채권의 이전 및 질권설정
1) 토지상환채권을 이전하는 경우 취득자는 그 성명과 주소를 토지상환채권원부에 기재하여 줄 것을 요청하여야 하며, 취득자의 성명과 주소가 토지상환채권원부에 기재되지 아니하면 취득자는 발행자 및 그 밖의 제3자에게 대항하지 못한다.
2) 토지상환채권을 질권의 목적으로 하는 경우에는 질권자의 성명과 주소가 토지상환채권원부에 기재되지 않으면 질권자는 발행자 및 그 밖의 제3자에게 대항하지 못한다.

▶ 선수금

(1) 선수금을 받을 수 있는 요건
  1) 공공사업시행자에 해당하는 시행자
    ① 개발계획을 수립·고시한 후에 사업시행 토지면적의 10% 이상의 토지에 대한 소유권을 확보하고 도시개발사업에 착수하여야 할 것
    ② 다만, 실시계획인가를 받기 전에 선수금을 받으려는 경우에는 환경영향평가 및 교통영향평가를 실시하여 기반시설 투자계획이 구체화된 경우로 한정한다.
  2) 민간사업시행자에 해당하는 시행자
    ① 실시계획인가를 받은 후 공급하고자 하는 토지에 대한 소유권을 확보하고 당해 토지에 설정된 저당권을 말소하였을 것
    ② 공급하고자 하는 토지에 대한 도시개발사업 공사진척률이 10% 이상일 것
    ③ 공급계약의 불이행 시 선수금의 환불을 담보하기 위한 보증서를 제출할 것

▶ 공사의 완료

(1) 준공검사

1) 시행자(도시개발구역 지정권자인 시행자는 제외)가 도시개발사업의 공사를 끝낸 때에는 공사완료보고서를 작성해서 지정권자의 준공검사를 받아야 한다.
2) 시행자는 도시개발사업을 효율적으로 시행하기 위해 필요한 경우에는 그 도시개발사업에 관한 공사가 전부 끝나기 전이라도 공사가 끝난 부분에 관해 준공검사를 받을 수 있다.

(2) 조성토지 등의 준공 전 사용제한

준공검사 전에는 조성토지 등(입체환지로 지정된 건축물을 포함하며, 체비지는 제외)을 사용할 수 없다. 다만, 도시개발구역 지정권자의 사용허가를 받은 경우에는 준공검사 전이라도 조성토지 등을 사용할 수 있다.

▶ 조성토지의 공급

(1) 조성토지 등의 공급계획 승인

1) 시행자는 조성토지 등을 공급하려고 할 때에는 조성토지 등의 공급계획을 작성하여야 하며, 지정권자가 아닌 시행자는 작성한 조성토지 등의 공급계획에 대하여 지정권자의 승인을 받아야 한다.
2) 시행자는 조성토지 등의 공급계획에 따라 조성토지 등을 공급해야 한다. 이 경우 시행자는 기반시설의 원활한 설치를 위하여 필요하면 공급대상자의 자격을 제한하거나 공급조건을 부여할 수 있다.

▶ 조성토지의 공급방법

(1) 경쟁입찰에 의한 공급 : 조성토지 등의 공급은 원칙적으로 경쟁입찰의 방법에 의한다.

(2) 추첨에 의한 공급 : 다음의 토지는 추첨의 방법으로 분양할 수 있다. 다만, 공공사업 시행자가 국민주택규모 이하의 주택건설용지 중 임대주택 건설용지를 공급하는 경우에는 추첨의 방법으로 분양하여야 한다.

1) 국민주택규모 이하의 주택건설용지   2) 공공택지
3) 330m² 이하의 단독주택용지   4) 공장용지

▶ 수의계약방법에 의한 공급

1) 학교용지·공공청사용지 등 일반에게 분양할 수 없는 공공용지를 국가, 지자체, 그 밖의 법령에 따라 공급하는 경우
2) 임대주택 건설용지를 공공사업시행자가 단독 또는 공동으로 총지분의 50/100을 초과하여 출자한 부동산투자회사에 공급하는 경우
3) 실시계획에 따라 존치하는 시설물의 유지관리에 필요한 최소한 토지를 공급하는 경우
4) 「토지보상법」에 따른 협의를 하여 그가 소유하는 도시개발구역 안의 조성토지등의 전부를 시행자에게 양도한 자에게 토지를 공급하는 경우
5) 토지상환채권에 의하여 토지를 상환하는 경우
6) 입지조건 등에 비추어 토지이용가치가 현저히 낮은 토지로서 인접 토지소유자 등에게 공급하는 것이 불가피하다고 시행자가 인정하는 경우
7) 국가 등 공공 시행자가 도시개발구역에서 도시발전을 위해 복합적이고 입체적인 개발이 필요하여 선정된 자에게 토지를 공급하는 경우
8) 대행개발사업자가 개발을 대행하는 토지를 해당 대행개발사업자에게 공급하는 경우
9) 경쟁입찰 또는 추첨의 결과 2회 이상 유찰된 경우
10) 그 밖에 관계 법령의 규정에 따라 수의계약으로 공급할 수 있는 경우

▶ 조성토지 등의 공급가격

조성토지 등의 가격은 감정가격(감정평가법인등이 평가한 금액을 산술평균한 금액)으로 한다. 그러나 다음의 경우에는 토지의 가격을 감정평가법인등이 감정평가한 가격 이하로 할 수 있다.

1) 학교
2) 폐기물처리시설
3) 공공청사
4) 행정기관 및 사회복지법인이 설치하는 사회복지시설
5) 자연녹지지역에 설치할 수 있는 공장
6) 임대주택
7) 국민주택규모 이하의 공동주택 등

▶ 환지계획

(1) 환지계획의 작성

시행자는 도시개발사업의 전부 또는 일부를 환지방식으로 시행하려면 환지계획을 작성하여야 한다.

(2) 환지계획의 내용

1) 환지설계
2) 필지별로 된 환지명세
3) 필지별과 권리별로 된 청산대상토지 명세
4) 체비지 또는 보류지의 명세
5) 입체환지를 계획하는 경우에는 입체환지용 건축물의 명세와 공급 방법·규모에 관한 사항
6) 수입·지출 계획서
7) 평균부담률 및 비례율과 그 계산서(평가식으로 환지설계 경우에 한함)
8) 건축계획(입체환지를 하는 경우에 한함)
9) 토지평가협의회 심의 결과

41강
환지방식에 의한 사업시행(Ⅰ)

▶ 환지설계의 방식

환지설계는 평가식을 원칙으로 하되, 예외적으로 단순한 정비 등의 경우에는 면적식을 적용할 수 있다. 이 경우 하나의 환지계획구역에서는 같은 방식을 적용해야 하며, 입체환지를 시행하는 경우에는 반드시 평가식을 적용해야 한다.

1) **평가식** : 도시개발사업 시행 전후의 토지의 평가가액에 비례해서 환지를 결정하는 방법
2) **면적식** : 도시개발사업 시행 전의 토지의 면적 및 위치를 기준으로 환지를 결정하는 방법

▶ 환지계획의 작성기준(환지계획의 기본원칙)

(1) 종전의 토지 및 환지의 위치·지목·면적·토질·수리·이용상황·환경 기타의 사항을 종합적으로 고려하여 합리적으로 정하여야 한다.
(2) 시행자는 환지방식이 적용되는 도시개발구역에 있는 조성토지 등의 가격을 평가할 때에는 감정평가법인등으로 하여금 평가하게 한 후 토지평가협의회의 심의를 거쳐야 한다.

▶ 환지방식의 구분

(1) **평면환지** : 환지 전 토지에 대한 권리를 도시개발사업으로 조성되는 토지에 이전하는 방식
(2) **입체환지** : 환지 전 토지나 건축물(무허가 건축물은 제외)에 대한 권리를 도시개발사업으로 건설되는 구분건축물에 이전하는 방식

▶ 환지의 위치

환지의 위치는 다음의 사항을 고려하여 시행자가 정한다.
(1) **평면환지** : 환지 전 토지의 용도, 보유기간, 위치, 권리가액, 청산금 규모 등을 고려하여 정한다.
(2) **입체환지** : 토지소유자 등의 신청에 따라 정하되, 같은 내용의 신청이 2 이상인 경우에는 환지 전 토지 또는 건축물의 보유기간, 거주기간(주택을 공급하는 경우에 한정), 권리가액 등을 고려하여 정한다.

▶ 환지기준
(1) 토지소유자가 신청하거나 동의하면 해당 토지의 전부 또는 일부에 대하여 환지를 정하지 아니할 수 있다.
(2) 다만, 그 토지에 관하여 임차권·지상권 기타 사용 또는 수익할 권리를 가진 자가 있는 때에는 그 동의를 받아야 한다.

▶ 증환지 및 감환지
(1) 시행자는 토지면적의 규모를 조정할 특별한 필요가 있는 때에는 면적이 작은 토지에 대하여는 과소토지가 되지 아니하도록 면적을 증가하여 환지를 정하거나 환지대상에서 제외할 수 있고, 면적이 넓은 토지에 대하여는 그 면적을 감소하여 환지를 정할 수 있다.
(2) 과소토지의 기준 면적은 「건축법 시행령」의 분할제한면적의 범위에서 시행자가 규약·정관 또는 시행규정으로 정한다.
(3) 이 경우 과소토지 여부의 판단은 권리면적을 기준으로 한다.

▶ 입체환지
(1) 공유지분의 부여
  1) 시행자는 도시개발사업을 원활히 시행하기 위하여 특히 필요한 경우에는 토지 또는 건축물 소유자의 신청을 받아 건축물의 일부와 그 건축물이 있는 토지의 공유지분을 부여할 수 있다.
  2) 다만, 입체환지를 신청하는 자의 종전 소유 토지 및 건축물의 권리가액이 도시개발사업으로 조성되는 토지에 건축되는 구분건축물의 최소공급가격의 70/100 이하인 경우에는 시행자가 규약·정관 또는 시행규정으로 신청대상에서 제외할 수 있다.
(2) 입체환지의 신청기간
  1) 입체환지의 신청기간은 입체환지에 관한 사항을 통지한 날부터 30일 이상 60일 이하로 하여야 한다. 다만, 시행자는 환지계획의 작성에 지장이 없다고 판단하는 경우에는 20일의 범위에서 그 신청기간을 연장할 수 있다.
  2) 입체환지계획의 작성에 관해 필요한 사항은 국토부장관이 정할 수 있다.

42강
환지방식에 의한 사업시행(Ⅱ)

▶ 환지지정 등의 제한

시행자는 도시개발구역지정에 관한 의견청취를 위한 공람일 등 기준일의 다음 날부터 다음에 해당하는 경우에는 해당 토지 또는 건축물에 대하여 금전으로 청산(건축물은 보상)하거나 환지지정을 제한할 수 있다.

1) 1필지의 토지가 여러 개의 필지로 분할되는 경우
2) 단독주택 또는 다가구주택이 다세대주택으로 전환되는 경우
3) 하나의 대지범위 안에 속하는 동일인 소유의 토지와 주택 등 건축물을 토지와 주택 등 건축물로 각각 분리하여 소유하는 경우
4) 나대지에 건축물을 새로 건축하거나 기존 건축물을 철거하고 다세대주택이나 그 밖의 「집합건물법」에 따른 구분소유권의 대상이 되는 건물을 건축하여 토지 또는 건축물의 소유자가 증가되는 경우

▶ 공공시설용지에 대한 환지기준의 부적용

(1) 「토지보상법」에 따른 공익사업의 대상이 되는 공공시설의 용지에 대해 환지계획을 정하는 때에는 그 위치·면적 등에 관해 환지기준을 적용하지 않을 수 있다.

(2) 시행자가 도시개발사업의 시행으로 국가 또는 지자체가 소유하는 공공시설과 대체되는 공공시설을 설치하는 경우 종전의 공공시설의 전부 또는 일부의 용도가 폐지되거나 변경되어 사용하지 못하게 될 토지에 대해서는 환지를 정하지 않으며, 이를 다른 토지에 대한 환지의 대상으로 해야 한다.

▶ 보류지 및 체비지

(1) 시행자는 도시개발사업에 필요한 경비에 충당하거나 규약·정관·시행규정 또는 실시계획이 정하는 목적을 위하여 일정한 토지를 환지로 정하지 아니하고 보류지로 정할 수 있으며, 그 중 일부를 체비지로 정하여 도시개발사업에 필요한 경비에 충당할 수 있다.

(2) 특별자치도지사·시장·군수 또는 구청장은 공동주택의 건설을 촉진하기 위하여 필요하다고 인정하는 때에는 체비지 중 일부를 같은 지역 안에 집단으로 정하게 할 수 있다.

▶ 토지부담률

(1) 토지부담률의 기준

환지계획구역의 평균 토지부담률은 50%를 초과할 수 없다. 다만, 해당 환지계획구역의 특성을 고려하여 지정권자가 인정하는 경우에는 60%까지로 할 수 있으며, 환지계획구역의 토지소유자 총수의 2/3 이상이 동의(시행자가 조합인 경우에는 총회에서 의결권 총수의 2/3 이상이 동의한 경우를 말함)하는 경우에는 60%를 초과하여 정할 수 있다.

(2) 평균 토지부담률의 산정방법

평균 토지부담률 = [(보류지 면적 − 시행자에 무상귀속되는 공공시설 면적)/(환지계획구역 면적 − 시행자에 무상귀속되는 공공시설 면적)] × 100

▶ 환지계획의 인가

(1) 환지계획의 인가권자

행정청이 아닌 시행자가 환지계획을 작성한 때에는 특별자치도지사·시장·군수 또는 자치구청장의 인가를 받아야 한다. 인가받은 내용을 변경하고자 하는 경우에도 인가를 받아야 한다.

(2) 환지계획의 인가 생략

다음의 경미한 사항을 변경하는 경우에는 인가를 받지 않아도 된다.
1) 종전 토지의 합필 또는 분필로 인해 환지명세가 변경되는 경우
2) 토지 또는 건축물 소유자의 동의에 따라 환지계획을 변경하는 경우
3) 지적측량 결과를 반영하기 위해 환지계획을 변경하는 경우
4) 환지로 지정된 토지나 건축물을 금전으로 청산하는 경우

▶ 환지예정지의 지정

(1) 시행자는 도시개발사업의 시행을 위하여 필요한 때에는 도시개발구역의 토지에 대하여 환지예정지를 지정할 수 있다. 이 경우 종전의 토지에 대한 임차권자 등이 있는 경우에는 해당 환지예정지에 대하여 그 권리의 목적인 토지 또는 그 부분을 아울러 지정하여야 함

(2) 시행자가 환지예정지를 지정하고자 하는 경우에는 관계 토지소유자와 임차권자 등에게 환지예정지의 위치·면적과 환지예정지 지정의 효력발생 시기를 통지하여야 함

(3) **환지예정지가 지정의 효과**

환지예정지가 지정된 경우에는 종전의 토지에 관한 토지소유자 및 임차권·지상권 기타 사용 또는 수익할 권리를 가진 자는 환지예정지정의 효력발생일부터 환지처분공고가 있는 날까지 환지예정지 또는 해당 부분에 대하여 종전과 동일한 내용의 권리를 행사할 수 있으며 종전의 토지에 대하여는 이를 사용하거나 수익할 수 없다.

(4) **종전 소유자 또는 임차권 등의 사용 또는 수익 금지**

환지예정지 지정의 효력이 발생하거나 사용·수익이 개시되는 종전의 소유자 또는 임차권·지상권 그 밖에 사용 또는 수익할 권리를 가진 자는 환지처분공고가 있는 날까지 해당 토지를 사용하거나 수익할 수 없으며, 환지예정지지정을 받은 자의 사용이나 수익을 방해할 수 없다.

(5) **환지가 지정되지 않은 토지의 사용·수익정지**

시행자는 환지를 정하지 않기로 결정된 토지소유자 또는 임차권·지상권 그 밖에 사용 또는 수익할 수 있는 권리를 가진 자에게 날짜를 정해 그 날부터 해당 토지 또는 토지 부분의 사용이나 수익을 정지시킬 수 있다.

(6) **토지의 사용·수익정지 통지**

시행자가 사용 또는 수익을 정지하게 하려 하는 때에는 30일 이상의 기간을 두고 미리 토지소유자 또는 임차권자 등에게 통지하여야 한다.

(7) 사용·수익할 자가 없게 된 토지의 관리

환지예정지의 지정이나 사용·수익의 정지처분으로 인하여 이를 사용·수익할 수 있는 자가 없게 된 토지 또는 그 부분은 그 날부터 환지처분공고가 있는 날까지 시행자가 이를 관리한다.

(8) 체비지의 처분

시행자는 체비지의 용도로 환지예정지가 지정된 때에는 도시개발사업에 소요되는 비용을 충당하기 위하여 이를 사용 또는 수익하게 하거나 처분할 수 있다.

▶ 환지예정지 지정 전의 토지사용

국가, 지자체, 공공기관, 정부출연기관, 지방공사인 시행자는 다음에 해당하는 경우에는 환지예정지를 지정하기 전이라도 토지 사용을 하게 할 수 있다.

1) 순환개발을 위한 순환용 주택을 건설하려는 경우
2) 국방·군사시설을 설치하려는 경우
3) 주민 등의 의견청취를 위한 공고일 이전부터 주택건설사업자가 주택건설을 목적으로 토지를 소유하고 있는 경우
4) 그 밖에 기반시설의 설치나 개발사업의 촉진에 필요한 경우 등

▶ 환지처분

(1) 시행자는 환지방식으로 도시개발사업에 관한 공사를 끝낸 경우에는 지체없이 관보 또는 공보에 이를 공고하고 공사관계서류를 14일 이상 일반에게 공람시켜야 한다.
(2) 시행자는 지정권자에 의한 준공검사를 받은 때(지정권자가 시행자인 경우에는 공사완료공고가 있는 때)에는 60일 이내에 환지처분을 하여야 한다.

44강
환지방식에
의한 사업시행(Ⅳ)

▶ 환지처분의 효과

(1) 권리의 변동
환지계획에서 정하여진 환지는 환지처분공고가 있은 날의 다음 날부터 종전의 토지(입체환지방식으로 사업을 시행하는 경우에는 환지대상 건축물을 포함함)로 보며, 환지계획에서 환지를 정하지 아니하는 종전의 토지에 존재하던 권리는 환지처분공고가 있은 날이 끝나는 때에 소멸한다.

(2) 토지에 전속하는 처분
환지처분의 규정은 행정상 또는 재판상의 처분으로서 종전의 토지에 전속하는 것에 관하여는 영향을 미치지 아니한다.

(3) 지역권의 존속
도시개발구역 안의 토지에 대한 지역권은 종전의 토지에 존속한다. 다만, 도시개발사업의 시행으로 인하여 행사할 이익이 없어진 지역권은 환지처분공고가 있은 날이 끝나는 때에 소멸한다.

(4) 공유지분의 취득
1) 환지계획에 따라 환지처분을 받은 자는 환지처분이 공고된 날의 다음 날에 환지계획으로 정하는 바에 따라 건축물의 일부와 해당 건축물이 있는 토지의 공유지분을 취득한다.
2) 이 경우 종전의 토지에 대한 저당권은 환지처분이 공고된 날의 다음 날부터 해당 건축물의 일부와 해당 건축물이 있는 토지의 공유지분에 존재하는 것으로 본다.

▶ 보류지

(1) 보류지는 환지계획에서 정한 자가 환지처분공고가 있은 날의 다음 날에 해당 소유권을 취득한다.
(2) 다만, 보류지 중 체비지는 시행자가 환지처분공고가 있은 날의 다음 날에 해당 소유권을 취득하되, 이미 처분된 체비지는 그 체비지를 매입한 자가 소유권이전등기를 마친 때에 이를 취득한다.

▶ 환지등기

(1) 시행자는 환지처분이 공고되면 공고 후 14일 이내에 관할 등기소에 이를 알리고 토지와 건축물에 관한 등기를 촉탁하거나 신청하여야 한다.

(2) 환지처분의 공고가 있은 날부터 환지등기가 있는 때까지는 다른 등기를 할 수 없다. 다만, 등기신청인이 확정일자가 있는 서류에 의하여 환지처분의 공고일 전에 등기원인이 생긴 것임을 증명하면 다른 등기를 할 수 있다.

▶ 청산금

(1) **청산금의 결정** : 청산금은 환지처분을 하는 때에 결정하여야 한다. 다만, 환지대상에서 제외한 토지 등에 대하여는 청산금을 교부하는 때에 이를 결정할 수 있다.

(2) **청산금의 확정** : 청산금은 환지처분이 공고된 날의 다음 날에 확정된다.

(3) **청산금의 분할징수·교부** : 청산금은 규약·정관 또는 시행규정이 정하는 이자율에 의한 이자를 붙여 분할징수하거나 분할교부할 수 있다.

(4) **청산금의 강제징수** : 행정청인 시행자는 청산금을 납부하여야 할 자가 이를 납부하지 아니하는 때에는 국세 체납처분 또는 지방세 체납처분의 예에 따라 이를 징수할 수 있다.

(5) **청산금징수의 위탁** : 행정청이 아닌 시행자는 특별자치도지사·시장·군수 또는 구청장에게 청산금의 징수를 위탁할 수 있다. 이 경우 징수한 금액의 4%에 해당하는 금액을 해당 특별자치도·시·군 또는 구에 지급하여야 한다.

(6) **청산금의 소멸시효** : 청산금을 받을 권리 또는 징수할 권리는 5년간 행사하지 않으면 시효로 소멸한다.

▶ 감가보상금

(1) 감가보상금의 지급

행정청인 시행자는 도시개발사업의 시행으로 인하여 사업시행 후의 토지가액의 총액이 사업시행 전의 토지가액의 총액보다 감소한 때에는 그 차액에 상당하는 감가보상금을 종전의 토지소유자 또는 임차권, 지상권 기타 사용 또는 수익할 권리를 가진 자에게 지급하여야 한다.

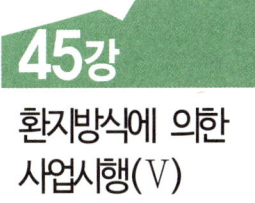

45강
환지방식에 의한 사업시행(Ⅴ)

(2) 감가보상 기준

감가보상금으로 지급하여야 할 금액은 도시개발사업 시행 후의 토지가액의 총액과 시행 전의 토지가액의 총액과의 차액을 시행 전의 토지가액의 총액으로 나누어 얻은 수치에 종전의 토지 또는 그 토지에 대하여 수익할 수 있는 권리의 시행 전의 가액을 곱한 금액으로 한다.

▶ 입체환지에 따른 주택공급

(1) 입체환지로 주택을 공급하는 경우의 환지계획의 내용은 다음의 기준에 따른다.
  1) 1세대 또는 1명이 하나 이상의 주택 또는 토지를 소유한 경우 1주택을 공급할 것
  2) 같은 세대에 속하지 않는 2명 이상이 1주택 또는 1토지를 공유한 경우에는 1주택만 공급할 것

(2) 시행자는 다음의 토지소유자에 대해서는 소유한 주택의 수만큼 공급할 수 있다.
  1) 과밀억제권역에 위치하지 않은 도시개발구역의 토지소유자
  2) 근로자숙소나 기숙사의 용도로 주택을 소유하고 있는 토지소유자
  3) 국가, 지자체, 공공기관, 정부출연기관 또는 지방공사인 시행자

▶ 임대료 등의 증감청구와 권리의 포기

(1) **임대료 등의 증감청구**
  1) 도시개발사업(환지예정지지정을 포함)으로 인하여 임차권 등의 목적인 토지나 지역권에 관한 승역지의 이용이 증진 또는 방해됨으로써 종전의 임대료·지료 그 밖에 사용료 등이 불합리하게 된 경우 당사자는 계약조건에 불구하고 장래에 관하여 그 증감을 청구할 수 있다.
  2) 당사자는 해당 권리를 포기하거나 계약을 해지하여 그 의무를 면할 수 있다.

(2) **증감청구시기** : 환지처분공고가 있은 날부터 60일이 지난 때에는 임대료·지료 그 밖의 사용료 등의 증감을 청구할 수 없다.

(3) **권리의 포기 또는 계약해지** : 도시개발사업의 시행(환지예정지지정을 포함)으로 인하여 지역권·임차권 등을 설정한 목적을 달성할 수 없게 된 때에는 당사자는 당해 권리를 포기하거나 계약을 해지할 수 있다.

(4) **권리포기 또는 계약해지 시기**
환지처분공고가 있은 날부터 60일이 지난 때에는 권리를 포기하거나 계약을 해지할 수 없다.

(5) **시행자에 대한 손실보상청구**
권리를 포기하거나 계약을 해지한 자는 그로 인한 손실의 보상을 시행자에게 청구할 수 있다.

(6) **토지소유자 등에 대한 구상**
손실을 보상한 시행자는 당해 토지 또는 건축물의 소유자나 그로 인하여 이익을 받는 자에게 이를 구상할 수 있다.

(7) **손실보상에 관한 협의**
손실보상에 관하여는 그 손실을 보상할 자와 손실을 입은 자가 협의하여야 한다. 협의가 성립되지 아니하거나 협의를 할 수 없는 때에는 관할 토지수용위원회에 재결을 신청할 수 있다.

▶ 도로·상하수도 등의 설치

(1) **시설의 설치의무자**
 1) 도로 및 상하수도시설의 설치 : 지방자치단체
 2) 전기시설·가스공급시설·지역난방시설의 설치 : 해당 지역에 전기·가스 또는 난방을 공급하는 자
 3) 통신시설의 설치 : 해당 지역에 통신서비스를 제공하는 자

(2) **시설의 설치비용**
시설의 설치비용은 그 설치의무자가 이를 부담한다. 다만, 도시개발구역의 전기시설을 시행자가 지중선로로 설치할 것을 요청하는 경우에는 전기공급자와 요청자가 각각 1/2의 비율(전부환지방식으로 도시개발사업을 시행하는 경우에는 전기공급자가 2/3, 요청자가 1/3의 비율)로 설치비용을 부담한다.

46강

보 칙

(3) 시설설치의 완료시기

도시개발구역의 시설의 설치는 특별한 사유가 없으면 준공검사신청일까지 완료하여야 한다.

▶ 도시개발채권

(1) 도시개발채권의 발행권자

시·도지사는 도시개발사업 또는 도시·군계획시설사업에 필요한 자금을 조달하기 위하여 시·도의 조례가 정하는 바에 따라 도시개발채권을 발행할 수 있다.

(2) 도시개발채권의 발행방법

도시개발채권은 「주식·사채 등의 전자등록에 관한 법률」에 따라 전자등록하여 발행하거나 무기명으로 발행할 수 있으며 발행방법에 관하여 필요한 세부적인 사항은 시·도의 조례로 정한다.

(3) 도시개발채권의 이율

도시개발채권의 이율은 채권의 발행당시의 국채·공채 등의 금리와 특별회계의 상황 등을 참작하여 당해 시·도의 조례로 정하되 행정안전부장관의 승인을 받아야 한다.

(4) 상환기간

도시개발채권의 상환은 5년 내지 10년의 범위에서 조례로 정한다.

(5) 중도상환의 사유

도시개발채권은 원칙적으로 중도에 상환하지 않는다.

1) 도시개발채권의 매입사유가 된 허가 또는 인가가 매입자의 귀책사유 없이 취소된 경우
2) 도급계약을 체결하는 자의 귀책사유 없이 해당 도급계약이 취소된 경우
3) 도시개발채권의 매입의무자가 아닌 자가 착오로 도시개발채권을 매입한 경우
4) 도시개발채권 매입의무자가 매입하여야 할 금액을 초과하여 매입한 경우

(6) 소멸시효

　　도시개발채권의 소멸시효는 상환일부터 기산하여 원금은 5년, 이자는 2년

(7) 도시개발채권의 매입의무자

　1) 수용 또는 사용방식에 의하여 시행하는 도시개발사업의 경우 국가·지자체·공공기관 또는 지방공사와 공사의 도급계약을 체결하는 자
　2) 국가·지자체·공공기관 또는 지방공사 외의 도시개발사업을 시행하는 자
　3) 「국토계획법」에서 토지의 형질변경에 관한 개발행위허가를 받는 자

▶ 수익금 등의 사용제한

(1) 공공시설용지의 처분에 의한 수익금

　　국가, 지자체, 공공기관, 정부출연기관 또는 지방공사인 시행자에게 귀속된 공공시설을 용도폐지한 경우 그 토지를 처분해서 생긴 수익금은 개발계획으로 정해진 목적 외의 목적으로 사용할 수 없다.

(2) 집행잔액 등의 귀속

　　다음의 금액은 그 지방자치단체에 설치된 도시개발특별회계에 귀속된다.

　1) 공공시설의 귀속, 체비지매각대금 등의 수익금을 도시개발사업의 목적으로 사용한 후의 집행잔액
　2) 지방자치단체가 수용 또는 사용방식으로 도시개발사업을 시행해서 발생한 수익금

▶ 타인토지의 출입

(1) 행정청이 아닌 시행자가 타인의 토지에 출입하고자 할 때에는 특별자치도지사·시장·군수 또는 구청장의 허가를 받아야 한다.
(2) 시행자는 출입하고자 하는 날의 3일 전에 그 토지의 소유자·점유자 또는 관리인에게 그 일시와 장소를 통지해야 하며, 일출 전 또는 일몰 후에는 그 토지의 점유자의 승낙 없이 택지 또는 담장 및 울타리로 둘러싸인 타인의 토지에 출입할 수 없다.

▶ 일시사용 또는 장애물의 변경·제거

(1) 타인의 토지를 재료를 쌓아두는 장소나 임시도로로 일시사용하거나, 장애물 등을 변경·제거하고자 하는 자는 미리 그 토지의 소유자·점유자 또는 관리인의 동의를 받아야 한다.

(2) 토지 또는 장애물 등의 소유자·점유자 또는 관리인이 현장에 없거나, 주소 또는 거소를 알 수 없어 그 동의를 받을 수 없는 때에는 관할 특별자치도지사·시장·군수·구청장에게 통지하고, 행정청이 아닌 도시개발사업의 시행자는 관할 특별자치도지사·시장·군수·구청장의 허가를 받아야 한다.

▶ 손실보상

(1) 토지출입 등으로 인해 손실을 받은 자가 있는 때는 시행자가 그 손실을 보상해야 한다.

(2) 손실보상에 관해서는 그 손실을 보상할 자와 손실을 입은 자가 협의해야 한다.

(3) 손실을 보상할 자 또는 손실을 입은 자는 협의가 성립되지 않거나 협의를 할 수 없는 때에는 관할 토지수용위원회에 재결을 신청할 수 있다.

도시 및 주거환경정비법

47강

총칙

▶ 용어의 정의
(1) **정비구역** : 정비사업을 계획적으로 시행하기 위하여 지정·고시된 구역
(2) **정비사업** : 도시기능을 회복하기 위하여 정비구역에서 정비기반시설을 정비하거나 주택 등 건축물을 개량 또는 건설하는 주거환경개선사업, 재개발사업 및 재건축사업

▶ 정비사업의 종류
(1) **주거환경개선사업** : 도시저소득 주민이 집단거주하는 지역으로서 정비기반시설이 극히 열악하고 노후·불량건축물이 과도하게 밀집한 지역의 주거환경을 개선하거나 단독주택 및 다세대주택이 밀집한 지역에서 정비기반시설과 공동이용시설 확충을 통하여 주거환경을 보전·정비·개량하기 위한 사업
(2) **재개발사업** : 정비기반시설이 열악하고 노후·불량건축물이 밀집한 지역에서 주거환경을 개선하거나 상업지역·공업지역 등에서 도시기능의 회복 및 상권활성화 등을 위하여 도시환경을 개선하기 위한 사업. 이 경우 다음 요건을 모두 갖추어 시행하는 재개발사업을 "공공재개발사업"이라 한다.
   1) 시장·군수등 또는 토지주택공사등(조합과 공동으로 시행하는 경우를 포함)이 주거환경개선사업의 시행자, 공공재개발사업 시행자일 것
   2) 건설·공급되는 주택의 전체 세대수 또는 전체 연면적 중 토지등소유자 대상 분양분(지분형 주택은 제외한다)을 제외한 나머지 주택의 세대수 또는 연면적의 과밀억제권역에서 시행하는 경우는 30/100 이상 40/100 이하, 과밀억제권역 외의 지역에서 시행하는 경우는 20/100 이상 30/100 이하에서 시·도조례로 정하는 비율 이상을 지분형 주택, 공공임대주택 또는 공공지원민간임대주택으로 건설·공급할 것

(3) **재건축사업**: 정비기반시설은 양호하나 노후·불량건축물에 해당하는 공동주택이 밀집한 지역에서 주거환경을 개선하기 위한 사업. 이 경우 다음 요건을 모두 갖추어 시행하는 재건축사업을 "공공재건축사업"이라 한다.
  1) 시장·군수등 또는 토지주택공사등(조합과 공동으로 시행하는 경우를 포함)이 공공재건축사업 시행자일 것
  2) 종전의 용적률, 토지면적, 기반시설 현황 등을 고려하여 공공재건축사업을 추진하는 단지의 종전 세대수의 160/100 이상을 건설·공급할 것

▶정비기반시설

도로·상하수도·구거·공원·공용주차장·공동구, 그 밖에 주민의 생활에 필요한 열·가스 등의 공급시설로서 다음의 시설을 말한다.
  1) 녹지
  2) 하천
  3) 공공공지
  4) 광장
  5) 소방용수시설
  6) 비상대피시설
  7) 가스공급시설
  8) 지역난방시설

▶공동이용시설

주민이 공동으로 사용하는 놀이터·마을회관·공동작업장, 그 밖에 다음의 시설
  1) 공동으로 사용하는 구판장·세탁장·화장실 및 수도
  2) 탁아소·어린이집·경로당 등 노유자시설
  3) 그 밖에 위의 시설과 유사한 용도의 시설로서 시·도조례로 정하는 시설

▶토지등소유자
(1) 주거환경개선사업 및 재개발사업의 경우에는 정비구역에 위치한 토지 또는 건축물의 소유자 또는 그 지상권자
(2) 재건축사업의 경우에는 정비구역에 위치한 건축물 및 그 부속토지의 소유자

▶토지주택공사등
한국토지주택공사 또는 지방공사를 말한다.

▶정관등
(1) 조합의 정관
(2) 사업시행자인 토지등소유자가 자치적으로 정한 규약
(3) 시장·군수등, 토지주택공사등 또는 신탁업자가 작성한 시행규정

▶도시·주거환경정비 기본방침
국토부장관은 도시 및 주거환경을 개선하기 위하여 10년마다 다음의 사항을 포함한 기본방침을 정하고, 5년마다 타당성을 검토하여 그 결과를 기본방침에 반영
(1) 도시 및 주거환경정비를 위한 국가정책 방향
(2) 도시·주거환경정비 기본계획의 수립 방향
(3) 노후·불량 주거지 조사 및 개선계획의 수립
(4) 도시 및 주거환경 개선에 필요한 재정지원계획

▶기본계획의 수립권자
특별시장·광역시장·특별자치시장·특별자치도지사 또는 시장은 관할 구역에 대하여 기본계획을 10년 단위로 수립하여야 한다. 다만, 도지사가 대도시가 아닌 시로서 기본계획을 수립할 필요가 없다고 인정하는 시에 대하여는 기본계획을 수립하지 아니할 수 있다.

48강 도시·주거환경 정비기본계획

▶기본계획의 재검토

특별시장·광역시장·특별자치시장·특별자치도지사 또는 시장은 기본계획에 대하여 5년마다 타당성 여부를 검토하여 그 결과를 기본계획에 반영하여야 한다.

▶기본계획의 내용

1) 정비사업의 기본방향
2) 정비사업의 계획기간
3) 인구·건축물·토지이용·정비기반시설·지형 및 환경 등의 현황
4) 주거지 관리계획
5) 토지이용계획·정비기반시설계획·공동이용시설 설치계획 및 교통계획
6) 녹지·조경·에너지공급·폐기물처리 등에 관한 환경계획
7) 사회복지시설 및 주민문화시설 등의 설치계획
8) 도시의 광역적 재정비를 위한 기본방향
9) 정비구역으로 지정할 예정인 구역(정비예정구역)의 개략적 범위
10) 단계별 정비사업 추진계획(정비예정구역별 정비계획의 수립시기가 포함되어야 함)
11) 건폐율·용적률 등에 관한 건축물의 밀도계획
12) 세입자에 대한 주거안정대책
13) 도시관리·주택·교통정책 등 도시·군계획과 연계된 도시·주거환경정비의 기본방향
14) 도시·주거환경정비의 목표
15) 도심기능의 활성화 및 도심공동화 방지 방안
16) 역사적 유물 및 전통건축물의 보존계획
17) 정비사업의 유형별 공공 및 민간부문의 역할
18) 정비사업의 시행을 위하여 필요한 재원조달에 관한 사항

▶기본계획의 작성기준
기본계획의 작성기준 및 작성방법은 국토부장관이 정하여 고시한다.

▶기본계획의 수립절차
(1) **주민의 공람 및 의견청취** : 기본계획의 수립권자는 기본계획을 수립하거나 변경하려는 경우에는 14일 이상 주민에게 공람하여 의견을 들어야 하며, 제시된 의견이 타당하다고 인정되면 이를 기본계획에 반영하여야 한다.

(2) **지방의회의 의견청취** : 기본계획의 수립권자는 공람과 함께 지방의회의 의견을 들어야 한다. 이 경우 지방의회는 기본계획의 수립권자가 기본계획을 통지한 날부터 60일 이내에 의견을 제시하여야 하며, 의견제시 없이 60일이 지난 경우 이의가 없는 것으로 본다.

▶관계 행정기관의 장과 협의 및 지방도시계획위원회의 심의
기본계획의 수립권자(대도시의 시장이 아닌 시장은 제외)는 기본계획을 수립하거나 변경하려면 관계 행정기관의 장과 협의한 후 지방도시계획위원회의 심의를 거쳐야 한다.

▶도지사의 승인
대도시의 시장이 아닌 시장은 기본계획을 수립하거나 변경하려면 도지사의 승인을 받아야 하며, 도지사가 이를 승인하려면 관계 행정기관의 장과 협의한 후 지방도시계획위원회의 심의를 거쳐야 한다.

▶국토부장관에게 보고
기본계획의 수립권자는 기본계획을 고시한 때에는 국토부령으로 정하는 방법 및 절차에 따라 국토부장관에게 보고하여야 한다.

49강 정비구역·정비계획

▶ 정비구역의 지정권자

특별시장·광역시장·특별자치시장·특별자치도지사·시장 또는 군수(광역시의 군수는 제외)는 기본계획에 적합한 범위에서 노후·불량건축물이 밀집하는 등 정비계획의 입안대상지역에 대하여 정비계획을 결정하여 정비구역을 지정(변경지정을 포함)할 수 있다.

▶ 정비계획의 입안대상지역

(1) 주거환경개선사업을 위한 정비계획은 다음에 해당하는 지역에 대하여 입안한다.
  1) 개발제한구역으로서 그 구역지정 이전에 건축된 노후·불량건축물의 수가 해당 정비구역의 건축물 수의 50% 이상인 지역
  2) 재개발사업을 위한 정비구역의 토지면적의 50% 이상의 소유자와 토지 또는 건축물을 소유하고 있는 자의 50% 이상이 각각 재개발사업의 시행을 원하지 않는 지역
  3) 철거민이 50세대 이상 규모로 정착한 지역이거나 인구가 과도하게 밀집되어 있고 기반시설의 정비가 불량하여 주거환경이 열악하고 그 개선이 시급한 지역
  4) 정비기반시설이 현저히 부족하여 재해발생시 피난 및 구조 활동이 곤란한 지역

(2) 재개발사업을 위한 정비계획은 노후·불량건축물의 수가 전체 건축물의 수의 2/3 이상인 지역으로서 다음에 해당하는 지역에 대하여 입안한다.
  1) 노후·불량건축물의 연면적의 합계가 전체 건축물의 연면적의 합계의 2/3 이상이거나 건축물이 과도하게 밀집되어 있어 그 구역 안의 토지의 합리적인 이용과 가치의 증진을 도모하기 곤란한 지역
  2) 인구·산업 등이 과도하게 집중되어 있어 도시기능의 회복을 위하여 토지의 합리적인 이용이 요청되는 지역
  3) 철거민이 50세대 이상 규모로 정착한 지역이거나 인구가 과도하게 밀집되어 있고 기반시설의 정비가 불량하여 주거환경이 열악하고 그 개선이 시급한 지역

(3) 재건축사업을 위한 정비계획은 주거환경개선사업 및 재개발사업에 해당하지 않는 지역으로서 다음에 해당하는 지역에 대하여 입안한다.
　1) 건축물의 일부가 멸실되어 붕괴나 그 밖의 안전사고의 우려가 있는 지역
　2) 노후·불량건축물로서 기존 세대수가 200세대 이상이거나 그 부지 면적이 1만m^2 이상인 지역
　3) 셋 이상의 아파트 또는 연립주택이 밀집되어 있는 지역으로서 안전진단 실시 결과 전체 주택의 2/3 이상이 재건축이 필요하다는 판정을 받은 지역으로서 시·도조례로 정하는 면적 이상인 지역

▶진입로 지역 등 포함하여 정비구역의 지정

정비구역의 지정권자는 정비구역의 진입로 설치를 위하여 필요한 경우에는 진입로 지역과 그 인접지역을 포함하여 정비구역을 지정할 수 있다.

▶정비구역 지정권자의 정비계획 입안

정비구역의 지정권자는 정비구역 지정을 위하여 직접 정비계획을 입안할 수 있다.

▶구청장등의 정비계획 입안

자치구의 구청장 또는 광역시의 군수(구청장등)는 정비계획을 입안하여 특별시장·광역시장에게 정비구역 지정을 신청하여야 한다. 이 경우 지방의회의 의견을 첨부하여야 한다.

▶정비계획의 내용
　1) 정비사업의 명칭
　2) 정비구역 및 그 면적
　3) 토지등소유자별 분담금 추산액 및 산출근거
　4) 도시·군계획시설의 설치에 관한 계획

5) 공동이용시설 설치계획
6) 건축물의 주용도·건폐율·용적률·높이에 관한 계획
7) 환경보전 및 재난방지에 관한 계획
8) 정비구역 주변의 교육환경 보호에 관한 계획
9) 세입자 주거대책
10) 정비사업시행 예정시기
11) 「국토계획법」의 지구단위계획에 관한 계획(필요한 경우로 한정)
12) 정비사업의 시행방법
13) 수용공급방법으로 시행하는 주거환경개선사업의 경우 사업시행자로 예정된 자
14) 기존 건축물의 정비·개량에 관한 계획
15) 정비기반시설의 설치계획
16) 현금납부에 관한 사항
17) 건축물의 건축선에 관한 계획 등

▶정비계획의 작성기준

정비계획의 작성기준 및 작성방법은 국토부장관이 정하여 고시한다.

▶임대주택 및 주택규모별 건설비율

(1) **국토부장관의 고시**

정비계획의 입안권자는 주택수급의 안정과 저소득 주민의 입주기회 확대를 위하여 정비사업으로 건설하는 주택에 대하여 다음의 구분에 따른 범위에서 국토교통부장관이 정하여 고시하는 임대주택 및 주택규모별 건설비율 등을 정비계획에 반영하여야 한다.

1) 국민주택규모의 주택이 전체 세대수의 90/100 이하에서 대통령령으로 정하는 범위
2) 임대주택(민간임대주택 및 공공임대주택)이 전체 세대수 또는 전체 연면적의 30/100 이하에서 대통령령으로 정하는 범위

(2) 주택의 규모 및 건설비율의 범위
  1) 주거환경개선사업의 경우 다음의 범위
    ① 국민주택규모의 주택 : 건설하는 주택 전체 세대수의 90/100 이하
    ② 공공임대주택 : 건설하는 주택 전체 세대수의 30/100 이하로 하며, 주거전용면적이 40㎡ 이하인 공공임대주택이 전체 공공임대주택 세대수의 50/100 이하일 것
  2) 재개발사업(해당 정비구역이 상업지역인 경우는 제외)의 경우 국민주택규모의 주택이 건설하는 주택 전체 세대수의 80/100 이하
  3) 재건축사업의 경우 국민주택규모의 주택이 건설하는 주택 전체 세대수의 60/100 이하

▶기본계획 및 정비계획 수립 시 용적률 완화
(1) 주거지역의 용적률 완화
  기본계획의 수립권자 또는 정비계획의 입안권자는 정비사업의 원활한 시행을 위하여 기본계획을 수립하거나 정비계획을 입안하려는 경우에는 주거지역에 대하여 「국토계획법」 및 관계 법률에 따른 용적률의 상한까지 용적률을 정할 수 있다.
(2) 기본계획의 변경 요청
  구청장등 또는 대도시의 시장이 아닌 시장은 용적률 완화에 따라 정비계획을 입안하거나 변경입안하려는 경우 기본계획의 변경 또는 변경승인을 특별시장·광역시장·도지사에게 요청할 수 있다.

▶안전진단의 실시
정비계획의 입안권자는 재건축사업 정비계획의 입안을 위하여 정비예정구역별 정비계획의 수립시기가 도래한 때에 안전진단을 실시하여야 한다.

50강
재건축사업 정비계획 입안을 위한 안전진단

▶안전진단의 실시 요청사유

정비계획의 입안권자는 다음에 해당하는 경우에는 안전진단을 실시하여야 한다. 이 경우 정비계획의 입안권자는 안전진단에 드는 비용을 해당 안전진단의 실시를 요청하는 자에게 부담하게 할 수 있다.

(1) 정비계획의 입안을 제안하려는 자가 입안을 제안하기 전에 해당 정비예정구역에 위치한 건축물 및 그 부속토지의 소유자 1/10 이상의 동의를 받아 안전진단의 실시를 요청하는 경우

(2) 정비예정구역을 지정하지 아니한 지역에서 재건축사업을 하려는 자가 사업예정구역에 있는 건축물 및 그 부속토지의 소유자 1/10 이상의 동의를 받아 안전진단의 실시를 요청하는 경우

(3) 내진성능이 확보되지 아니한 건축물 중 중대한 기능적 결함 또는 부실 설계·시공으로 구조적 결함 등이 있는 노후·불량건축물의 소유자로서 재건축사업을 시행하려는 자가 해당 사업예정구역에 위치한 건축물 및 그 부속토지의 소유자 1/10 이상의 동의를 받아 안전진단의 실시를 요청하는 경우

▶안전진단의 실시시기 조정

(1) 정비계획의 입안권자는 안전진단의 요청이 있는 때에는 요청일부터 30일 이내에 국토교통부장관이 정하는 바에 따라 안전진단의 실시 여부를 결정하여 요청인에게 통보하여야 한다.

(2) 이 경우 정비계획의 입안권자는 안전진단 실시 여부를 결정하기 전에 단계별 정비사업 추진계획 등의 사유로 재건축사업의 시기를 조정할 필요가 있다고 인정하는 경우에는 안전진단의 실시시기를 조정할 수 있다.

▶안전진단의 실시 요청 반려

정비계획의 입안권자는 현지조사 등을 통하여 안전진단의 요청이 있는 공동주택이 노후·불량건축물에 해당하지 아니함이 명백하다고 인정하는 경우에는 안전진단의 실시가 필요하지 아니하다고 결정할 수 있다.

▶안전진단의 대상

재건축사업의 안전진단은 주택단지의 건축물을 대상으로 한다. 다만, 다음의 어느 하나에 해당하는 주택단지의 건축물인 경우에는 안전진단 대상에서 제외할 수 있다.

(1) 정비계획의 입안권자가 천재지변 등으로 주택이 붕괴되어 신속히 재건축을 추진할 필요가 있다고 인정하는 것
(2) 주택의 구조안전상 사용금지가 필요하다고 정비계획의 입안권자가 인정하는 것
(3) 노후·불량건축물 수에 관한 기준을 충족한 경우 잔여 건축물
(4) 정비계획의 입안권자가 진입도로 등 기반시설 설치를 위하여 불가피하게 정비구역에 포함된 것으로 인정하는 건축물
(5) 「시설물의 안전 및 유지관리에 관한 특별법」의 시설물로서 안전등급이 D(미흡) 또는 E(불량)인 건축물

▶안전진단의 의뢰

정비계획의 입안권자는 현지조사 등을 통하여 해당 건축물의 구조안전성, 건축마감, 설비노후도 및 주거환경 적합성 등을 심사하여 안전진단의 실시 여부를 결정하여야 하며, 안전진단의 실시가 필요하다고 결정한 경우에는 다음의 어느 하나에 해당하는 안전진단기관에 안전진단을 의뢰하여야 한다.

(1) 안전진단전문기관
(2) 국토안전관리원
(3) 한국건설기술연구원

▶안전진단의 구분

(1) **구조안전성 평가** : 노후·불량건축물을 대상으로 구조적 또는 기능적 결함 등을 평가하는 안전진단
(2) **주거환경 중심 평가** : 구조안전성 평가 외의 노후·불량건축물을 대상으로 주거생활의 편리성과 거주의 쾌적성 등을 중심으로 평가하는 안전진단

▶정비계획의 입안 여부 결정

정비계획의 입안권자는 안전진단의 결과와 도시계획 및 지역여건 등을 종합적으로 검토하여 정비계획의 입안 여부를 결정하여야 한다.

▶시·도지사의 검토 의뢰

(1) 검토 의뢰 기관

시·도지사는 필요한 경우 국토안전관리원 또는 한국건설기술연구원에 안전진단 결과의 적정성에 대한 검토를 의뢰할 수 있다.

(2) 국토부장관의 검토 요청

국토부장관은 시·도지사에게 안전진단 결과보고서의 제출을 요청할 수 있으며, 필요한 경우 시·도지사에게 안전진단 결과의 적정성에 대한 검토를 요청할 수 있다.

▶안전진단 결과의 적정성 검토 비용

(1) 적정성 검토 비용 부담

안전진단 결과의 적정성 여부에 따른 검토 비용은 적정성에 대한 검토를 의뢰 또는 요청한 국토부장관 또는 시·도지사가 부담한다.

(2) 안전진단 결과의 적정성 검토서 제출기한

안전진단 결과의 적정성에 따른 검토를 의뢰받은 기관은 적정성에 따른 검토를 의뢰받은 날부터 60일 이내에 그 결과를 시·도지사에게 제출하여야 한다. 다만, 부득이한 경우에는 30일의 범위에서 한 차례만 연장할 수 있다.

▶정비구역의 지정을 위한 정비계획의 입안 요청

토지등소유자는 다음의 어느 하나에 해당하는 경우에는 정비계획의 입안권자에게 정비구역의 지정을 위한 정비계획의 입안을 제안할 수 있다.

(1) 단계별 정비사업 추진계획상 정비예정구역별 정비계획의 입안시기가 지났음에도 불구하고 정비계획이 입안되지 아니한 경우

(2) 기본계획에 정비예정구역의 개략적 범위 및 단계별 정비사업 추진계획을 생략한 경우
(3) 천재지변 등 불가피한 사유로 긴급하게 정비사업을 시행할 필요가 있다고 판단되는 경우

▶정비계획의 입안 여부의 결정 기한
(1) 정비계획의 입안권자는 정비계획 입안의 요청이 있는 경우에는 요청일부터 4개월 이내에 정비계획의 입안 여부를 결정하여 토지등소유자 및 정비구역의 지정권자에게 알려야 한다.
(2) 다만, 정비계획의 입안권자는 정비계획의 입안 여부의 결정기한을 2개월의 범위에서 한 차례만 연장할 수 있다.

▶정비계획의 입안을 제안할 수 있는 경우
토지등소유자는 다음에 해당하는 경우에는 정비계획의 입안권자에게 정비계획의 입안을 제안할 수 있다.
(1) 단계별 정비사업 추진계획상 정비예정구역별 정비계획의 입안시기가 지났음에도 불구하고 정비계획이 입안되지 아니하거나 정비예정구역별 정비계획의 수립시기를 정하고 있지 아니한 경우
(2) 토지등소유자가 토지주택공사등을 사업시행자로 지정 요청하려는 경우
(3) 대도시가 아닌 시 또는 군으로서 시·도조례로 정하는 경우
(4) 정비사업을 통하여 공공지원민간임대주택을 공급하거나 임대할 목적으로 주택을 주택임대관리업자에게 위탁하려는 경우로서 공공지원민간임대주택을 포함하는 정비계획의 입안을 요청하려는 경우
(5) 천재지변, 그 밖의 불가피한 사유로 긴급하게 정비사업을 시행할 필요가 있다고 인정하는 정비사업을 시행하려는 경우
(6) 토지등소유자(조합이 설립된 경우에는 조합원)가 2/3 이상의 동의로 정비계획의 변경을 요청하는 경우
(7) 토지등소유자가 공공재개발사업 또는 공공재건축사업을 추진하려는 경우

51강 정비계획의 입안 제안 등

▶정비계획 입안의 제안서 제출
토지등소유자가 정비계획의 입안권자에게 정비계획의 입안을 제안하려는 경우 토지등소유자의 2/3 이하 및 토지면적 2/3 이하의 범위에서 시·도조례로 정하는 비율 이상의 동의를 받은 후 시·도조례로 정하는 제안서 서식에 정비계획도서, 계획설명서, 그 밖의 필요한 서류를 첨부하여 정비계획의 입안권자에게 제출하여야 한다.

▶정비계획 입안의 제안서 반영여부의 통보기한
정비계획의 입안권자는 정비계획 입안의 제안이 있는 경우에는 제안일부터 60일 이내에 정비계획에의 반영여부를 제안자에게 통보하여야 한다. 다만, 부득이한 사정이 있는 경우에는 한 차례만 30일을 연장할 수 있다.

▶정비계획 입안에 활용
정비계획의 입안권자는 정비계획 입안의 제안을 정비계획에 반영하는 경우에는 제안서에 첨부된 정비계획도서와 계획설명서를 정비계획의 입안에 활용할 수 있다.

▶정비계획의 입안절차
(1) **정비계획 입안을 위한 주민의견청취** : 정비계획의 입안권자는 정비계획을 입안하거나 변경하려면 주민에게 서면으로 통보한 후 주민설명회 및 30일 이상 주민에게 공람하여 의견을 들어야 한다.
(2) **지방의회의 의견청취** : 정비계획의 입안권자는 주민공람과 함께 지방의회의 의견을 들어야 한다. 이 경우 지방의회는 정비계획의 입안권자가 정비계획을 통지한 날부터 60일 이내에 의견을 제시하여야 하며, 의견제시 없이 60일이 지난 경우 이의가 없는 것으로 본다.

▶정비계획의 결정 및 정비구역의 지정·고시
(1) **정비계획의 결정절차** : 정비구역의 지정권자는 정비구역을 지정하거나 변경지정하려면 지방도시계획위원회의 심의를 거쳐야 한다.

(2) **정비구역의 지정·고시** : 정비구역의 지정권자는 정비구역을 지정(변경지정을 포함)하거나 정비계획을 결정(변경결정을 포함)한 때에는 정비계획을 포함한 정비구역 지정의 내용을 해당 지방자치단체의 공보에 고시하여야 한다.

▶지구단위계획구역 및 지구단위계획의 결정·고시 의제

정비구역의 지정·고시가 있는 경우 해당 정비구역 및 정비계획 중 지구단위계획의 내용에 해당하는 사항은 지구단위계획구역 및 지구단위계획으로 결정·고시된 것으로 본다.

▶정비구역의 지정·고시 의제

지구단위계획구역에 대하여 정비계획의 내용을 모두 포함한 지구단위계획을 결정·고시(변경 결정·고시하는 경우를 포함)하는 경우 해당 지구단위계획구역은 정비구역으로 지정·고시된 것으로 본다.

▶주거환경개선구역의 주거지역 의제

주거환경개선구역은 해당 정비구역의 지정·고시가 있은 날부터 제2종 일반주거지역(주거환경개선사업이 수용 공급 방법 또는 관리처분계획 공급 방법으로 시행되는 경우에는 제3종 일반주거지역. 다만, 공공지원민간임대주택 또는 공공건설임대주택을 200세대 이상 공급하려는 경우로서 해당 임대주택의 건설지역을 포함하여 정비계획에서 따로 정하는 구역은 준주거지역으로 한다)으로 결정·고시된 것으로 본다.

▶정비구역에서 시장·군수등의 행위허가대상

(1) **건축물의 건축 등** : 건축물(가설건축물을 포함)의 건축, 용도변경
(2) **공작물의 설치** : 인공을 가하여 제작한 시설물의 설치
(3) **토지의 형질변경** : 절토(땅깎기)·성토(흙쌓기)·정지(땅고르기)·포장 등의 방법으로 토지의 형상을 변경하는 행위, 토지의 굴착 또는 공유수면의 매립

52강
행위제한 등
정비구역 등의 해제

(4) **토석의 채취** : 흙·모래·자갈·바위 등의 토석을 채취하는 행위
(5) **토지분할**
(6) **물건을 쌓아놓는 행위** : 이동이 용이하지 아니한 물건을 1개월 이상 쌓아놓는 행위
(7) **죽목의 벌채 및 식재**

▶시장·군수등의 허가를 받지 아니하고 할 수 있는 행위
(1) 재해복구 또는 재난수습에 필요한 응급조치를 위한 행위
(2) 기존 건축물의 붕괴 등 안전사고의 우려가 있는 경우 해당 건축물에 대한 안전조치를 위한 행위
(3) 다음의 어느 하나에 해당하는 행위로서 개발행위허가의 대상이 아닌 것
  1) 농림수산물의 생산에 직접 이용되는 것으로서 간이공작물의 설치
  2) 경작을 위한 토지의 형질변경
  3) 정비구역의 개발에 지장을 주지 아니하고 자연경관을 손상하지 아니하는 범위 안에서의 토석의 채취
  4) 정비구역에 존치하기로 결정된 대지 안에서 물건을 쌓아놓는 행위
  5) 관상용 죽목의 임시식재(경작지에서의 임시식재를 제외)

▶진행 중인 공사 또는 사업의 신고
허가를 받아야 하는 행위로서 정비구역의 지정 및 고시 당시 이미 관계 법령에 따라 행위허가를 받았거나 허가를 받을 필요가 없는 행위에 관하여 그 공사 또는 사업에 착수한 자는 정비구역이 지정·고시된 날부터 30일 이내에 그 공사 또는 사업의 진행상황과 시행계획을 첨부하여 관할 시장·군수등에게 신고한 후 이를 계속 시행할 수 있다.

▶원상회복 명령 및 대집행
시장·군수등은 허가행위를 위반한 자에게 원상회복을 명할 수 있다. 이 경우 명령을 받은 자가 그 의무를 이행하지 아니하는 때에는 시장·군수등은 「행정대집행법」에 따라 대집행할 수 있다.

▶「국토계획법」의 준용 및 의제

(1) 허가에 관하여 이 법에 규정된 사항을 제외하고는 「국토계획법」의 개발행위허가 규정을 준용한다.
(2) 허가를 받은 경우에는 「국토계획법」에 따라 개발행위허가를 받은 것으로 본다.

▶건축물의 건축 및 토지의 분할제한기간

국토부장관, 시·도지사, 시장·군수 또는 구청장은 비경제적인 건축행위 및 투기 수요의 유입을 막기 위하여 기본계획을 공람 중인 정비예정구역 또는 정비계획을 수립 중인 지역에 대하여 3년 이내의 기간(1년의 범위에서 한 차례만 연장할 수 있다)을 정하여 대통령령으로 정하는 방법과 절차에 따라 다음의 행위를 제한할 수 있다.

(1) 건축물의 건축
(2) 토지의 분할
(3) 「건축법」에 따른 건축물대장 중 일반건축물대장을 집합건축물대장으로 전환
(4) 「건축법」에 따른 건축물대장 중 집합건축물대장의 전유부분 분할

▶정비구역등에서 지역주택조합의 조합원모집 금지

정비예정구역 또는 정비구역에서는 지역주택조합의 조합원을 모집해서는 아니 된다.

▶정비구역등의 해제 사유

(1) 정비예정구역에 대하여 기본계획에서 정한 정비구역 지정 예정일부터 3년이 되는 날까지 특별자치시장, 특별자치도지사, 시장 또는 군수가 정비구역을 지정하지 아니하거나 구청장등이 정비구역의 지정을 신청하지 아니하는 경우
(2) 재개발사업·재건축사업이 다음의 어느 하나에 해당하는 경우
  1) 토지등소유자가 정비구역으로 지정·고시된 날부터 2년이 되는 날까지 조합설립추진위원회의 승인을 신청하지 아니하는 경우

2) 토지등소유자가 정비구역으로 지정·고시된 날부터 3년이 되는 날까지 조합설립인가를 신청하지 아니하는 경우
3) 조합설립추진위원회가 조합설립추진위원회 승인일부터 2년이 되는 날까지 조합설립인가를 신청하지 아니하는 경우
4) 조합이 조합설립인가를 받은 날부터 3년이 되는 날까지 사업시행계획인가를 신청하지 아니하는 경우

(3) 토지등소유자가 시행하는 재개발사업으로서 토지등소유자가 정비구역으로 지정·고시된 날부터 5년이 되는 날까지 사업시행계획인가를 신청하지 아니하는 경우

▶정비구역등 해제의 효력

(1) **용도지역 등의 환원**

정비구역등이 해제된 경우에는 정비계획으로 변경된 용도지역, 정비기반시설 등은 정비구역 지정 이전의 상태로 환원된 것으로 본다.

(2) **해제된 정비구역등의 주거환경개선구역 지정**

정비구역등(재개발사업 및 재건축사업을 시행하려는 경우로 한정함)이 해제된 경우 정비구역의 지정권자는 해제된 정비구역등을 토지등소유자가 스스로 주택을 보전·정비하거나 개량하는 방법으로 시행하는 주거환경개선구역으로 지정할 수 있다.

▶주거환경개선사업의 시행방법

주거환경개선사업은 다음에 해당하는 방법 또는 이를 혼용하는 방법으로 한다.

(1) 사업시행자가 정비구역에서 정비기반시설 및 공동이용시설을 새로 설치하거나 확대하고 토지등소유자가 스스로 주택을 보전·정비하거나 개량하는 방법

(2) 사업시행자가 정비구역의 전부나 일부를 수용하여 주택을 건설한 후 토지등소유자에게 우선 공급하거나 대지를 토지등소유자나 토지등소유자 외의 자에게 공급하는 방법

53강 정비사업의 시행방법·시행자

(3) 사업시행자가 환지로 공급하는 방법
(4) 사업시행자가 정비구역에서 인가받은 관리처분계획에 따라 주택 및 부대시설·복리시설을 건설하여 공급하는 방법

▶재개발사업의 시행방법
재개발사업은 정비구역에서 인가받은 관리처분계획에 따라 건축물을 건설하여 공급하거나 환지로 공급하는 방법으로 한다.

▶재건축사업의 시행방법
(1) 재건축사업은 정비구역에서 인가받은 관리처분계획에 따라 주택, 부대시설·복리시설 및 오피스텔을 건설하여 공급하는 방법으로 한다.
(2) 다만, 주택단지에 있지 아니하는 건축물의 경우에는 지형여건·주변의 환경으로 보아 사업시행상 불가피한 경우로서 정비구역으로 보는 사업에 한정한다.
(3) 오피스텔을 건설하여 공급하는 경우에는 준주거지역 및 상업지역에서만 건설할 수 있다. 이 경우 오피스텔의 연면적은 전체 건축물 연면적의 30/100 이하이어야 한다.

▶주거환경개선사업의 시행자
(1) **토지등소유자가 스스로 주택을 보전·정비하거나 개량하는 방법의 시행자**
사업시행자가 정비구역에서 정비기반시설 및 공동이용시설을 새로 설치하거나 확대하고 토지등소유자가 스스로 주택을 보전·정비하거나 개량하는 방법으로 시행하는 주거환경개선사업은 시장·군수 등이 직접 시행하되, 토지주택공사등을 사업시행자로 지정하여 시행하게 하려는 경우에는 공람공고일 현재 토지등소유자의 과반수의 동의를 받아야 한다.

(2) 토지등소유자의 자력 시행방법 아닌 시행방법의 시행자

수용 공급 방법, 환지 공급 방법 및 관리처분계획 공급 방법으로 시행하는 주거환경개선사업은 시장·군수등이 직접 시행하거나 다음에서 정한 자에게 시행하게 할 수 있다.

1) 시장·군수 등이 다음의 어느 하나에 해당하는 자를 사업시행자로 지정하는 경우
① 토지주택공사등
② 국가, 지방자치단체, 토지주택공사등 또는 공공기관이 총지분의 50/100을 초과하는 출자로 설립한 법인
2) 시장·군수등이 위에 해당하는 자와 건설사업자, 등록사업자를 공동시행자로 지정하는 경우

(3) 토지등소유자 및 세입자의 동의 시행

수용 공급 방법, 환지 공급 방법 및 관리처분계획 공급 방법으로 시행하려는 경우에는 공람공고일 현재 해당 정비예정구역의 토지 또는 건축물의 소유자 또는 지상권자의 2/3 이상의 동의와 세입자(공람공고일 3개월 전부터 해당 정비예정구역에 3개월 이상 거주하고 있는 자를 말한다) 세대수의 과반수의 동의를 각각 받아야 한다.

(4) 토지등소유자 및 세입자의 동의 없이 시행

시장·군수등은 천재지변, 그 밖의 불가피한 사유로 건축물이 붕괴할 우려가 있어 긴급히 정비사업을 시행할 필요가 있다고 인정하는 경우 토지등소유자 및 세입자의 동의 없이 자신이 직접 시행하거나 토지주택공사등을 사업시행자로 지정하여 시행하게 할 수 있다.

▶재개발사업의 시행자

(1) 조합이 시행하거나 조합이 조합원의 과반수의 동의를 받아 시장·군수등, 토지주택공사등, 건설업자, 등록사업자, 신탁업자 또는 한국부동산원과 공동으로 시행하는 방법
(2) 토지등소유자가 20인 미만인 경우에는 토지등소유자가 시행하거나 토지등소유자가 토지등소유자의 과반수의 동의를 받아 시장·군수등, 토지주택공사등, 건설사업자, 등록사업자, 신탁업자 또는 한국부동산원과 공동으로 시행하는 방법

▶재건축사업의 시행자

재건축사업은 조합이 시행하거나 조합이 조합원의 과반수의 동의를 받아 시장·군수등, 토지주택공사등, 건설업자 또는 등록사업자와 공동으로 시행할 수 있다.

▶재개발사업·재건축사업의 공공시행자

시장·군수등은 재개발사업 및 재건축사업이 다음에 해당하는 때에는 직접 정비사업을 시행하거나 토지주택공사등을 사업시행자로 지정하여 정비사업을 시행하게 할 수 있다.

(1) 천재지변, 그 밖의 불가피한 사유로 긴급하게 정비사업을 시행할 필요가 있다고 인정하는 때
(2) 고시된 정비계획에서 정한 정비사업시행 예정일부터 2년 이내에 사업시행계획인가를 신청하지 아니하거나 사업시행계획인가를 신청한 내용이 위법 또는 부당하다고 인정하는 때(재건축사업의 경우는 제외한다)
(3) 추진위원회가 시장·군수등의 구성승인을 받은 날부터 3년 이내에 조합설립인가를 신청하지 아니하거나 조합이 조합설립인가를 받은 날부터 3년 이내에 사업시행계획인가를 신청하지 아니한 때
(4) 지방자치단체의 장이 시행하는 도시·군계획사업과 병행하여 정비사업을 시행할 필요가 있다고 인정하는 때
(5) 순환정비방식으로 정비사업을 시행할 필요가 있다고 인정하는 때
(6) 사업시행계획인가가 취소된 때
(7) 해당 정비구역의 국·공유지 면적 또는 국·공유지와 토지주택공사등이 소유한 토지를 합한 면적이 전체 토지면적의 1/2 이상으로서 토지등소유자의 과반수가 시장·군수등 또는 토지주택공사등을 사업시행자로 지정하는 것에 동의하는 때
(8) 해당 정비구역의 토지면적 1/2 이상의 토지소유자와 토지등소유자의 2/3 이상에 해당하는 자가 시장·군수등 또는 토지주택공사등을 사업시행자로 지정할 것을 요청하는 때

54강 정비사업의 예외적 시행자 등

▶지정개발자의 사업시행사유

시장·군수등은 재개발사업 및 재건축사업이 다음에 해당하는 때에는 지정개발자를 사업시행자로 지정하여 정비사업을 시행하게 할 수 있다.

(1) 천재지변, 그 밖의 불가피한 사유로 긴급하게 정비사업을 시행할 필요가 있다고 인정하는 때
(2) 고시된 정비계획에서 정한 정비사업시행 예정일부터 2년 이내에 사업시행계획인가를 신청하지 아니하거나 사업시행계획인가를 신청한 내용이 위법 또는 부당하다고 인정하는 때(재건축사업의 경우는 제외한다)
(3) 재개발사업 및 재건축사업의 조합설립을 위한 동의요건 이상에 해당하는 자가 신탁업자를 사업시행자로 지정하는 것에 동의하는 때

▶지정개발자의 요건

토지등소유자, 민관합동법인, 신탁업자로서 다음에 해당하는 요건을 갖춘 자를 말한다.

(1) 정비구역의 토지 중 정비구역 전체 면적 대비 50% 이상의 토지를 소유한 자로서 토지등소유자의 1/2 이상의 추천을 받은 자
(2) 민관합동법인으로서 토지등소유자의 1/2 이상의 추천을 받은 자
(3) 신탁업자로서 토지등소유자의 1/2 이상의 추천을 받거나 재개발사업 및 재건축사업의 조합설립을 위한 동의요건 이상에 해당하는 자가 신탁업자를 사업시행자로 지정하는 것에 동의하는 자 또는 지정개발자에게 해당 조합 또는 토지등소유자를 대신하여 정비사업을 시행하는 토지등소유자의 과반수 동의를 받은 자

▶재개발사업·재건축사업의 사업대행자

시장·군수등은 다음에 해당하는 경우에는 해당 조합 또는 토지등소유자를 대신하여 직접 정비사업을 시행하거나 토지주택공사등 또는 지정개발자에게 해당 조합 또는 토지등소유자를 대신하여 정비사업을 시행하게 할 수 있다.

(1) 장기간 정비사업이 지연되거나 권리관계에 관한 분쟁 등으로 해당 조합 또는 토지등소유자가 시행하는 정비사업을 계속 추진하기 어렵다고 인정하는 경우
(2) 토지등소유자(조합을 설립한 경우에는 조합원을 말한다)의 과반수 동의로 요청하는 경우

▶사업대행자의 압류

정비사업을 대행하는 시장·군수등, 토지주택공사등 또는 지정개발자는 사업시행자에게 청구할 수 있는 보수 또는 비용의 상환에 대한 권리로써 사업시행자에게 귀속될 대지 또는 건축물을 압류할 수 있다.

▶사업대행의 효과

(1) 사업대행자는 정비사업을 대행하는 경우 사업대행개시결정 고시를 한 날의 다음 날부터 사업대행완료를 고시하는 날까지 자기의 이름 및 사업시행자의 계산으로 사업시행자의 업무를 집행하고 재산을 관리한다.
(2) 이 경우 법 또는 법에 따른 명령이나 정관등으로 정하는 바에 의하여 사업시행자가 행하거나 사업시행자에 대하여 행하여진 처분·절차 그 밖의 행위는 사업대행자가 행하거나 사업대행자에 대하여 행하여진 것으로 본다.

▶사업대행의 완료

(1) 사업대행자는 사업대행의 원인이 된 사유가 없어지거나 분양 등기를 완료한 때에는 사업대행을 완료하여야 한다. 이 경우 시장·군수등이 아닌 사업대행자는 미리 시장·군수등에게 사업대행을 완료할 뜻을 보고하여야 한다.
(2) 인계·인수가 완료된 때에는 사업대행자가 정비사업을 대행할 때 취득하거나 부담한 권리와 의무는 사업시행자에게 승계된다.

(3) 사업대행자는 사업대행의 완료 후 사업시행자에게 보수 또는 비용의 상환을 청구할 때에 그 보수 또는 비용을 지출한 날 이후의 이자를 청구할 수 있다.

▶조합의 시공자 선정시기

(1) 조합은 조합설립인가를 받은 후 조합총회에서 경쟁입찰 또는 수의계약(2회 이상 경쟁입찰이 유찰된 경우로 한정)의 방법으로 건설사업자 또는 등록사업자를 시공자로 선정하여야 한다.
(2) 다만, 조합원이 100명 이하인 정비사업은 조합총회에서 정관으로 정하는 바에 따라 선정할 수 있다.

▶토지등소유자의 시공자 선정시기

토지등소유자가 재개발사업을 시행하는 경우에는 사업시행계획인가를 받은 후 규약에 따라 건설업자 또는 등록사업자를 시공자로 선정하여야 한다.

▶시장·군수등의 시공자 선정시기

시장·군수등이 직접 정비사업을 시행하거나 토지주택공사등 또는 지정개발자를 사업시행자로 지정한 경우 사업시행자는 사업시행자 지정·고시 후 경쟁입찰 또는 수의계약의 방법으로 건설사업자 또는 등록사업자를 시공자로 선정하여야 한다.

▶합동설명회의 개최

조합은 시공자 선정을 위한 입찰에 참가하는 건설사업자 또는 등록사업자가 토지등소유자에게 시공에 관한 정보를 제공할 수 있도록 합동설명회를 2회 이상 개최하여야 한다.

▶조합설립추진위원회의 구성·승인

조합을 설립하려는 경우에는 정비구역 지정·고시후 다음의 사항에 대하여 토지등소유자 과반수의 동의를 받아 조합설립을 위한 추진위원회를 구성하여 시장·군수등의 승인을 받아야 한다.

(1) 추진위원회 위원장을 포함한 5명 이상의 추진위원회 위원
(2) 추진위원회의 운영규정

▶추진위원회 동의자의 조합설립 동의 간주
(1) 추진위원회 동의자는 조합의 설립에 동의한 것으로 본다.
(2) 다만, 조합설립인가를 신청하기 전에 시장·군수등 및 추진위원회에 조합설립에 대한 반대의 의사표시를 한 추진위원회 동의자의 경우에는 그러하지 아니하다.

▶추진위원회의 기능
1) 정비사업전문관리업자의 선정 및 변경
2) 설계자의 선정 및 변경
3) 개략적인 정비사업 시행계획서의 작성
4) 조합설립인가를 받기 위한 준비업무
5) 추진위원회 운영규정의 작성
6) 토지등소유자의 동의서의 접수
7) 조합의 설립을 위한 창립총회의 개최
8) 조합정관의 초안 작성
9) 그 밖에 추진위원회 운영규정으로 정하는 업무

▶정비사업전문관리업자의 선정방법
추진위원회가 정비사업전문관리업자를 선정하려는 경우에는 추진위원회 승인을 받은 후 경쟁입찰 또는 수의계약(2회 이상 경쟁입찰이 유찰된 경우로 한정)의 방법으로 선정하여야 한다.

▶추진위원회의 창립총회 방법 및 절차
(1) 추진위원회(추진위원회를 구성하지 아니하는 경우에는 토지등소유자를 말한다)는 조합설립인가 시 동의를 받은 후 조합설립인가의 신청 전에 조합설립을 위한 창립총회를 개최하여야 한다.

(2) 추진위원회(추진위원회를 구성하지 아니하는 경우에는 조합설립을 추진하는 토지등소유자의 대표자)는 창립총회 14일 전까지 회의목적·안건·일시·장소·참석자격 및 구비사항 등을 인터넷 홈페이지를 통해 공개하고, 토지등소유자에게 등기우편으로 발송·통지하여야 한다.
(3) 창립총회는 추진위원장(추진위원회를 구성하지 아니하는 경우에는 토지등소유자의 대표자)의 직권 또는 토지등소유자 1/5 이상의 요구로 추진위원장이 소집한다.

다만, 토지등소유자 1/5 이상의 소집요구에도 불구하고 추진위원장이 2주 이상 소집요구에 응하지 아니하는 경우 소집요구한 자의 대표가 소집할 수 있다.
(4) 창립총회의 의사결정은 토지등소유자(재건축사업의 경우 조합설립에 동의한 토지등소유자로 한정)의 과반수 출석과 출석한 토지등소유자 과반수 찬성으로 결의한다.

다만, 조합임원 및 대의원의 선임은 확정된 정관에서 정하는 바에 따라 선출한다.

▶추진위원회의 운영

(1) 추진위원회는 운영규정에 따라 운영하여야 하며, 토지등소유자는 운영에 필요한 경비를 운영규정에 따라 납부하여야 한다.
(2) 추진위원회는 수행한 업무를 총회에 보고하여야 하며, 그 업무와 관련된 권리·의무는 조합이 포괄승계한다.
(3) 추진위원회는 사용경비를 기재한 회계장부 및 관계 서류를 조합설립인가일부터 30일 이내에 조합에 인계하여야 한다.

▶정비사업조합의 설립

시장·군수등, 토지주택공사등 또는 지정개발자가 아닌 자가 정비사업을 시행하려는 경우에는 토지등소유자로 구성된 조합을 설립하여야 한다. 다만, 토지등소유자가 재개발사업을 시행하려는 경우에는 그러하지 아니하다.

▶재개발사업의 설립동의

재개발사업의추진위원회(공공지원 경우 추진위원회를 구성하지 아니하는 경우에는 토지등소유자)가 조합을 설립하려면 토지등소유자의 3/4 이상 및 토지면적의 1/2 이상의 토지소유자의 동의를 받아 정관 등의 서류를 첨부하여 시장·군수등의 인가를 받아야 한다.

▶재건축사업의 설립동의

재건축사업의 추진위원회(공공지원 경우 추진위원회를 구성하지 아니하는 경우에는 토지등소유자)가 조합을 설립하려는 때에는 주택단지의 공동주택의 각 동(복리시설의 경우에는 주택단지의 복리시설 전체를 하나의 동으로 본다)별 구분소유자의 과반수 동의(공동주택의 각 동별 구분소유자가 5 이하인 경우는 제외)와 주택단지의 전체 구분소유자의 3/4 이상 및 토지면적의 3/4 이상의 토지소유자의 동의를 받아 정관 등 서류를 첨부하여 시장·군수등의 인가를 받아야 한다.

▶재건축사업 주택단지가 아닌 지역의 동의

재건축사업의 주택단지가 아닌 지역이 정비구역에 포함된 때에는주택단지가 아닌 지역의 토지 또는 건축물소유자의 3/4 이상 및 토지면적의 2/3 이상의 토지소유자의 동의를 받아야 한다.

▶토지등소유자의 동의자수 산정방법

(1) 주거환경개선사업, 재개발사업의 경우에는 다음의 기준에 의할 것
 1) 1필지의 토지 또는 하나의 건축물을 여럿이서 공유할 때에는 그 여럿을 대표하는 1인을 토지등소유자로 산정할 것. 다만, 재개발구역의 전통시장 및 상점가로서 1필지의 토지 또는 하나의 건축물을 여럿이서 공유하는 경우에는 해당 토지 또는 건축물의 토지등소유자의 3/4 이상의 동의를 받아 이를 대표하는 1인을 토지등소유자로 산정할 수 있다.
 2) 토지에 지상권이 설정되어 있는 경우 토지의 소유자와 해당 토지의 지상권자를 대표하는 1인을 토지등소유자로 산정할 것

3) 1인이 다수 필지의 토지 또는 다수의 건축물을 소유하고 있는 경우에는 필지나 건축물의 수에 관계없이 토지등소유자를 1인으로 산정할 것
4) 둘 이상의 토지 또는 건축물을 소유한 공유자가 동일한 경우에는 그 공유자 여럿을 대표하는 1인을 토지등소유자로 산정할 것

(2) 재건축사업의 경우에는 다음의 기준에 따를 것
1) 소유권 또는 구분소유권을 여럿이서 공유하는 경우에는 그 여럿을 대표하는 1인을 토지등소유자로 산정할 것
2) 1인이 둘 이상의 소유권 또는 구분소유권을 소유하고 있는 경우에는 소유권 또는 구분소유권의 수에 관계없이 토지등소유자를 1명으로 산정할 것
3) 둘 이상의 소유권 또는 구분소유권을 소유한 공유자가 동일한 경우에는 그 공유자 여럿을 대표하는 1인을 토지등소유자로 할 것

▶조합의 법인격등

(1) 조합은 법인으로 한다.
(2) 조합은 조합설립인가를 받은 날부터 30일 이내에 주된 사무소의 소재지에서 대통령령으로 정하는 사항을 등기하는 때에 성립한다.
(3) 조합은 명칭에 "정비사업조합"이라는 문자를 사용하여야 한다.

▶조합원의 자격

정비사업의 조합원(사업시행자가 신탁업자인 경우에는 위탁자를 말함)은 토지등소유자(재건축사업의 경우에는 재건축사업에 동의한 자만 해당함)로 하되, 다음에 해당하는 때에는 그 여러 명을 대표하는 1명을 조합원으로 본다.
(1) 토지 또는 건축물의 소유권과 지상권이 여러 명의 공유에 속하는 때
(2) 여러 명의 토지등소유자가 1세대에 속하는 때
(3) 조합설립인가 후 1명의 토지등소유자로부터 토지 또는 건축물의 소유권이나 지상권을 양수하여 여러 명이 소유하게 된 때

57강 정비사업조합(Ⅱ) 주민대표회의

▶ 투기과열지구에서 재건축사업·재개발사업의 조합원 자격 특례

투기과열지구로 지정된 지역에서 재건축사업을 시행하는 경우에는 조합설립인가 후, 재개발사업을 시행하는 경우에는 관리처분계획의 인가 후 해당 정비사업의 건축물 또는 토지를 양수(매매·증여, 그 밖의 권리의 변동을 수반하는 일체의 행위를 포함하되, 상속·이혼으로 인한 양도·양수의 경우는 제외)한 자는 조합원이 될 수 없다.

▶ 조합의 임원

(1) 조합임원의 구성

조합은 조합원으로서 정비구역에 위치한 건축물 또는 토지를 소유한 자 중 다음의 어느 하나의 요건을 갖춘 조합장 1명과 이사, 감사를 임원으로 둔다. 이 경우 조합장은 선임일부터 관리처분계획인가를 받을 때까지는 해당 정비구역에서 거주하여야 한다.

1) 정비구역에 위치한 건축물 또는 토지를 5년 이상 소유할 것
2) 정비구역에서 거주하고 있는 자로서 선임일 직전 3년 동안 정비구역에서 1년 이상 거주할 것

(2) 조합임원의 수

조합에 두는 이사의 수는 3명 이상으로 하고, 감사의 수는 1명 이상 3명 이하로 한다. 다만, 토지등소유자의 수가 100명을 초과하는 경우에는 이사의 수를 5명 이상으로 한다.

(3) 조합임원의 임기

조합임원의 임기는 3년 이하의 범위에서 정관으로 정하되, 연임할 수 있다.

(4) 조합임원의 선출방법

조합임원의 선출방법 등은 정관으로 정한다. 다만, 시장·군수등은 다음의 어느 하나에 해당하는 경우 시·도조례로 정하는 바에 따라 변호사·회계사·기술사 등으로서 대통령령으로 정하는 요건을 갖춘 자를 전문조합관리인으로 선정하여 조합임원의 업무를 대행하게 할 수 있다.

1) 조합임원이 사임, 해임, 임기만료, 그 밖에 불가피한 사유 등으로 직무를 수행할 수 없는 때부터 6개월 이상 선임되지 아니한 경우
2) 총회에서 조합원 과반수의 출석과 출석 조합원 과반수의 동의로 전문조합관리인의 선정을 요청하는 경우

▶ 조합임원의 직무

(1) 조합장은 조합을 대표하고, 그 사무를 총괄하며, 총회 또는 대의원회의 의장이 된다.
(2) 조합장이 대의원회의 의장이 되는 경우에는 대의원으로 본다.
(3) 조합장 또는 이사가 자기를 위하여 조합과 계약이나 소송을 할 때에는 감사가 조합을 대표한다.
(4) 조합임원은 같은 목적의 정비사업을 하는 다른 조합의 임원 또는 직원을 겸할 수 없다.

▶ 총회의 소집

(1) 조합에는 조합원으로 구성되는 총회를 둔다.
(2) 총회는 조합장이 직권으로 소집하거나 조합원 1/5 이상(정관의 기재사항 중 조합임원의 권리·의무·보수·선임방법·변경 및 해임에 관한 사항을 변경하기 위한 총회의 경우는 1/10 이상으로 한다) 또는 대의원 2/3 이상의 요구로 조합장이 소집한다.
(3) 조합임원의 사임, 해임 또는 임기만료 후 6개월 이상 조합임원이 선임되지 아니한 경우에는 시장·군수등이 조합임원 선출을 위한 총회를 소집할 수 있다.
(4) 총회를 소집하려는 자는 총회가 개최되기 7일 전까지 회의 목적·안건·일시 및 장소와 서면의결권의 행사기간 및 장소 등 서면의결권 행사에 필요한 사항을 정하여 조합원에게 통지하여야 한다.

▶ 대의원회
(1) 조합원의 수가 100명 이상인 조합은 대의원회를 두어야 한다.
(2) 대의원회는 조합원의 1/10 이상으로 구성한다. 다만, 조합원의 1/10이 100명을 넘는 경우에는 조합원의 1/10의 범위에서 100명 이상으로 구성할 수 있다.
(3) 조합장이 아닌 조합임원은 대의원이 될 수 없다.

▶ 민법의 준용
조합에 관하여는 이 법에 규정된 사항을 제외하고는 「민법」 중 사단법인에 관한 규정을 준용한다.

▶ 주민대표회의의 구성의무
토지등소유자가 시장·군수등 또는 토지주택공사등의 사업시행을 원하는 경우에는 정비구역 지정·고시 후 주민대표기구(주민대표회의)를 구성하여야 한다.

▶ 주민대표회의의 구성수
주민대표회의는 위원장을 포함하여 5명 이상 25명 이하로 구성한다.

▶ 주민대표회의의 임원
주민대표회의에는 위원장과 부위원장 각 1명과 1명 이상 3명 이하의 감사를 둔다.

▶ 시장·군수등의 승인
주민대표회의는 토지등소유자의 과반수의 동의를 받아 구성하며, 국토부령으로 정하는 방법 및 절차에 따라 시장·군수등의 승인을 받아야 한다.

▶ 사업시행자지정의 동의 간주

주민대표회의의 구성에 동의한 자는 사업시행자의 지정에 동의한 것으로 본다. 다만, 사업시행자의 지정 요청 전에 시장·군수등 및 주민대표회의에 사업시행자의 지정에 대한 반대의 의사표시를 한 토지등소유자의 경우에는 그러하지 아니하다.

▶ 주민대표회의 또는 세입자의 의견 제시사항

주민대표회의 또는 세입자(상가세입자를 포함한다)는 사업시행자가 건축물의 철거, 주민의 이주, 정비사업비의 부담 등에 관하여 시행규정을 정하는 때에 의견을 제시할 수 있다. 이 경우 사업시행자는 주민대표회의 또는 세입자의 의견을 반영하기 위하여 노력하여야 한다.

58강 사업시행계획인가 등

▶ 사업시행계획의 인가권자

사업시행자(공동시행의 경우를 포함하되, 사업시행자가 시장·군수등인 경우는 제외)는 정비사업을 시행하려는 경우에는 사업시행계획서에 정관등과 그 밖에 서류를 첨부하여 시장·군수등에게 제출하고 사업시행계획인가를 받아야 하고, 인가받은 사항을 변경하거나 정비사업을 중지 또는 폐지하려는 경우에도 사업시행계획인가를 받아야 한다.

▶ 사업시행계획인가 여부의 통보기한

시장·군수등은 특별한 사유가 없으면 사업시행계획서의 제출이 있은 날부터 60일 이내에 인가 여부를 결정하여 사업시행자에게 통보하여야 한다.

▶ 사업시행계획인가 신청 전 총회의 의결

사업시행자(시장·군수등 또는 토지주택공사등은 제외)는 사업시행계획인가를 신청하기 전에 미리 총회의 의결을 거쳐야 하며, 인가받은사항을 변경하거나 정비사업을 중지 또는 폐지하려는 경우에도 또한 같다.

▶ 토지등소유자의 재개발사업시행 시 동의
(1) 토지등소유자가 재개발사업을 시행하려는 경우에는 사업시행계획인가를 신청하기 전에 사업시행계획서에 대하여 토지등소유자의 3/4 이상 및 토지면적의 1/2 이상의 토지소유자의 동의를 받아야 한다.
(2) 다만, 인가받은 사항을 변경하려는 경우에는 규약으로 정하는 바에 따라 토지등소유자의 과반수의 동의를 받아야 한다.
(3) 지정개발자가 정비사업을 시행하려는 경우에는 사업시행계획인가를 신청하기 전에 토지등소유자의 과반수의 동의 및 토지면적의 1/2 이상의 토지소유자의 동의를 받아야 한다.

▶ 재건축사업 등의 법적상한용적률 완화
사업시행자는 다음에 해당하는 정비사업을 시행하는 경우 정비계획으로 정하여진 용적률에도 불구하고 지방도시계획위원회의 심의를 거쳐 「국토계획법」 및 관계 법률에 따른 용적률의 상한(법적상한용적률)까지 건축할 수 있다.
(1) 과밀억제권역에서 시행하는 재개발사업 및 재건축사업(주거지역 및 준공업지역으로 한정한다)
(2) 그 밖의 경우 시·도조례로 정하는 지역에서 시행하는 재개발사업 및 재건축사업

▶ 재개발사업 및 재건축사업의 국민주택규모주택 건설의무
사업시행자는 법적상한용적률에서 정비계획으로 정하여진 용적률을 뺀 용적률(초과용적률)의 다음에 따른 비율에 해당하는 면적에 국민주택규모주택을 건설하여야 한다.
(1) 과밀억제권역에서 시행하는 재건축사업은 초과용적률의 30/100 이상 50/100 이하로서 시·도조례로 정하는 비율
(2) 과밀억제권역에서 시행하는 재개발사업은 초과용적률의 50/100 이상 75/100 이하로서 시·도조례로 정하는 비율
(3) 과밀억제권역 외의 지역에서 시행하는 재건축사업은 초과용적률의 50/100 이하로서 시·도 조례로 정하는 비율
(4) 과밀억제권역 외의 지역에서 시행하는 재개발사업은 초과용적률의 75/100 이하로서 시·도 조례로 정하는 비율

▶ **국민주택규모주택의 공급**

사업시행자는 초과용적률의 비율에 따라 건설한 국민주택규모주택을 국토부장관, 시·도지사, 시장·군수·구청장 또는 토지주택공사등(인수자)에 공급하여야 한다.

▶ **국민주택규모주택의 공급가격**

국민주택규모주택의 공급가격은 「공공주택 특별법」에 따라 국토부장관이 고시하는 공공건설임대주택의 표준건축비로 하며, 부속 토지는 인수자에게 기부채납한 것으로 본다.

▶ **국민주택규모주택의 공급방법**

(1) **국민주택규모주택의 선정통보** : 사업시행자는 초과용적률의 비율에 따라 건설한 국민주택규모주택 중 인수자에게 공급하여야 하는 국민주택규모주택을 공개추첨의 방법으로 선정하여야 한다.

(2) **국민주택규모주택의 공급순위**

   1) 사업시행자가 선정된 국민주택규모주택을 공급하는 경우에는 시·도지사, 시장·군수·구청장 순으로 우선하여 인수할 수 있다.
   2) 다만, 시·도지사 및 시장·군수·구청장이 국민주택규모주택을 인수할 수 없는 경우에는 시·도지사는 국토장관에게 인수자 지정을 요청하여야 한다.

▶ **인수된 국민주택규모주택의 활용**

(1) 인수된 국민주택규모주택은 「공공주택 특별법」의 공공임대주택으로서 임대의무기간이 20년 이상인 장기공공임대주택으로 활용하여야 한다.

(2) 다만, 토지등소유자의 부담 완화 등 대통령령으로 정하는 요건에 해당하는 경우에는 인수된 국민주택규모주택을 장기공공임대주택이 아닌 임대주택으로 활용할 수 있다.

▶ 임대주택 인수자의 부속 토지 가격

임대주택의 인수자는 다음의 구분에 따른 가격으로 부속 토지를 인수하여야 한다.

(1) **임대의무기간이 10년 이상인 경우** : 감정평가액(시장·군수등이 지정하는 둘 이상의 감정평가법인등이 평가한 금액을 산술평균한 금액)의 30/100에 해당하는 가격

(2) **임대의무기간이 10년 미만인 경우** : 감정평가액의 50/100에 해당하는 가격

▶ 주택의 소유자 또는 세입자의 이주대책 수립

사업시행자는 정비구역의 안과 밖에 새로 건설한 주택 또는 이미 건설되어 있는 주택의 경우 그 정비사업의 시행으로 철거되는 주택의 소유자 또는 세입자(정비구역에서 실제 거주하는 자로 한정)를 임시로 거주하게 하는 등 그 정비구역을 순차적으로 정비하여 주택의 소유자 또는 세입자의 이주대책을 수립하여야 한다.

▶ 순환용 주택의 우선공급 요청

사업시행자는 순환정비방식으로 정비사업을 시행하는 경우에는 임시로 거주하는 주택(순환용 주택)을 「주택법」에도 불구하고 임시거주시설로 사용하거나 임대할 수 있으며, 토지주택공사등이 보유한 공공임대주택을 순환용 주택으로 우선 공급할 것을 요청할 수 있다.

▶ 순환용 주택의 분양 또는 임대

(1) 사업시행자는 순환용 주택에 거주하는 자가 정비사업이 완료된 후에도 순환용 주택에 계속 거주하기를 희망하는 때에는 분양하거나 계속 임대할 수 있다.

(2) 이 경우 사업시행자가 소유하는 순환용 주택은 인가받은 관리처분계획에 따라 토지등소유자에게 처분된 것으로 본다.

59강
순환정비방식의
정비사업 등

▶ 정비사업비의 예치금액

(1) 시장·군수 등은 재개발사업의 사업시행계획인가를 하는 경우 해당 정비사업의 사업시행자가 지정개발자(지정개발자가 토지등 소유자인 경우로 한정)인 때에는 정비사업비의 20/100의 범위에서 시·도조례로 정하는 금액을 예치하게 할 수 있다.
(2) 예치금은 청산금의 지급이 완료된 때에 반환한다.

▶ 임시거주시설의 설치

(1) 사업시행자는 주거환경개선사업 및 재개발사업의 시행으로 철거되는 주택의 소유자 또는 세입자에게 해당 정비구역 안과 밖에 위치한 임대주택 등의 시설에 임시로 거주하게 하거나 주택자금의 융자를 알선하는 등 임시거주에 상응하는 조치를 하여야 한다.
(2) 사업시행자는 임시거주시설의 설치 등을 위하여 필요한 때에는 국가·지방자치단체, 그 밖의 공공단체 또는 개인의 시설이나 토지를 일시 사용할 수 있다.

▶ 임시거주시설의 사용료 등 면제

국가 또는 지방자치단체는 사업시행자로부터 임시거주시설에 필요한 건축물이나 토지의 사용신청을 받은 때에는 다음에 해당하는 사유가 없으면 이를 거절하지 못한다. 이 경우 사용료 또는 대부료는 면제한다.
(1) 제3자와 이미 매매계약을 체결한 경우
(2) 사용신청 이전에 사용계획이 확정된 경우
(3) 제3자에게 이미 사용허가를 한 경우

▶ 임시거주시설의 철거 및 원상회복

사업시행자는 정비사업의 공사를 완료한 때에는 완료한 날부터 30일 이내에 임시거주시설을 철거하고, 사용한 건축물이나 토지를 원상회복하여야 한다.

▶ 임시상가의 설치

재개발사업의 사업시행자는 사업시행으로 이주하는 상가세입자가 사용할 수 있도록 정비구역 또는 정비구역 인근에 임시상가를 설치할 수 있다.

▶ 임시거주시설·임시상가의 설치 등에 따른 손실보상

사업시행자는 공공단체(지방자치단체는 제외) 또는 개인의 시설이나 토지를 일시 사용함으로써 손실을 입은 자가 있는 경우에는 손실을 보상하여야 하며, 손실을 보상하는 경우에는 손실을 입은 자와 협의하여야 한다.

▶ 관할 토지수용위원회에 재결신청

사업시행자 또는 손실을 입은 자는 손실보상에 관한 협의가 성립되지 아니하거나 협의할 수 없는 경우에는 「토지보상법」에 따라 설치되는 관할 토지수용위원회에 재결을 신청할 수 있다.

손실보상은 이 법에 규정된 사항을 제외하고는 「토지보상법」을 준용한다.

▶ 사업시행자의 수용 또는 사용

사업시행자는 정비구역에서 정비사업(재건축사업의 경우에는 천재지변, 불가피한 사유로 긴급하게 정비사업을 시행할 필요가 있다고 인정하는 사업으로 한정한다)을 시행하기 위하여 「토지보상법」에 따른 토지·물건 또는 그 밖의 권리를 취득하거나 사용할 수 있다.

▶ 「토지보상법」의 준용

정비구역에서 정비사업의 시행을 위한 토지 또는 건축물의 소유권과 그 밖의 권리에 대한 수용 또는 사용은 이 법에 규정된 사항을 제외하고는 「토지보상법」을 준용한다.

60강
토지 등의 수용 또는 사용 등

▶ 「토지보상법」의 특례

(1) 사업인정 및 그 고시에 관한 특례

「토지보상법」을 준용하는 경우 사업시행계획인가 고시(시장·군수 등이 직접 정비사업을 시행하는 경우에는 사업시행계획서의 고시를 말한다)가 있은 때에는 사업인정 및 그 고시가 있은 것으로 본다.

(2) 재결신청에 관한 특례

수용 또는 사용에 대한 재결의 신청은 「토지보상법」에도 불구하고 사업시행계획인가를 할 때 정한 사업시행기간 이내에 하여야 한다.

(3) 현금보상에 관한 특례

대지 또는 건축물을 현물보상하는 경우에는 「토지보상법」에도 불구하고 준공인가 이후에도 할 수 있다.

▶ 재건축사업의 매도청구 시 동의 여부 회답 촉구

재건축사업의 사업시행자는 사업시행계획인가의 고시가 있는 날부터 30일 이내에 다음의 자에게 조합설립 또는 사업시행자의 지정에 관한 동의 여부를 회답할 것을 서면으로 촉구하여야 한다.

(1) 조합설립에 동의하지 아니한 자
(2) 시장·군수등, 토지주택공사등 또는 신탁업자의 사업시행자 지정에 동의하지 아니한 자

▶ 동의 여부의 회답 기간

동의 여부 촉구를 받은 토지등소유자는 촉구를 받은 날부터 2개월 이내에 회답하여야 한다.

▶ 부동의 회답의 간주

2개월 이내에 회답하지 아니한 경우 그 토지등소유자는 조합설립 또는 사업시행자의 지정에 동의하지 아니하겠다는 뜻을 회답한 것으로 본다.

▶ 매도청구의 기간

회답 기간이 지나면 사업시행자는 그 기간이 만료된 때부터 2개월 이내에 조합설립 또는 사업시행자 지정에 동의하지 아니하겠다는 뜻을 회답한 토지등소유자와 건축물 또는 토지만 소유한 자에게 건축물 또는 토지의 소유권과 그 밖의 권리를 매도할 것을 청구할 수 있다.

▶ 역세권 등의 용적률 완화 특례

정비구역이 역세권 등 대통령령으로 정하는 요건에 해당하는 경우에는 이 법 및 「국토계획법」에도 불구하고 다음의 어느 하나에 따라 용적률을 완화하여 적용할 수 있다.

(1) 지방도시계획위원회의 심의를 거쳐 법적상한용적률의 120/100까지 완화
(2) 용도지역의 변경을 통하여 용적률을 완화하여 정비계획을 수립한 후 변경된 용도지역의 법적상한용적률까지 완화

▶ 재건축사업의 범위에 관한 특례

사업시행자 또는 추진위원회는 다음에 해당하는 경우에는 그 주택단지 안의 일부 토지에 대하여 분할하려는 토지면적이 「건축법」에서 정하고 있는 대지의 분할제한면적에 미달되더라도 토지분할을 청구할 수 있다.

(1) 사업계획승인을 받아 건설한 둘 이상의 건축물이 있는 주택단지에 재건축사업을 하는 경우
(2) 조합설립의 동의요건을 충족시키기 위하여 필요한 경우

▶ 주거환경개선사업에 관한 국민주택채권의 매입면제

주거환경개선사업에 따른 건축허가를 받은 때와 부동산등기(소유권보존등기 또는 이전등기로 한정한다)를 하는 때에는 「주택도시기금법」의 국민주택채권의 매입에 관한 규정을 적용하지 아니한다.

▶ 지상권 등 계약의 해지
정비사업의 시행으로 지상권·전세권 또는 임차권의 설정 목적을 달성할 수 없는 때에는 그 권리자는 계약을 해지할 수 있다.

▶ 금전의 반환청구권 행사
계약을 해지할 수 있는 자가 가지는 전세금·보증금, 그 밖의 계약상의 금전의 반환청구권은 사업시행자에게 행사할 수 있다.

▶ 사업시행자의 구상
금전의 반환청구권의 행사로 해당 금전을 지급한 사업시행자는 해당 토지등소유자에게 구상할 수 있다.

▶ 사업시행자의 압류
사업시행자는 구상이 되지 아니하는 때에는 해당 토지등소유자에게 귀속될 대지 또는 건축물을 압류할 수 있다. 이 경우 압류한 권리는 저당권과 동일한 효력을 가진다.

▶ 지상권설정계약 등의 계약기간에 관한 특례
관리처분계획의 인가를 받은 경우 지상권·전세권설정계약 또는 임대차계약의 계약기간은 「민법」 제280조·제281조 및 제312조 제2항, 「주택임대차보호법」 제4조 제1항, 「상가건물 임대차보호법」 제9조 제1항을 적용하지 아니한다.

▶ 분양신청공고
사업시행자는 사업시행계획인가의 고시가 있은 날(사업시행계획인가 이후 시공자를 선정한 경우에는 시공자와 계약을 체결한 날)부터 120일 이내에 분양신청기간 등을 토지등소유자에게 통지하고, 분양의 대상이 되는 대지 또는 건축물의 내역 등을 해당 지역에서 발간되는 일간신문에 공고하여야 한다. 다만, 토지등소유자 1인이 시행하는 재개발사업의 경우에는 제외

61강
관리처분계획(Ⅰ)

▶ 분양신청기간
분양신청기간은 통지한 날부터 30일 이상 60일 이내로 하여야 한다. 다만, 사업시행자는 관리처분계획의 수립에 지장이 없다고 판단하는 경우에는 분양신청기간을 20일의 범위에서 한 차례만 연장할 수 있다.

▶ 분양신청방법
(1) 대지 또는 건축물에 대한 분양을 받으려는 토지등소유자는 분양신청기간에 분양신청서에 소유권의 내역을 분명하게 적고, 그 소유의 토지 및 건축물에 관한 등기부등본 또는 환지예정지증명원을 첨부하여 사업시행자에게 대지 또는 건축물에 대한 분양신청을 하여야 한다.
(2) 이 경우 우편의 방법으로 분양신청을 하는 때에는 분양신청기간 내에 발송된 것임을 증명할 수 있는 우편으로 하여야 한다.

▶ 투기과열지구에서 분양신청의 제외자
(1) 투기과열지구의 정비사업에서 관리처분계획에 따라 분양대상자 또는 일반 분양분의 분양대상자 및 그 세대에 속한 자는 분양대상자 선정일부터 5년 이내에는 투기과열지구에서 분양신청을 할 수 없다.
(2) 다만, 상속, 결혼, 이혼으로 조합원 자격을 취득한 경우에는 분양신청을 할 수 있다.

▶ 분양신청을 하지 아니한 자 등에 대한 조치
사업시행자는 관리처분계획이 인가·고시된 다음 날부터 90일 이내에 다음에서 정하는 자와 토지, 건축물 또는 그 밖의 권리의 손실보상에 관한 협의를 하여야 한다. 다만, 사업시행자는 분양신청기간 종료일의 다음 날부터 협의를 시작할 수 있다.
(1) 분양신청을 하지 아니한 자
(2) 분양신청기간 종료 이전에 분양신청을 철회한 자
(3) 투기과열지구에서 분양신청을 할 수 없는 자
(4) 인가된 관리처분계획에 따라 분양대상에서 제외된 자

▶ 수용재결의 신청 등

사업시행자는 협의가 성립되지 아니하면 그 기간의 만료일 다음 날부터 60일 이내에 수용재결을 신청하거나 매도청구소송을 제기하여야 한다.

▶ 관리처분계획의 인가

사업시행자는 분양신청기간이 종료된 때에는 분양신청의 현황을 기초로 관리처분계획 내용이 포함된 관리처분계획을 수립하여 시장·군수등의 인가를 받아야 하며, 관리처분계획을 변경·중지 또는 폐지하려는 경우에도 시장·군수등의 인가를 받아야 한다.

▶ 관리처분계획의 내용

1) 분양설계
2) 분양대상자의 주소 및 성명
3) 분양대상자별 분양예정인 대지 또는 건축물의 추산액
4) 보류지 등의 명세와 추산액 및 처분방법
5) 분양대상자별 종전의 토지 또는 건축물 명세 및 사업시행계획인가 고시가 있은 날을 기준으로 한 가격
6) 정비사업비의 추산액 및 그에 따른 조합원 분담규모 및 분담시기
7) 분양대상자의 종전 토지 또는 건축물에 관한 소유권 외의 권리명세
8) 세입자별 손실보상을 위한 권리명세 및 그 평가액
9) 현금으로 청산하여야 하는 토지등소유자별 기존의 토지·건축물 또는 그 밖의 권리의 명세와 이에 대한 청산방법
10) 정비사업의 시행으로 인하여 새로 설치되는 정비기반시설의 명세와 용도가 폐지되는 정비기반시설의 명세
11) 보류지 등의 명세와 추산가액 및 처분방법
12) 비용의 부담비율에 따른 대지 및 건축물의 분양계획과 그 비용부담의 한도·방법 및 시기
13) 기존 건축물의 철거 예정시기

▶ 사업시행계획인가 및 관리처분계획인가의 시기 조정

(1) 특별시장·광역시장 또는 도지사는 정비사업의 시행으로 정비구역 주변 지역에 주택이 현저하게 부족하거나 주택시장이 불안정하게 되는 등 특별시·광역시 또는 도의 조례로 정하는 사유가 발생하는 경우에는 시·도 주거정책심의위원회의 심의를 거쳐 사업시행계획인가 또는 관리처분계획인가의 시기를 조정하도록 해당 시장·군수 또는 구청장에게 요청할 수 있다.

(2) 이 경우 요청을 받은 시장·군수 또는 구청장은 특별한 사유가 없으면 그 요청에 따라야 하며, 사업시행계획인가 또는 관리처분계획인가의 조정 시기는 인가를 신청한 날부터 1년을 넘을 수 없다.

▶ 관리처분계획의 수립기준

62강
관리처분계획(Ⅱ)

(1) 종전의 토지나 건축물의 면적·이용 상황·환경 그 밖의 사항을 종합적으로 고려하여 대지나 건축물이 균형 있게 분양신청자에게 배분되고 합리적으로 이용되도록 한다.

(2) 지나치게 좁거나 넓은 토지 또는 건축물은 넓히거나 좁혀 대지 또는 건축물이 적정 규모가 되도록 한다.

(3) 너무 좁은 토지 또는 건축물이나 정비구역 지정 후 분할된 토지 또는 집합건물의 구분소유권을 취득한 자에게는 현금으로 청산할 수 있다.

(4) 재해 또는 위생상의 위해를 방지하기 위하여 토지의 규모를 조정할 특별한 필요가 있는 때에는 너무 좁은 토지를 넓혀 토지를 갈음하여 보상을 하거나 건축물의 일부와 그 건축물이 있는 대지의 공유지분을 교부할 수 있다.

(5) 분양설계에 관한 계획은 분양신청기간이 만료하는 날을 기준으로 하여 수립한다.

(6) 1세대 또는 1명이 하나 이상의 주택 또는 토지를 소유한 경우 1주택을 공급하고, 같은 세대에 속하지 아니하는 2명 이상이 1주택 또는 1토지를 공유한 경우에는 1주택만 공급한다.

(7) 2명 이상이 1토지를 공유한 경우로서 시·도 조례로 주택공급을 따로 정하고 있는 경우에는 시·도 조례로 정하는 바에 따라 주택을 공급할 수 있다.

(8) 다음에 해당하는 토지등소유자에게는 소유한 주택 수만큼 공급할 수 있다.
  1) 과밀억제권역에 위치하지 아니한 재건축사업의 토지등소유자. 다만, 투기과열지구 또는 조정대상지역에서 최초 사업시행계획인가를 신청하는 재건축사업의 토지등소유자는 제외한다.
  2) 근로자 숙소, 기숙사 용도로 주택을 소유하고 있는 토지등소유자
  3) 국가, 지자체 및 토지주택공사등
  4) 공공기관지방이전 및 혁신도시 활성화를 위한 시책 등에 따라 이전하는 공공기관이 소유한 주택을 양수한 자

(9) 과밀억제권역 외의 조정대상지역 또는 투기과열지구에서 지정되기 전에 1명의 토지등소유자로부터 토지 또는 건축물의 소유권을 양수하여 여러 명이 소유하게 된 경우에는 양도인과 양수인에게 각각 1주택을 공급할 수 있다.

(10) 분양대상자별 종전의 토지 또는 건축물 명세 및 사업시행계획인가 고시가 있은 날을 기준으로 한 가격의 범위 또는 종전 주택의 주거전용면적의 범위에서 2주택을 공급할 수 있고, 이 중 1주택은 주거전용면적을 60㎡ 이하로 한다.

(11) 과밀억제권역에 위치한 재건축사업의 경우에는 토지등소유자가 소유한 주택수의 범위에서 3주택까지 공급할 수 있다. 다만, 투기과열지구 또는 조정대상지역에서 최초 사업시행계획인가를 신청하는 재건축사업의 경우에는 제외

▶ 건축물 분양받을 권리의 산정 기준일

정비사업을 통하여 분양받을 건축물이 다음에 해당하는 경우에는 정비구역지정고시가 있은 날 또는 시·도지사가 투기를 억제하기 위하여 기본계획수립을 위한 주민공람의 공고일 후 정비구역 지정·고시 전에 따로 정하는 날(기준일)의 다음 날을 기준으로 건축물을 분양받을 권리를 산정한다.

(1) 1필지의 토지가 여러 개의 필지로 분할되는 경우
(2) 「집합건물법」에 따른 집합건물이 아닌 건축물이 집합건물로 전환되는 경우
(3) 하나의 대지 범위에 속하는 동일인 소유의 토지와 주택 등 건축물을 토지와 주택 등 건축물로 각각 분리하여 소유하는 경우
(4) 나대지에 건축물을 새로 건축하거나 기존 건축물을 철거하고 다세대주택, 그 밖의 공동주택을 건축하여 토지등소유자의 수가 증가하는 경우
(5) 「집합건물법률」에 따른 전유부분의 분할로 토지등소유자의 수가 증가하는 경우

▶ 관리처분계획의 인가 여부 통보기간

(1) 시장·군수등은 사업시행자의 관리처분계획인가의 신청이 있는 날부터 30일 이내에 인가 여부를 결정하여 사업시행자에게 통보하여야 한다.
(2) 다만, 시장·군수등은 관리처분계획의 타당성 검증을 요청하는 경우에는 관리처분계획인가의 신청을 받은 날부터 60일 이내에 인가 여부를 결정하여 사업시행자에게 통지하여야 한다.

▶ 관리처분계획에 따른 처분

(1) 관리처분계획에 따른 처분 또는 관리
정비사업의 시행으로 조성된 대지 및 건축물은 관리처분계획에 따라 처분 또는 관리하여야 한다.
(2) 관리처분계획에 따른 공급
사업시행자는 정비사업의 시행으로 건설된 건축물을 인가받은 관리처분계획에 따라 토지등소유자에게 공급하여야 한다.

▶ 지분형 주택 등의 공급

(1) 토지주택공사등의 지분형 주택 공급

사업시행자가 토지주택공사등인 경우에는 분양대상자와 사업시행자가 공동 소유하는 방식으로 주택(지분형 주택)을 공급할 수 있다.

(2) 지분형 주택의 공급방법

1) 지분형 주택의 규모는 주거전용면적 60㎡ 이하인 주택으로 한정한다.
2) 지분형 주택의 공동 소유기간은 소유권을 취득한 날부터 10년의 범위에서 사업시행자가 정하는 기간으로 한다.

▶ 관리처분계획 인가고시의 효과

종전의 토지 또는 건축물의 소유자·지상권자·전세권자·임차권자 등 권리자는 관리처분계획인가의 고시가 있은 때에는 소유권 이전고시가 있는 날까지 종전의 토지 또는 건축물을 사용하거나 수익할 수 없다. 다만, 다음의 어느 하나에 해당하는 경우에는 그러하지 아니하다.

(1) 사업시행자의 동의를 받은 경우
(2) 「토지보상법」에 따른 손실보상이 완료되지 아니한 경우

▶ 기존 건축물의 철거

(1) 철거시기

사업시행자는 관리처분계획인가를 받은 후 기존의 건축물을 철거하여야 한다.

(2) 동의 및 허가에 의한 기존 건축물의 철거

사업시행자는 다음에 해당하는 경우에는 기존 건축물 소유자의 동의 및 시장·군수등의 허가를 받아 해당 건축물을 철거할 수 있다.

1) 기존 건축물의 붕괴 등 안전사고의 우려가 있는 경우
2) 폐공가(廢空家)의 밀집으로 범죄발생의 우려가 있는 경우

63강 공사완료에 따른 조치

▶ 정비사업의 준공인가
(1) 시장·군수 등이 아닌 사업시행자가 정비사업 공사를 완료한 때에는 시장·군수 등의 준공인가를 받아야 한다.
(2) 다만, 사업시행자(공동시행자인 경우를 포함)가 한국토지주택공사인 경우로서 「한국토지주택공사법」에 따라 준공인가 처리결과를 시장·군수등에게 통보한 경우에는 그러하지 아니하다.

▶ 준공인가 전의 사용허가
(1) 시장·군수 등은 준공인가를 하기 전이라도 완공된 건축물이 사용에 지장이 없는 등 기준에 적합한 경우에는 입주예정자가 완공된 건축물을 사용할 수 있도록 사업시행자에게 허가할 수 있다. 다만, 시장·군수 등이 사업시행자인 경우에는 허가를 받지 아니하고 입주예정자가 완공된 건축물을 사용하게 할 수 있다.
(2) 시장·군수 등은 사용허가를 하는 때에는 동별·세대별 또는 구획별로 사용허가를 할 수 있다.

▶ 준공인가 등에 따른 정비구역의 해제
(1) 정비구역의 지정은 준공인가의 고시가 있은 날(관리처분계획을 수립하는 경우에는 이전고시가 있은 때)의 다음 날에 해제된 것으로 본다.
(2) 이 경우 지방자치단체는 해당 지역을 「국토계획법」에 따른 지구단위계획으로 관리하여야 한다.
(3) 정비구역의 해제는 조합의 존속에 영향을 주지 아니한다.

▶ 소유권이전 고시
(1) 사업시행자는 공사완료 고시가 있은 때에는 지체 없이 대지확정측량을 하고 토지의 분할절차를 거쳐 관리처분계획에서 정한 사항을 분양받을 자에게 통지하고 대지 또는 건축물의 소유권을 이전하여야 한다.
(2) 다만, 정비사업의 효율적인 추진을 위하여 필요한 경우에는 해당 정비사업에 관한 공사가 전부 완료되기 전이라도 완공된 부분은 준공인가를 받아 대지 또는 건축물별로 분양받을 자에게 소유권을 이전할 수 있다.

▶ 소유권 이전고시

사업시행자는 공사완료 고시가 있은 때에는 지체없이 대지확정측량을 하고 토지의 분할절차를 거쳐 관리처분계획에서 정한 사항을 분양받을 자에게 통지하고 대지 또는 건축물의 소유권을 이전하여야 한다.

다만, 정비사업의 효율적인 추진을 위하여 필요한 경우에는 해당 정비사업에 관한 공사가 전부 완료되기 전이라도 완공된 부분은 준공인가를 받아 대지 또는 건축물별로 분양받을 자에게 소유권을 이전할 수 있다.

▶ 소유권이전 고시 및 소유권 취득

(1) 사업시행자는 대지 및 건축물의 소유권을 이전하려는 때에는 그 내용을 해당 지방자치단체의 공보에 고시한 후 시장·군수등에게 보고하여야 한다.

(2) 이 경우 대지 또는 건축물을 분양받을 자는 고시가 있은 날의 다음 날에 그 대지 또는 건축물의 소유권을 취득한다.

▶ 조합 해산을 위한 총회소집

조합장은 소유권이전고시가 있은 날부터 1년 이내에 조합 해산을 위한 총회를 소집하여야 한다.

▶ 대지 및 건축물에 대한 권리의 확정

대지 또는 건축물을 분양받을 자에게 소유권을 이전한 경우 종전의 토지 또는 건축물에 설정된 지상권·전세권·저당권·임차권·가등기담보권·가압류 등 등기된 권리 및 「주택임대차보호법」의 요건을 갖춘 임차권은 소유권을 이전받은 대지 또는 건축물에 설정된 것으로 본다.

▶ 등기절차 및 권리변동의 제한

(1) 분양 등기절차

사업시행자는 소유권이전 고시가 있은 때에는 지체 없이 대지 및 건축물에 관한 등기를 지방법원지원 또는 등기소에 촉탁 또는 신청하여야 한다.

(2) 권리변동의 제한

정비사업에 관하여 소유권이전 고시가 있은 날부터 분양등기가 있을 때까지는 저당권 등의 다른 등기를 하지 못한다.

▶ 청산금

대지 또는 건축물을 분양받은 자가 종전에 소유하고 있던 토지 또는 건축물의 가격과 분양받은 대지 또는 건축물의 가격 사이에 차이가 있는 경우 사업시행자는 소유권이전고시가 있은 후에 그 차액에 상당하는 금액(청산금)을 분양받은 자로부터 징수하거나 분양받은 자에게 지급하여야 한다.

▶ 청산금의 분할징수 및 분할지급

사업시행자는 정관등에서 분할징수 및 분할지급을 정하고 있거나 총회의 의결을 거쳐 따로 정한 경우에는 관리처분계획인가 후부터 소유권이전고시가 있은 날까지 일정 기간별로 분할징수하거나 분할지급할 수 있다.

▶ 청산금의 징수방법

(1) 시장·군수 등인 사업시행자는 청산금을 납부할 자가 이를 납부하지 아니하는 경우 지방세 체납처분의 예에 따라 징수(분할징수를 포함한다)할 수 있으며, 시장·군수등이 아닌 사업시행자는 시장·군수등에게 청산금의 징수를 위탁할 수 있다.

(2) 이 경우 사업시행자는 징수한 금액의 4/100에 해당하는 금액을 해당 시장·군수등에게 교부하여야 한다.

▶ 청산금의 소멸시효

청산금을 지급(분할지급을 포함한다)받을 권리 또는 이를 징수할 권리는 소유권이전고시일의 다음 날부터 5년간 행사하지 아니하면 소멸한다.

▶ 저당권의 물상대위

정비구역에 있는 토지 또는 건축물에 저당권을 설정한 권리자는 사업시행자가 저당권이 설정된 토지 또는 건축물의 소유자에게 청산금을 지급하기 전에 압류절차를 거쳐 저당권을 행사할 수 있다.

▶ 비용부담

(1) 비용부담의 원칙

정비사업비는 이 법 또는 다른 법령에 특별한 규정이 있는 경우를 제외하고는 사업시행자가 부담한다.

(2) 시장·군수등의 부담

시장·군수등은 시장·군수등이 아닌 사업시행자가 시행하는 정비사업의 정비계획에 따라 설치되는 다음의 시설에 대하여는 그 건설에 드는 비용의 전부 또는 일부를 부담할 수 있다.

1) 도로, 상·하수도, 공원, 공용주차장, 공동구, 녹지, 하천, 공공공지, 광장
2) 임시거주시설

▶ 국가 또는 지방자치단체의 보조 또는 융자

국가 또는 지방자치단체는 시장·군수등이 아닌 사업시행자가 시행하는 정비사업에 드는 비용의 일부를 보조 또는 융자하거나 융자를 알선할 수 있다.

▶ 정비기반시설의 설치

사업시행자는 관할 지방자치단체의 장과의 협의를 거쳐 정비구역에 정비기반시설(주거환경개선사업의 경우에는 공동이용시설을 포함한다)을 설치하여야 한다.

▶ 국유·공유재산의 처분 등

(1) 시장·군수등은 인가하려는 사업시행계획 또는 직접 작성하는 사업시행계획서에 국유·공유재산의 처분에 관한 내용이 포함되어 있는 때에는 미리 관리청과 협의하여야 한다. 이 경우 관리청이 불분명한 재산 중 도로·구거 등은 국토교통부장관을, 하천은 환경부장관을, 그 외의 재산은 기획재정부장관을 관리청으로 본다. 협의를 받은 관리청은 20일 이내에 의견을 제시하여야 한다.

(2) 정비구역의 국유·공유재산은 정비사업 외의 목적으로 매각되거나 양도될 수 없다.

64강 공공재개발사업 등

▶ 공공재개발사업 예정구역의 지정
(1) 정비구역의 지정권자는 비경제적인 건축행위 및 투기 수요의 유입을 방지하고, 합리적인 사업계획을 수립하기 위하여 공공재개발사업을 추진하려는 구역을 공공재개발사업 예정구역으로 지정할 수 있다.
(2) 지방도시계획위원회는 공공재개발사업 예정구역 지정의 신청이 있는 경우 신청일부터 30일 이내에 심의를 완료해야 한다. 다만, 30일 이내에 심의를 완료할 수 없는 정당한 사유가 있다고 판단되는 경우에는 심의기간을 30일의 범위에서 한 차례 연장할 수 있다.

▶ 공공재개발사업을 위한 정비구역
(1) 공공재개발사업을 위한 정비구역 지정
정비구역의 지정권자는 기본계획을 수립하거나 변경하지 아니하고 공공재개발사업을 위한 정비계획을 결정하여 정비구역을 지정할 수 있다.

(2) 공공재개발사업을 위한 정비구역의 지정 해제
정비계획의 지정권자는 공공재개발사업을 위한 정비구역을 지정·고시한 날부터 1년이 되는 날까지 공공재개발사업 시행자가 지정되지 아니하면 그 1년이 되는 날의 다음 날에 공공재개발사업을 위한 정비구역의 지정을 해제하여야 한다. 다만, 정비구역의 지정권자는 1회에 한하여 1년의 범위에서 공공재개발사업을 위한 정비구역의 지정을 연장할 수 있다.

▶ 공공재개발사업에서의 용적률 완화
공공재개발사업 시행자는 공공재개발사업을 시행하는 경우「국토계획법」및 조례에도 불구하고 지방도시계획위원회의 심의를 거쳐 법적상한용적률의 120/100(법적상한초과용적률)까지 건축할 수 있다.

▶ 공공재개발사업에서의 국민주택규모 주택의 건설비율
공공재개발사업 시행자는 법적상한초과용적률에서 정비계획으로 정하여진 용적률을 뺀 용적률의 20/100 이상 70/100 이하로서 시·도조례로 정하는 비율에 해당하는 면적에 국민주택규모주택을 건설하여 인수자에게 공급하여야 한다.

▶ 공공재건축사업에서의 용적률 완화
(1) 현행 용도지역이 제1종전용주거지역인 경우 : 제2종전용주거지역
(2) 현행 용도지역이 제2종전용주거지역인 경우 : 제1종일반주거지역
(3) 현행 용도지역이 제1종일반주거지역인 경우 : 제2종일반주거지역
(4) 현행 용도지역이 제2종일반주거지역인 경우 : 제3종일반주거지역
(5) 현행 용도지역이 제3종일반주거지역인 경우 : 준주거지역

▶ 공공재건축사업에서의 국민주택규모 주택의 건설비율
공공재건축사업 시행자는 공공재건축사업을 시행하는 경우 완화된 용적률에서 정비계획으로 정하여진 용적률을 뺀 용적률의 40/100 이상 70/100 이하로서 주택증가 규모, 공공재건축사업을 위한 정비구역의 재정적 여건 등을 고려하여 시·도조례로 정하는 비율에 해당하는 면적에 국민주택규모 주택을 건설하여 인수자에게 공급하여야 한다.

▶ 정비사업전문관리업의 등록범위
조합설립의 동의 및 정비사업의 동의에 관한 업무 등의 대행 사항을 추진위원회 또는 사업시행자로부터 위탁받거나 이와 관련한 자문을 하려는 자는 자본·기술인력 등의 기준을 갖춰 시·도지사에게 등록 또는 변경등록하여야 한다. 다만, 주택의 건설 등 정비사업 관련 업무를 하는 한국토지주택공사 및 한국부동산원의 경우에는 그러하지 아니하다.

▶ 정비사업전문관리업자의 업무제한
정비사업전문관리업자는 동일한 정비사업에 대하여 다음의 업무를 병행하여 수행할 수 없다.
(1) 건축물의 철거
(2) 정비사업의 설계
(3) 정비사업의 시공
(4) 정비사업의 회계감사
(5) 안전진단업무

▶ 정비사업전문관리업자와 위탁자와의 관계
정비사업전문관리업자에게 업무를 위탁하거나 자문을 요청한 자와 정비사업전문관리업자의 관계에 관하여 이 법에 규정된 사항을 제외하고는 「민법」 중 위임에 관한 규정을 준용한다.

▶ 정비사업전문관리업자 단체의 설립
정비사업전문관리업자는 정비사업전문관리업의 전문화와 정비사업의 건전한 발전을 도모하기 위하여 정비사업전문관리업자 단체를 설립할 수 있다.

▶ 협회의 법인격
(1) 협회는 법인으로 한다.
(2) 협회는 주된 사무소의 소재지에서 설립등기를 하는 때에 성립한다.

▶ 협회의 설립인가
협회를 설립하려는 때에는 회원의 자격이 있는 50명 이상을 발기인으로 하여 정관을 작성한 후 창립총회의 의결을 거쳐 국토교통부장관의 인가를 받아야 한다.

▶ 민법의 준용
협회에 관하여 이 법에 규정된 사항을 제외하고는 「민법」 중 사단법인에 관한 규정을 준용한다.

▶ 회계감사의 시기
시장·군수등 또는 토지주택공사등이 아닌 사업시행자는 다음에 해당하는 시기에 「주식회사등의 외부감사에 관한 법률」에 따른 감사인의 회계감사를 받기 위하여 시장·군수등에게 회계감사기관의 선정·계약을 요청하여야 하며, 그 감사결과를 회계감사가 종료된 날부터 15일 이내에 시장·군수등 및 해당 조합에 보고하고 조합원이 공람할 수 있도록 하여야 한다.

(1) 추진위원회에서 조합으로 인계되기 전 7일 이내(지정개발자가 사업시행자인 경우에는 제외)
(2) 사업시행계획인가의 고시일부터 20일 이내
(3) 준공인가의 신청일부터 7일 이내
(4) 토지등소유자 또는 조합원 1/5 이상이 사업시행자에게 회계감사를 요청하는 경우 : 예치된 회계감사비용의 정산 절차를 고려한 상당한 기간 이내

▶ 회계감사의 대상

시장·군수 등 또는 토지주택공사 등이 아닌 사업시행자 또는 추진위원회는 다음에 해당하는 경우에는 회계감사를 받아야 한다.
(1) 추진위원회에서 사업시행자로 인계되기 전까지 납부 또는 지출된 금액과 계약 등으로 지출된 금액의 합이 3억5천만원 이상인 경우
(2) 사업시행계획인가 고시일 전까지 납부 또는 지출된 금액이 7억원 이상인 경우
(3) 준공인가신청일까지 납부 또는 지출된 금액이 14억원 이상인 경우

▶ 회계감사 비용의 예치

(1) 사업시행자 또는 추진위원회는 회계감사기관의 선정·계약을 요청하려는 경우 시장·군수등에게 회계감사에 필요한 비용을 미리 예치하여야 한다.
(2) 시장·군수등은 회계감사가 끝난 경우 예치된 금액에서 회계감사비용을 직접 지급한 후 나머지 비용은 사업시행자와 정산하여야 한다.

▶ 청문

국토부장관, 시·도지사, 시장·군수 또는 구청장은 다음에 해당하는 처분을 하려는 경우에는 청문을 하여야 한다.

(1) 조합설립인가의 취소
(2) 정비사업전문관리업의 등록취소
(3) 추진위원회 승인의 취소, 조합설립인가의 취소, 사업시행계획인가의 취소 또는 관리처분계획인가의 취소
(4) 시공자 선정 취소 또는 과징금 부과
(5) 건설사업자 및 등록사업자의 입찰참가 제한

건축법

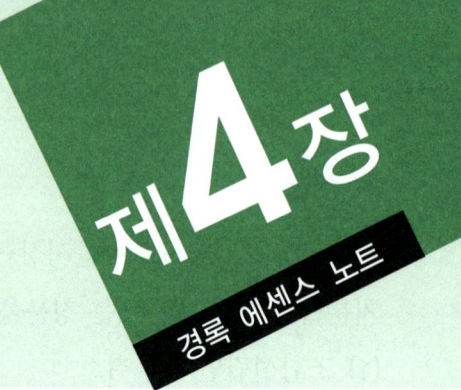

65강 총설(Ⅰ)

▶제정목적
「건축법」은 건축물의 대지·구조·설비 기준 및 용도 등을 정하여 건축물의 안전·기능·환경 및 미관을 향상시킴으로써 공공복리의 증진에 이바지하는 것을 목적으로 한다.

▶대 지
「공간정보의 구축 및 관리 등에 관한 법률」에 따라 각 필지로 나눈 토지를 말한다.

(1) 둘 이상의 필지를 하나의 대지로 할 수 있는 토지

1) 하나의 건축물을 두 필지 이상에 걸쳐 건축하는 경우 : 그 건축물이 건축되는 각 필지의 토지를 합한 토지

2) 「공간정보의 구축 및 관리 등에 관한 법률」에 따라 합병이 불가능한 경우 중 다음에 해당하는 경우 : 그 합병이 불가능한 필지의 토지를 합한 토지. 다만, 토지의 소유자가 서로 다르거나 소유권 외의 권리관계가 서로 다른 경우는 제외
   ① 각 필지의 지번부여지역이 서로 다른 경우
   ② 각 필지의 도면의 축척이 다른 경우
   ③ 서로 인접하고 있는 필지로서 각 필지의 지반이 연속되지 아니한 경우

3) 도시·군계획시설에 해당하는 건축물을 건축하는 경우 : 그 도시·군계획시설이 설치되는 일단의 토지

4) 「주택법」에 따른 사업계획승인을 받아 주택과 그 부대시설 및 복리시설을 건축하는 경우 : 「주택법」에 따른 주택단지

5) 도로의 지표 아래에 건축하는 건축물의 경우 : 특별시장·광역시장·특별자치시장·특별자치도지사·시장·군수 또는 구청장이 그 건축물이 건축되는 토지로 정하는 토지
6) 「건축법」에 따른 사용승인을 신청할 때 둘 이상의 필지를 하나의 필지로 합칠 것을 조건으로 건축허가를 하는 경우 : 그 필지가 합쳐지는 토지. 다만, 토지의 소유자가 서로 다른 경우는 제외

(2) 하나 이상의 필지의 일부를 하나의 대지로 할 수 있는 토지
1) 하나 이상의 필지의 일부에 대하여 도시·군계획시설이 결정·고시된 경우 : 그 결정·고시된 부분의 토지
2) 하나 이상의 필지의 일부에 대하여 「농지법」에 따른 농지전용허가를 받은 경우 : 그 허가받은 부분의 토지
3) 하나 이상의 필지의 일부에 대하여 「산지관리법」에 따른 산지전용허가를 받은 경우 : 그 허가받은 부분의 토지
4) 하나 이상의 필지의 일부에 대하여 「국토계획법」에 따른 개발행위허가를 받은 경우 : 그 허가받은 부분의 토지
5) 「건축법」에 따른 사용승인을 신청할 때 필지를 나눌 것을 조건으로 건축허가를 하는 경우 : 그 필지가 나누어지는 토지

▶건축물
토지에 정착하는 공작물 중 지붕과 기둥 또는 벽이 있는 것과 이에 딸린 시설물
지하나 고가의 공작물에 설치하는 사무소·공연장·점포·차고·창고, 그 밖에 대통령령으로 정하는 것

▶초고층 건축물
층수가 50층 이상이거나 높이가 200m 이상인 건축물

▶고층 건축물
층수가 30층 이상이거나 높이가 120m 이상인 건축물

▶준초고층 건축물

고층 건축물 중 초고층 건축물이 아닌 것

▶다중이용건축물

(1) 문화 및 집회시설(동·식물원은 제외), 종교시설, 판매시설, 운수시설 중 여객용 시설, 의료시설 중 종합병원, 숙박시설 중 관광숙박시설의 용도로 쓰는 바닥면적합계가 5,000m² 이상인 건축물
(2) 16층 이상인 건축물

▶준다중이용 건축물

다중이용 건축물 외의 건축물로서 다음에 해당하는 용도로 쓰는 바닥면적의 합계가 1천m² 이상인 건축물

  1) 문화 및 집회시설(동물원 및 식물원은 제외)
  2) 종교시설
  3) 판매시설
  4) 운수시설 중 여객용 시설
  5) 의료시설 중 종합병원
  6) 교육연구시설
  7) 노유자시설
  8) 운동시설
  9) 숙박시설 중 관광숙박시설
  10) 위락시설
  11) 관광 휴게시설
  12) 장례시설

66강 총설(Ⅱ)

▶**건축물의 용도**

(1) 건축물의 종류를 유사한 구조·이용목적 및 형태별로 묶어 분류한 것
(2) 건축물의 용도는 30개의 용도로 구분된다.
(3) 건축물의 용도를 구분하기 위해 바닥면적 합계를 산정하는 경우 하나의 대지에 2동 이상의 건축물이 있는 때에는 이를 동일한 건축물로 본다.

▶**단독주택**

(1) 단독주택
(2) **다중주택** : 다음 요건을 모두 갖춘 주택
  1) 학생 또는 직장인 등 여러 사람이 장기간 거주할 수 있는 구조로 되어 있을 것
  2) 독립된 주거의 형태를 갖추지 아니한 것(각 실별로 욕실은 설치할 수 있으나, 취사시설은 설치하지 않은 것을 말함)
  3) 1개 동의 주택으로 쓰이는 바닥면적(부설 주차장 면적은 제외)의 합계가 660m² 이하이고 주택으로 쓰는 층수(지하층은 제외)가 3개 층 이하일 것
  〈1층의 전부 또는 일부를 필로티 구조로 하여 주차장으로 사용하고 나머지 부분을 주택(주거목적으로 한정함) 외의 용도로 쓰는 경우에는 해당 층을 주택의 층수에서 제외〉
(3) **다가구주택** : 다음의 요건 모두를 갖춘 주택으로서 공동주택에 해당하지 아니하는 것
  1) 주택으로 쓰이는 층수(지하층은 제외)가 3개 층 이하일 것
  2) 1개 동의 주택으로 쓰는 바닥면적의 합계가 660m² 이하일 것
  3) 19세대 이하가 거주할 수 있을 것
  〈1층의 전부 또는 일부를 필로티 구조로 하여 주차장으로 사용하고 나머지 부분을 주택(주거목적으로 한정함) 외의 용도로 쓰는 경우에는 해당 층을 주택의 층수에서 제외〉
(4) 공관(公館)

▶공동주택

(1) **아파트** : 주택으로 쓰는 층수가 5개층 이상인 주택
(2) **연립주택** : 주택으로 쓰는 1개 동의 바닥면적 합계가 660㎡를 초과하고, 층수가 4개 층 이하인 주택
(3) **다세대주택** : 주택으로 쓰는 1개 동의 바닥면적 합계가 660㎡ 이하이고, 층수가 4개 층 이하인 주택
(4) **기숙사**
   ① **일반기숙사** : 학교 또는 공장 등의 학생 또는 종업원 등을 위하여 사용하는 것으로서 해당 기숙사의 공동취사시설 이용 세대 수가 전체 세대 수의 50% 이상인 것(「교육기본법」에 따른 학생복지주택을 포함한다)
   ② **임대형기숙사** : 공공주택사업자 또는 임대사업자가 임대사업에 사용하는 것으로서 임대 목적으로 제공하는 실이 20실 이상이고 해당 기숙사의 공동취사시설 이용 세대 수가 전체 세대 수의 50% 이상인 것

▶제1종 근린생활시설

(1) 식품·잡화·의류·완구·서적·건축자재·의약품·의료기기등 일용품을 판매하는 소매점으로서 같은 건축물에 해당 용도로 쓰는 바닥면적의 합계가 1천㎡ 미만인 것
(2) 휴게음식점, 제과점 등 음료·차(茶)·음식·빵·떡·과자 등을 조리하거나 제조하여 판매하는 시설로서 같은 건축물에 해당 용도로 쓰는 바닥면적의 합계가 300㎡ 미만인 것
(3) 이용원, 미용원, 목욕장, 세탁소 등 사람의 위생관리나 의류 등을 세탁·수선하는 시설
(4) 의원, 치과의원, 한의원, 침술원, 접골원(接骨院), 조산원, 안마원, 산후조리원 등 주민의 진료·치료 등을 위한 시설
(5) 탁구장, 체육도장으로서 같은 건축물에 해당 용도로 쓰는 바닥면적의 합계가 500㎡ 미만인 것

(6) 지역자치센터, 파출소, 지구대, 소방서, 우체국, 방송국, 보건소, 공공도서관, 건강보험공단 사무소 등 공공업무시설로서 같은 건축물에 해당 용도로 쓰는 바닥면적의 합계가 1천㎡ 미만인 것
(7) 마을회관, 마을공동작업소, 마을공동구판장, 공중화장실, 대피소, 지역아동센터 등 주민이 공동으로 이용하는 시설
(8) 변전소, 도시가스배관시설, 통신용 시설(해당 용도로 쓰는 바닥면적의 합계가 1천㎡ 미만인 것에 한정), 정수장, 양수장 등 주민의 생활에 필요한 에너지공급·통신서비스 제공이나 급수·배수와 관련된 시설
(9) 금융업소, 사무소, 부동산중개사무소, 결혼상담소 등 소개업소, 출판사 등 일반업무시설로서 같은 건축물에 해당 용도로 쓰는 바닥면적의 합계가 30㎡ 미만인 것
(10) 전기자동차 충전소(바닥면적의 합계가 1천㎡ 미만인 것으로 한정함)
(11) 동물병원, 동물미용실 및 「동물보호법」에 따른 동물위탁관리업을 위한 시설로서 같은 건축물에 해당 용도로 쓰는 바닥면적의 합계가 300㎡ 미만인 것

▶ 제2종 근린생활시설

(1) 공연장(극장, 영화관, 연예장, 음악당, 서커스장, 비디오물감상실, 비디오물소극장)으로서 같은 건축물에 해당 용도로 쓰는 바닥면적의 합계가 500㎡ 미만인 것
(2) 종교집회장[교회, 성당, 사찰, 기도원, 수도원, 수녀원, 제실(祭室), 사당]으로서 같은 건축물에 해당 용도로 쓰는 바닥면적의 합계가 500㎡ 미만인 것
(3) 서점(제1종 근린생활시설에 해당하지 않는 것)
(4) 총포판매소
(5) 일반음식점, 독서실, 기원
(6) 장의사, 동물병원, 동물미용실, 「동물보호법」에 따른 동물위탁관리업을 위한 시설(제1종 근린생활시설에 해당하는 것은 제외)

67강
총설(Ⅲ)

(7) 학원(자동차학원 및 무도학원은 제외), 교습소(자동차 교습 및 무도 교습을 위한 시설은 제외), 직업훈련소(운전·정비 관련 직업훈련소는 제외)로서 같은 건축물에 해당 용도로 쓰는 바닥면적의 합계가 500㎡ 미만인 것
(8) 테니스장, 체력단련장, 에어로빅장, 볼링장, 당구장, 실내낚시터, 골프연습장, 놀이형시설 등 주민의 체육 활동을 위한 시설로서 같은 건축물에 해당 용도로 쓰는 바닥면적의 합계가 500㎡ 미만인 것
(9) 금융업소, 사무소, 부동산중개사무소, 결혼상담소 등 소개업소, 출판사 등 일반업무시설로서 같은 건축물에 해당 용도로 쓰는 바닥면적의 합계가 500㎡ 미만인 것(제1종 근린생활시설에 해당하는 것은 제외)
(10) 다중생활시설로서 같은 건축물에 해당 용도로 쓰는 바닥면적의 합계가 500㎡ 미만인 것
(11) 단란주점으로서 같은 건축물에 해당 용도로 쓰는 바닥면적의 합계가 150㎡ 미만인 것
(12) 안마시술소, 노래연습장
(13) 「물류시설의 개발 및 운영에 관한 법률」에 따른 주문배송시설로서 같은 건축물에 해당 용도로 쓰는 바닥면적의 합계가 500㎡ 미만인 것(물류창고업 등록을 해야 하는 시설을 말한다)

▶문화 및 집회시설
(1) 공연장으로서 제2종 근린생활시설이 아닌 것
(2) 집회장(예식장·공회당·회의장·마권장외발매소·마권전화투표소 그 밖에 이와 비슷한 것)으로서 제2종 근린생활시설이 아닌 것
(3) 관람장(경마장·경륜장·경정장·자동차경기장 그 밖에 이와 비슷한 것, 체육관 및 운동장으로서 관람석의 바닥면적 합계가 1,000㎡ 이상인 것)
(4) 전시장(박물관·미술관·과학관·문화관·기념관·산업전시장·박람회장)
(5) 동·식물원(동물원·식물원·수족관 그 밖에 이와 비슷한 것)

▶종교시설
(1) 종교집회장으로서 제2종 근린생활시설이 아닌 것
(2) 종교집회장(제2종 근린생활시설에 해당하지 않는 것)에 설치하는 봉안당(奉安堂)

▶교육연구시설(다음에 해당하는 것으로서 제2종 근린생활시설이 아닌 것)

(1) 학교(유치원, 초등학교·중학교·고등학교·전문대학·대학·대학교 그 밖에 이에 준하는 각종 학교)
(2) 교육원(연수원 그 밖에 이와 비슷한 것을 포함함)
(3) 직업훈련소(운전 및 정비관련 직업훈련소는 제외)
(4) 학원(자동차학원·무도학원 및 정보통신기술을 활용하여 원격으로 교습하는 것은 제외), 교습소(자동차교습·무도교습 및 정보통신기술을 활용하여 원격으로 교습하는 것은 제외)
(5) 연구소(연구소에 준하는 시험소와 계측계량소를 포함함)
(6) 도서관

▶부속건축물

같은 대지에서 주된 건축물과 분리된 부속용도의 건축물로서 주된 건축물을 이용 또는 관리하는 데에 필요한 건축물

▶특수구조 건축물

(1) 한쪽 끝은 고정되고 다른 끝은 지지(支持)되지 아니한 구조로 된 보·차양 등이 외벽의 중심선으로부터 3m 이상 돌출된 건축물
(2) 기둥과 기둥 사이의 거리(기둥의 중심선 사이의 거리를 말하며, 기둥이 없는 경우에는 내력벽과 내력벽의 중심선 사이의 거리를 말한다)가 20m 이상인 건축물
(3) 특수한 설계·시공·공법 등이 필요한 건축물로서 국토부장관이 정하여 고시하는 구조로 된 건축물

68강 총설(Ⅳ)

▶건 축

건축은 건축물을 신축(新築)·증축(增築)·개축(改築) 또는 재축(再築)하거나 이전(移轉)하는 것을 말한다.

(1) **신축** : 건축물이 없는 대지에 새로 건축물을 축조하는 것
 [부속건축물만 있는 대지에 새로 주된 건축물을 축조하는 것을 포함하되, 개축 또는 재축하는 것은 제외]

(2) **증축** : 기존 건축물이 있는 대지에서 건축물의 건축면적, 연면적, 층수 또는 높이를 늘리는 것

(3) **개축** : 기존 건축물의 전부 또는 일부를 해체하고 그 대지에 종전과 같은 규모의 범위에서 건축물을 다시 축조하는 것

(4) **재축** : 건축물이 천재지변이나 그 밖의 재해로 멸실된 경우 그 대지에 종전 규모(연면적 합계, 동수, 층수 및 높이) 이하에서 다시 축조하는 것

(5) **이전** : 건축물의 주요 구조부를 해체하지 아니하고 같은 대지의 다른 위치로 옮기는 것

▶주요구조부

내력벽, 기둥, 바닥, 보, 지붕틀 및 주계단을 말한다. 다만, 사이 기둥, 최하층 바닥, 작은 보, 차양, 옥외 계단, 그 밖에 이와 유사한 것으로 건축물의 구조상 중요하지 아니한 부분은 제외한다.

▶대수선(大修繕)

대수선은 건축물의 기둥·보·내력벽·주계단 등의 구조 또는 외부형태를 수선·변경 또는 증설하는 것으로서 다음에 해당하는 것을 말한다. 다만, 증축·개축 또는 재축에 해당되는 것은 제외한다.

(1) 내력벽을 증설 또는 해체하거나 그 벽면적을 30m² 이상 수선 또는 변경하는 것

(2) 기둥을 증설 또는 해체하거나 세 개 이상 수선 또는 변경하는 것

(3) 보를 증설 또는 해체하거나 세 개 이상 수선 또는 변경하는 것

(4) 지붕틀(한옥의 경우에는 지붕틀의 범위에서 서까래는 제외)을 증설 또는 해체하거나 세 개 이상 수선 또는 변경하는 것
(5) 방화벽 또는 방화구획을 위한 바닥 또는 벽을 증설 또는 해체하거나 수선 또는 변경하는 것
(6) 주계단·피난계단 또는 특별피난계단을 증설 또는 해체하거나 수선 또는 변경하는 것
(7) 다가구주택의 가구 간 경계벽 또는 다세대주택의 세대 간 경계벽을 증설 또는 해체하거나 수선 또는 변경하는 것
(8) 건축물의 외벽에 사용하는 외부 난연성 마감재료를 증설 또는 해체하거나 벽면적 30m² 이상 수선 또는 변경하는 것

▶리모델링
리모델링은 건축물의 노후화를 억제하거나 기능향상 등을 위해 대수선 하거나 건축물의 일부를 증축 또는 개축하는 행위

69강 건축물의 면적·높이·층수 산정(Ⅰ)

▶대지면적
(1) 대지면적은 대지의 수평투영면적으로 한다.
(2) 다음의 어느 하나에 해당하는 면적은 대지면적에서 제외
  1) 건축선의 후퇴로 인하여 대지에 건축선(시장 등이 지정·고시한 지정건축선은 제외)이 정하여진 경우 : 그 건축선과 도로 사이의 대지면적
  2) 대지에 도시·군계획시설인 도로·공원 등이 있는 경우 : 그 도시·군계획시설에 포함되는 대지면적

▶건축면적
건축물의 외벽(외벽이 없는 경우에는 외곽 부분의 기둥으로 함)의 중심선으로 둘러싸인 부분의 수평투영면적
(1) 처마, 차양, 부연, 그 밖에 이와 비슷한 것으로서 그 외벽의 중심선으로부터 수평거리 1m 이상 돌출된 부분이 있는 건축물의 건축면적은 그 돌출된 끝부분으로부터 다음의 구분에 따른 수평거리를 후퇴한 선으로 둘러싸인 부분의 수평투영면적으로 한다.

1) **전통사찰** : 4m 이하의 범위에서 외벽의 중심선까지의 거리
2) **축사** : 3m 이하의 범위에서 외벽의 중심선까지의 거리
3) **한옥** : 2m 이하의 범위에서 외벽의 중심선까지의 거리
4) **제로에너지건축물 인증을 받은 건축물** : 2m 이하의 범위에서 외벽의 중심선까지의 거리
5) **그 밖의 건축물** : 1m

(2) 지표면으로부터 1m 이하에 있는 부분(창고 중 물품을 입·출고하기 위해 차량을 접안시키는 부분의 경우에는 지표면으로부터 1.5m 이하에 있는 부분)은 건축면적에 산입하지 않는다.

(3) 지하주차장의 경사로는 건축면적에 산입하지 않는다.

(4) 생활폐기물 보관시설(음식물쓰레기·의류 등의 수거시설을 말함)은 건축면적에 산입하지 않는다.

(5) 장애인용 승강기, 장애인용 에스컬레이터, 휠체어리프트 또는 경사로는 건축면적에 산입하지 않는다.

▶바닥면적

(1) **원 칙**

건축물의 각 층 또는 그 일부로서 벽·기둥 그 밖에 이와 비슷한 구획의 중심선으로 둘러싸인 부분의 수평투영면적

(2) **예 외**

1) 벽·기둥의 구획이 없는 건축물은 그 지붕 끝부분으로부터 수평거리 1m를 후퇴한 선으로 둘러싸인 수평투영면적
2) 주건축물의 노대(露臺)등의 바닥은 난간 등의 설치 여부에 관계없이 노대등의 면적(외벽의 중심선으로부터 노대등의 끝부분까지의 면적)에서 노대등이 접한 가장 긴 외벽에 접한 길이에 1.5m를 곱한 값을 공제한 면적을 바닥면적에 산입한다.
3) 필로티나 그 밖에 이와 비슷한 구조(벽면적의 1/2 이상이 그 층의 바닥면에서 위층 바닥 아래면까지 공간으로 된 것만 해당)의 부분은 그 부분이 공중의 통행이나 차량의 통행 또는 주차에 전용되는 경우와 공동주택의 경우에는 바닥면적에 산입하지 않는다.

4) 승강기탑, 계단탑, 장식탑, 다락[층고가 1.5m(경사진 형태의 지붕인 경우에는 1.8m) 이하인 것만 해당한다], 건축물의 내부에 설치하는 냉방설비 배기장치 전용 설치공간, 건축물의 굴뚝, 더스트슈트, 설비덕트, 그 밖에 이와 비슷한 것과 옥상·옥외 또는 지하에 설치하는 물탱크, 기름탱크, 냉각탑, 정화조, 그 밖에 이와 비슷한 것을 설치하기 위한 구조물과 건축물 간에 화물의 이동에 이용되는 컨베이어벨트만을 설치하기 위한 구조물은 바닥면적에 산입하지 않는다.
5) 공동주택으로서 지상층에 설치한 기계실, 전기실, 어린이놀이터, 조경시설 및 생활폐기물 보관시설의 면적은 바닥면적에 산입하지 않는다.
6) 리모델링 활성화 구역 안의 건축물 또는 사용승인을 받은 후 15년 이상이 되어 리모델링하는 경우로서 미관향상, 열손실 방지 등을 위하여 외벽에 부가하여 마감재 등을 설치하는 부분은 바닥면적에 산입하지 않는다.
7) 장애인용 승강기, 장애인용 에스컬레이터, 휠체어리프트 또는 경사로는 바닥면적에 산입하지 않는다.
8) 현지보존 및 이전보존을 위하여 매장문화재 보호 및 전시에 전용되는 부분은 바닥면적에 산입하지 않는다.
9) 지하주차장의 경사로(지상층에서 지하 1층으로 내려가는 부분으로 한정함)는 바닥면적에 산입하지 않는다.
10) 대피공간의 바닥면적은 건축물의 각 층 또는 그 일부로서 벽의 내부선으로 둘러싸인 부분의 수평투영면적으로 한다.
11) 발코니의 바닥에 하향식 피난구를 설치한 경우 또는 대체시설을 갖춘 구조 또는 시설을 대피공간에 설치하는 경우 또는 대체시설을 발코니에 설치하는 경우에는 해당 구조 또는 시설이 설치되는 대피공간 또는 발코니의 면적 중 다음의 구분에 따른 면적까지를 바닥면적에 산입하지 않는다.
   ① 인접세대와 공동으로 설치하는 경우 : 4㎡
   ② 각 세대별로 설치하는 경우 : 3㎡

70강 건축물의 면적·높이·층수 산정(Ⅱ)

▶연면적

하나의 건축물 각 층의 바닥면적의 합계로 하되, 용적률을 산정할 때에는 다음에 해당하는 면적은 제외한다.

1) 지하층의 면적
2) 지상층의 주차용(건축물의 부속용도인 경우만 해당)으로 쓰는 면적
3) 초고층 건축물과 준초고층 건축물에 설치하는 피난안전구역의 면적
4) 건축물의 경사지붕 아래에 설치하는 대피공간의 면적

▶건폐율 및 용적률

(1) 건폐율은 건축면적을 대지면적으로 나눈 값을 말하며, 용적률은 연면적을 대지면적으로 나눈 값을 말한다.
(2) 건폐율 및 용적률을 계산할 때에 하나의 대지에 둘 이상의 건축물이 있는 경우에는 이들 건축물의 건축면적 또는 연면적을 합계한다.

▶건축물의 높이

건축물의 높이는 지표면으로부터 그 건축물의 상단까지의 높이를 말한다.

(1) 건축물의 1층 전체에 필로티(건축물의 사용을 위한 경비실·계단실·승강기실 그 밖에 이와 비슷한 것을 포함)가 설치되어 있는 경우 이 필로티의 높이는 가로구역별 높이제한과 공동주택의 일조권 확보를 위한 높이제한을 적용할 때에 건축물의 높이에서 제외한다.
(2) 건축물의 옥상에 설치되는 승강기탑·계단탑·망루·장식탑·옥탑 등으로서 그 수평투영면적의 합계가 그 건축물의 건축면적의 1/8(주택건설사업계획승인 대상인 공동주택 중 세대별 전용면적이 85m² 이하인 경우에는 1/6) 이하인 경우로서 그 부분의 높이가 12m를 넘는 경우에는 그 넘는 부분만 건축물의 높이에 산입한다.

▶층 수

승강기탑, 계단탑, 망루, 장식탑, 옥탑, 그 밖에 이와 비슷한 건축물의 옥상 부분으로서 그 수평투영면적의 합계가 해당 건축물 건축면적의 1/8(공동주택 중 세대별 전용면적이 85m² 이하인 경우에는 1/6) 이하인 것과 지하층은 건축물의 층수에 산입하지 아니하고, 층의 구분이 명확하지 아니한 건축물은 그 건축물의 높이 4m마다 하나의 층으로 보고 그 층수를 산정하며, 건축물이 부분에 따라 그 층수가 다른 경우에는 그 중 가장 많은 층수를 그 건축물의 층수로 본다.

▶지하층

(1) 건축물의 바닥이 지표면 아래에 있는 층으로서 그 바닥으로부터 지표면까지의 평균높이가 그 층 높이의 1/2 이상인 것을 말한다.
(2) 지하층의 지표면은 각 층의 주위가 접하는 각 지표면 부분의 높이를 그 지표면 부분의 수평거리에 따라 가중평균한 높이의 수평면을 지표면으로 산정한다.

▶반자높이

방의 바닥면으로부터 반자까지의 높이로 한다. 다만, 한 방에서 반자높이가 다른 부분이 있는 경우에는 그 각 부분의 반자면적에 따라 가중평균한 높이로 한다.

▶층 고

방의 바닥구조체 윗면으로부터 위층 바닥구조체의 윗면까지의 높이로 한다. 다만, 한 방에서 층의 높이가 다른 부분이 있는 경우에는 그 각 부분 높이에 따른 면적에 따라 가중평균한 높이로 한다.

71강 건축물의 적용범위 건축기준적용의 특례

▶건축법이 적용되지 않는 건축물

(1) 「문화유산의 보존 및 활용에 관한 법률」에 따른 지정문화유산이나 임시지정문화유산 또는 「자연유산의 보존 및 활용에 관한 법률」에 따라 지정된 천연기념물등이나 임시지정천연기념물, 임시지정명승, 임시지정시·도자연유산, 임시자연유산자료

(2) 철도나 궤도의 선로 부지에 있는 다음의 시설
   1) 운전보안시설
   2) 철도 선로의 위나 아래를 가로지르는 보행시설
   3) 플랫폼
   4) 해당 철도 또는 궤도사업용 급수·급탄 및 급유시설

(3) 고속도로 통행료 징수시설

(4) 컨테이너를 이용한 간이창고(공장 용도로 이동이 쉬운 것)

(5) 「하천법」에 따른 하천구역 내의 수문조작실

▶건축법의 적용대상지역

(1) **전면적으로 적용하는 지역**
   1) 도시지역 및 지구단위계획구역
   2) 동 또는 읍의 지역(섬의 경우에는 인구가 500명 이상인 경우만 해당)

(2) **전면적 적용지역 제외한 지역에서 배제되는 규정**

   법 제44조(대지와 도로의 관계)·법 제45조(도로의 지정·폐지 또는 변경)·법 제46조(건축선의 지정)·법 제47조(건축선에 따른 건축제한)·법 제51조(방화지구 안의 건축물) 및 법 제57조(대지의 분할제한)의 규정을 적용하지 아니한다.

▶축조신고대상의 공작물

다음의 공작물을 축조(건축물과 분리하여 축조하는 것)하려는 자는 특별자치시장·특별자치도지사 또는 시장·군수·구청장에게 신고하여야 한다.
   1) 높이 6m를 넘는 굴뚝
   2) 높이 4m를 넘는 장식탑·기념탑·첨탑·광고탑·광고판 그 밖에 이와 비슷한 것

3) 높이 8m를 넘는 고가수조나 그 밖에 이와 비슷한 것
4) 높이 2m를 넘는 옹벽 또는 담장
5) 바닥면적 30m²를 넘는 지하대피호
6) 높이 6m를 넘는 골프연습장 등의 운동시설을 위한 철탑, 주거지역, 상업지역에 설치하는 통신용 철탑, 그 밖에 이와 비슷한 것
7) 높이 8m 이하의 기계식 주차장 및 철골 조립식 주차장으로서 외벽이 없는 것
8) 건축조례로 정하는 제조시설, 저장시설, 유희시설
9) 높이 5m를 넘는 태양에너지를 이용하는 발전설비와 그 밖에 이와 비슷한 것

▶건축기준의 완화적용

(1) 건축관계자는 그 업무를 수행하면서 「건축법」을 적용하는 것이 매우 불합리하다고 인정되는 대지 또는 건축물에 대해서는 「건축법」의 기준을 완화해서 적용할 것을 허가권자에게 요청할 수 있다.
(2) 허가권자는 건축위원회의 심의를 거쳐 건축기준의 완화 여부 및 적용 범위를 결정하고 그 결과를 신청인에게 통지해야 한다.

▶건축기준의 완화적용 대상

1) 수면 위에 건축하는 건축물 등 대지의 범위를 설정하기 곤란한 경우
2) 거실이 없는 통신시설 및 기계·설비시설인 경우
3) 31층 이상인 건축물(건축물 전부가 공동주택으로 쓰이는 경우는 제외)
4) 전통사찰·전통한옥 등 전통문화의 보존을 위해 시·도의 건축조례로 정하는 지역의 건축물인 경우
5) 초고층건축물
6) 리모델링 활성화 구역 또는 사용승인 후 15년 이상 경과되어 리모델링이 필요한 건축물인 경우
7) 도시지역 및 지구단위계획구역 외의 지역 중 동이나 읍에 해당하는 지역에 건축하는 건축물로서 건축조례로 정하는 건축물인 경우

8) 방재지구, 붕괴위험지역의 대지에 건축하는 건축물로서 재해예방을 위한 조치가 필요한 경우
9) 도시형 생활주택
10) 「공공주택 특별법」에 따른 공공주택인 경우
11) 건축협정을 체결하여 건축물의 건축·대수선 또는 리모델링을 하려는 경우

▶공동주택의 리모델링에 대비한 특례

리모델링이 쉬운 구조의 공동주택의 건축을 촉진하기 위하여 공동주택을 일정 요건을 갖춘 구조로 해서 건축허가를 신청하는 경우에는 용적률, 건축물의 높이제한, 일조 등의 확보를 위한 높이제한의 기준을 1.2배까지 완화해서 적용할 수 있다.

▶지하를 굴착하는 경우

(1) 「민법」 제244조 제1항에 따르면 우물을 파거나 용수·하수·오물 등을 저치할 지하시설을 하는 경우에는 경계로부터 2m 이상의 거리를 두어야 하며, 저수지·구거 또는 지하실공사에는 경계로부터 그 깊이의 1/2 이상 거리를 두어야 한다.

(2) 그러나 건축물의 건축·대수선·용도변경, 건축설비의 설치를 위해 지하를 굴착하는 경우에는 「민법」 제244조 제1항이 적용되지 않는다.

▶개인하수처리시설을 설계하는 경우

(1) 「하수도법」 제38조에 따르면 개인하수처리시설의 설계는 개인하수처리시설 설계·시공업자가 해야 한다.

(2) 그러나 건축물에 부수되는 개인하수처리시설의 설계는 개인하수처리시설 설계·시공업자가 아닌 자도 할 수 있다.

72강
다른 법률의 배제
건축위원회

▶맞벽건축 및 연결복도를 설치하는 경우

대지 안의 공지, 일조 등의 확보를 위한 높이제한에 관한 기준과 「민법」 제242조(건축물을 건축할 경우 특별한 관습이 없으면 경계로부터 0.5m 이상의 거리를 두어야 함)를 적용하지 않는다.

▶건축위원회의 설치

다음 사항을 조사·심의·조정 또는 재정하기 위해 국토부장관, 시·도지사 및 시장·군수 또는 구청장은 건축위원회를 두어야 한다.
  1) 「건축법」 및 조례의 제정·개정 및 시행에 관한 중요사항
  2) 건축물의 건축 등과 관련된 분쟁의 조정 또는 재정에 관한 사항
  3) 건축물의 건축등과 관련된 민원에 관한 사항
  4) 건축물의 건축 또는 대수선에 관한 사항
  5) 다른 법령에서 건축위원회의 심의를 받도록 규정한 사항

▶중앙건축위원회의 기능

중앙건축위원회는 다음 사항을 조사·심의·조정 또는 재정한다.
  1) 표준설계도서의 인정에 관한 사항
  2) 건축물의 건축·대수선·용도변경, 건축설비의 설치 또는 공작물의 축조와 관련된 분쟁의 조정 또는 재정에 관한 사항
  3) 「건축법」 및 「건축법 시행령」의 제정·개정 및 시행에 관한 중요 사항
  4) 다른 법령에서 중앙건축위원회의 심의를 받도록 한 경우 해당 법령에서 규정한 심의사항
  5) 그 밖에 국토부장관이 중앙건축위원회의 심의가 필요하다고 인정해서 회의에 부치는 사항

▶중앙건축위원회의 구성

중앙건축위원회는 위원장 및 부위원장 각 1명을 포함한 70명 이내의 위원으로 구성한다. 중앙건축위원회의 위원은 관계 공무원과 건축에 관한 학식 또는 경험이 풍부한 사람 중에서 국토부장관이 임명하거나 위촉한다.

▶지방건축위원회의 기능

지방건축위원회는 다음 사항을 조사·심의·조정 또는 재정한다.
1) 건축선의 지정에 관한 사항
2) 「건축법」 및 「건축법 시행령」에 따른 조례의 제정·개정 및 시행에 관한 사항
3) 다중이용 건축물 및 특수구조 건축물의 구조안전에 관한 사항
4) 다른 법령에서 지방건축위원회의 심의를 받도록 한 경우 해당 법령에서 규정한 심의사항
5) 시·도지사 및 시장·군수·구청장이 도시 및 건축 환경의 체계적인 관리를 위하여 필요하다고 인정하여 지정·공고한 지역에서 건축조례로 정하는 건축물의 건축등에 관한 것으로서 시·도지사 및 시장·군수·구청장이 지방건축위원회의 심의가 필요하다고 인정한 사항

▶지방건축위원회의 구성

지방건축위원회는 위원장 및 부위원장 각 1명을 포함한 25명 이상 150명 이하의 위원으로 성별을 고려하여 구성한다. 지방건축위원회의 위원은 다음의 사람 중에서 시·도지사 및 시장·군수 또는 구청장이 임명하거나 위촉한다.
(1) 도시계획 및 건축 관계 공무원
(2) 도시계획 및 건축 등에서 학식과 경험이 풍부한 사람

▶건축허가권자

(1) 건축물을 건축하거나 대수선하려는 자는 특별자치시장·특별자치도지사 또는 시장·군수·구청장의 허가를 받아야 한다.
(2) 다만, 층수가 21층 이상이거나 연면적의 합계가 10만m² 이상인 건축물[공장·창고 및 지방건축위원회의 심의를 거친 건축물(초고층 건축물은 제외)은 제외]을 건축하고자 특별시나 광역시에 건축하려면 특별시장이나 광역시장의 허가를 받아야 한다.

73강
건축물의 건축

▶도지사의 사전승인 대상

(1) 층수가 21층 이상이거나 연면적의 합계가 10만㎡ 이상인 건축물
(2) 자연환경이나 수질을 보호하기 위하여 도지사가 지정·공고한 구역에 건축하는 3층 이상 또는 연면적의 합계가 1천㎡ 이상인 다음 건축물
  ① 공동주택   ② 일반음식점
  ③ 일반업무시설 ④ 숙박시설
  ⑤ 위락시설
(3) 주거환경이나 교육환경 등 주변 환경을 보호하기 위하여 필요하다고 인정하여 도지사가 지정·공고한 구역에 건축하는 위락시설 및 숙박시설

▶건축신고의 대상

(1) 바닥면적의 합계가 85㎡ 이내의 증축·개축 또는 재축(다만, 3층 이상 건축물인 경우에는 증축·개축 또는 재축하려는 부분의 바닥면적의 합계가 건축물 연면적의 1/10 이내인 경우로 한정함)
(2) 관리지역·농림지역 또는 자연환경보전지역 안에서 연면적 200㎡ 미만이고 3층 미만인 건축물의 건축(다만, 지구단위계획구역, 방재지구, 붕괴위험지역에서의 건축은 제외)
(3) 연면적이 200㎡ 미만이고 3층 미만인 건축물의 대수선
(4) 주요구조부의 해체가 없는 다음의 어느 하나에 해당하는 대수선
  1) 내력벽의 면적을 30㎡ 이상 수선하는 것
  2) 기둥을 세 개 이상 수선하는 것
  3) 보를 세 개 이상 수선하는 것
  4) 지붕틀을 세 개 이상 수선하는 것
  5) 방화벽 또는 방화구획을 위한 바닥 또는 벽을 수선하는 것
  6) 주계단·피난계단 또는 특별피난계단을 수선하는 것
(5) 연면적의 합계가 100㎡ 이하인 건축물
(6) 건축물의 높이를 3m 이하의 범위에서 증축하는 건축물
(7) 표준설계도서에 따라 건축하는 건축물로 그 용도 및 규모가 주위환경이나 미관에 지장이 없다고 인정하여 건축조례로 정하는 건축물

(8) 공업지역, 지구단위계획구역(산업·유통형만 해당) 및 산업단지에서 건축하는 2층 이하인 건축물로서 연면적 합계 500m² 이하인 공장
(9) 농업이나 수산업을 경영하기 위하여 읍·면지역에서 건축하는 연면적이 200m² 이하의 창고 및 연면적이 400m² 이하의 축사·작물재배사·종묘배양시설·화초 및 분재 등의 온실

▶건축신고의 수리 여부 통지기한
특별자치시장·특별자치도지사 또는 시장·군수·구청장은 건축신고(가설건축물 포함)를 받은 날부터 5일 이내에 신고수리 여부 또는 처리기간의 연장 여부를 신고인에게 통지하여야 한다. 다만, 이 법 또는 다른 법령에 따라 심의, 동의, 협의, 확인 등이 필요한 경우에는 20일 이내에 통지하여야 한다.

▶건축신고 시 확인 등이 필요한 경우의 내용 통지기한
특별자치시장·특별자치도지사 또는 시장·군수·구청장은 건축신고(가설건축물 포함)가 심의, 동의, 협의, 확인 등이 필요한 경우에는 건축신고를 받은 날부터 5일 이내에 신고인에게 그 내용을 통지하여야 한다.

▶건축신고의 효력상실
건축신고를 한 자가 신고일부터 1년 이내에 공사에 착수하지 않으면 그 신고의 효력은 없어진다. 다만, 건축주의 요청에 따라 허가권자가 정당한 사유가 있다고 인정하면 1년의 범위에서 착수기한을 연장할 수 있다.

▶변경허가 또는 변경신고
허가를 받았거나 신고한 사항을 변경하고자 하는 경우에는 미리 허가권자의 허가를 받거나 특별자치시장·특별자치도지사·시장·군수 또는 구청장에게 신고해야 한다. 다만, 건축·대수선 또는 용도변경에 해당하지 않는 변경인 경우에는 허가를 받거나 신고하지 않아도 된다.

74강 건축허가의 거부 등

▶건축허가의 거부

허가권자는 건축허가를 하고자 하는 때에「건축기본법」에 따른 한국건축규정의 준수 여부를 확인하여야 한다. 다만, 다음에 해당하는 경우에는「건축법」이나 다른 법률에 불구하고 건축위원회의 심의를 거쳐 건축허가를 하지 않을 수 있다.

(1) 위락시설이나 숙박시설에 해당하는 건축물의 건축을 허가하는 경우 해당 대지에 건축하려는 건축물의 용도·규모 또는 형태가 주거환경이나 교육환경 등 주변 환경을 고려할 때 부적합하다고 인정되는 경우

(2) 방재지구, 자연재해위험개선지구 등 상습적으로 침수되거나 침수가 우려되는 대통령령으로 정하는 지역에 건축하려는 건축물에 대하여 일부 공간에 거실을 설치하는 것이 부적합하다고 인정되는 경우

▶건축허가 또는 착공의 제한

(1) **국토부장관의 제한**
  1) 국토관리를 위해 특히 필요하다고 인정하는 경우
  2) 주무부장관이 국방, 국가유산의 보존, 환경보전 또는 국민경제를 위해 특히 필요하다고 인정하여 요청하는 경우

(2) **특별시장·광역시장 또는 도지사의 제한**
   지역계획 또는 도시·군계획상 특히 필요하다고 인정하는 경우에는 시장·군수·구청장의 건축허가나 건축허가를 받은 건축물의 착공을 제한할 수 있다.

(3) **건축위원회의 심의**
   국토부장관이나 시·도지사는 건축허가나 건축허가를 받은 건축물의 착공을 제한하려는 경우에는 주민의견을 청취한 후 건축위원회의 심의를 거쳐야 함

(4) **제한기간**
   건축허가 또는 건축물의 착공을 제한하는 기간은 2년 이내로 한다. 다만, 1회에 한해 1년 이내의 범위에서 제한기간을 연장할 수 있다.

(5) 제한해제명령

특별시장·광역시장·도지사가 건축허가 또는 건축물의 착공을 제한한 경우에는 즉시 국토부장관에게 이를 보고해야 하며, 국토부장관은 제한내용이 과도하다고 인정되는 경우에는 제한의 해제를 명할 수 있다.

▶건축허가대상건축물에 대한 사전결정

건축허가 대상건축물을 건축하려는 자는 건축허가를 신청하기 전에 허가권자에게 그 건축물의 건축에 관한 다음의 사항에 대한 사전결정을 신청할 수 있다.

(1) 해당 대지에 건축하는 것이 「건축법」이나 관계 법령에서 허용되는지 여부
(2) 「건축법」 또는 관계 법령에 따른 건축기준 및 건축제한, 그 완화에 관한 사항 등을 고려하여 해당 대지에 건축 가능한 건축물의 규모
(3) 건축허가를 받기 위하여 신청자가 고려하여야 할 사항

▶환경영향평가의 협의

(1) 허가권자는 사전결정이 신청된 건축물의 대지면적이 「환경영향평가법」에 따른 소규모 환경영향평가 대상사업인 경우 환경부장관 또는 지방환경관서의 장과 소규모 환경영향평가에 관한 협의를 해야 한다.
(2) 신청자는 건축위원회 심의와 「도시교통정비 촉진법」에 따른 교통영향평가서의 검토를 동시에 신청할 수 있다.

▶다른 법률에 따른 인·허가의 의제

사전결정을 통지받은 경우에는 다음의 허가를 받거나 신고 또는 협의를 한 것으로 본다.

(1) 개발행위허가
(2) 산지전용의 허가 및 신고, 산지일시사용의 허가·신고(보전산지인 경우에는 도시지역에 한함)
(3) 농지전용의 허가·신고 및 협의
(4) 하천점용허가

▶건축허가신청기간의 경과로 인한 사전결정의 실효

사전결정을 신청한 자는 사전결정을 통지받은 날부터 2년 이내에 건축허가를 신청해야 하며, 이 기간 내에 건축허가를 신청하지 않는 경우에는 사전결정의 효력이 상실된다.

▶건축 또는 대수선 허가신청

건축 또는 대수선의 허가를 받으려는 자는 허가신청서에 설계도서와 허가 등을 받거나 신고를 하기 위하여 관계 법령에서 제출하도록 의무화하고 있는 신청서 및 구비서류를 첨부하여 허가권자에게 제출하여야 한다.

▶건축허가의 취소

허가권자는 다음의 경우에는 건축허가를 취소해야 한다.
(1) 허가를 받은 날부터 2년(승인받은 공장은 3년) 이내에 공사에 착수하지 않은 경우(1년의 범위에서 공사의 착수기간을 연장할 수 있음)
(2) 공사에 착수했으나 공사완료가 불가능하다고 인정되는 경우
(3) 착공신고 전에 경매 또는 공매 등으로 건축주가 대지의 소유권을 상실한 때부터 6개월이 지난 이후 공사의 착수가 불가능하다고 판단되는 경우

▶대지의 소유권 확보

건축허가를 받으려는 자는 해당 대지의 소유권을 확보하여야 한다. 다만, 다음의 어느 하나에 해당하는 경우에는 제외
(1) 건축주가 대지의 소유권을 확보하지 못하였으나 그 대지를 사용할 수 있는 권원을 확보한 경우. 다만, 분양을 목적으로 하는 공동주택은 제외함
(2) 건축주가 건축물의 노후화 또는 구조안전 문제 등 사유로 건축물을 신축·개축·재축 및 리모델링을 하기 위하여 건축물 및 해당 대지의 공유자 수의 80/100 이상의 동의를 얻고 동의한 공유자의 지분 합계가 전체 지분의 80/100 이상인 경우

75강 건축허가의 절차와 기준 등

(3) 건축주가 건축허가를 받아 주택과 주택 외의 시설을 동일 건축물로 건축하기 위하여 「주택법」을 준용한 대지 소유 등의 권리관계를 증명한 경우. 다만, 「주택법」에 따른 사업계획승인대상 호수 이상으로 건설·공급하는 경우에 한정함

(4) 건축하려는 대지에 포함된 국유지 또는 공유지에 대하여 허가권자가 해당 토지의 관리청이 해당 토지를 건축주에게 매각하거나 양여할 것을 확인한 경우

(5) 건축주가 집합건물의 공용부분을 변경하기 위하여 「집합건물법」에 따른 결의가 있었음을 증명한 경우

(6) 건축주가 집합건물을 재건축하기 위하여 「집합건물법」에 따른 결의가 있었음을 증명한 경우

▶매도청구

(1) **매도청구 대상 및 공유자와 협의**

공유자 80% 이상의 동의를 얻고 건축허가를 받은 건축주는 해당 건축물 또는 대지의 공유자 중 동의하지 아니한 공유자에게 그 공유지분을 시가(市價)로 매도할 것을 청구할 수 있다. 이 경우 매도청구를 하기 전에 매도청구 대상이 되는 공유자와 3개월 이상 협의를 하여야 한다.

(2) **「집합건물법」의 준용**

매도청구에 관하여는 「집합건물법」을 준용한다.

▶소유자를 확인하기 곤란한 공유지분 등에 대한 처분

(1) **공고 후 매도청구 대상 간주**

공유자 80% 이상의 동의를 얻고 건축허가를 받은 건축주는 해당 건축물 또는 대지의 공유자가 거주하는 곳을 확인하기가 현저히 곤란한 경우에는 전국적으로 배포되는 둘 이상의 일간신문에 두 차례 이상 공고하고, 공고한 날부터 30일 이상이 지났을 때에는 매도청구 대상이 되는 건축물 또는 대지로 본다.

(2) 공탁 후 착공

건축주는 매도청구 대상 공유지분의 감정평가액에 해당하는 금액을 법원에 공탁하고 착공할 수 있다.

(3) 공유지분의 감정평가액 산정방법

공유지분의 감정평가액은 허가권자가 추천하는 감정평가법인등 2인 이상이 평가한 금액을 산술평균하여 산정한다.

▶허가 대상 가설건축물

도시·군계획시설 또는 그 예정지에서 가설건축물을 건축하려는 자는 특별자치시장·특별자치도지사 또는 시장·군수·구청장의 허가를 받아야 한다. 특별자치시장·특별자치도지사 또는 시장·군수·구청장은 해당 가설건축물의 건축이 다음에 해당하는 경우가 아니면 허가를 하여야 한다.

(1) 「국토계획법」 제64조에 위배되는 경우
(2) 4층 이상인 경우
(3) 다음의 기준 범위에서 조례로 정하는 바에 따르지 아니한 경우
   1) 철근콘크리트조 또는 철골철근콘크리트조가 아닐 것
   2) 존치기간은 3년 이내일 것. 다만, 도시·군계획사업이 시행될 때까지 그 기간을 연장할 수 있다.
   3) 전기·수도·가스 등 새로운 간선 공급설비의 설치를 필요로 하지 아니할 것
   4) 공동주택·판매시설·운수시설 등으로서 분양을 목적으로 건축하는 건축물이 아닐 것
(4) 그 밖에 「건축법」 또는 다른 법령에 따른 제한규정을 위반하는 경우

▶신고 대상 가설건축물

허가대상 가설건축물 외에 재해복구, 흥행, 전람회, 공사용 가설건축물 등을 축조하려는 자는 특별자치시장·특별자치도지사 또는 시장·군수·구청장에게 신고한 후 착공하여야 한다.

▶신고대상 가설건축물의 존치기간

신고대상 가설건축물의 존치기간은 3년 이내로 하며, 존치기간의 연장이 필요한 경우에는 횟수별 3년의 범위에서 가설건축물별로 건축조례로 정하는 횟수만큼 존치기간을 연장할 수 있다.
다만, 공사용 가설건축물 및 공작물의 경우에는 해당 공사의 완료일까지의 기간으로 한다.

▶조치기간 만료일 통지

특별자치시장·특별자치도지사 또는 시장·군수·구청장은 가설건축물의 존치기간 만료일 30일 전까지 해당 가설건축물의 건축주에게 존치기간 만료일과 존치기간 연장 가능 여부를 알려야 한다.

▶가설건축물의 존치기간 연장

(1) **허가 대상 가설건축물** : 존치기간 만료일 14일 전까지 허가신청
(2) **신고 대상 가설건축물** : 존치기간 만료일 7일 전까지 신고

76강 건축물의 용도변경

▶용도변경의 원칙

(1) 건축물의 용도변경은 사용승인을 받은 건축물의 용도를 변경하는 것을 말한다.
(2) 건축물의 용도를 변경할 때에는 변경하고자 하는 용도의 건축기준에 적합해야 한다.

▶용도변경의 허가 및 신고

건축물의 용도를 상위군의 용도로 변경하는 경우에는 특별자치시장·특별자치도지사·시장·군수 또는 구청장의 허가를 받아야 하며, 하위군의 용도로 변경하는 경우에는 특별자치시장·특별자치도지사·시장·군수 또는 구청장에게 신고해야 한다.

▶시설군의 종류

(1) 자동차관련시설군 : 자동차관련시설
(2) 산업 등시설군 : 운수시설·공장·창고시설·위험물저장 및 처리시설·자원순환관련시설·묘지관련시설·장례시설
(3) 전기통신시설군 : 방송통신시설·발전시설
(4) 문화집회시설군 : 문화및집회시설·종교시설·위락시설·관광휴게시설
(5) 영업시설군 : 판매시설·운동시설·숙박시설·제2종근생 중 다중생활시설
(6) 교육 및 복지시설군 : 의료시설·교육연구시설·노유자시설·수련시설·야영장시설
(7) 근린생활시설군 : 제1종근린생활시설·제2종근생(다중생활시설은 제외)
(8) 주거업무시설군 : 단독주택·공동주택·업무시설·교정시설. 국방·군사시설
(9) 그 밖의 시설군 : 동물 및 식물관련시설

▶건축물대장 기재사항의 변경신청

시설군 중 같은 시설군 안에서 용도를 변경하려는 자는 특별자치시장·특별자치도지사 또는 시장·군수·구청장에게 건축물대장 기재내용의 변경을 신청하여야 한다. 다만, 다음의 경우에는 건축물대장 기재사항변경을 신청하지 않아도 된다.
(1) 같은 호에 속하는 건축물 상호 간의 용도변경
(2) 제1종 근린생활시설과 제2종 근린생활시설 상호 간의 용도변경

▶용도변경 시 준용되는 규정

(1) 허가나 신고대상인 경우로서 용도변경하려는 부분의 바닥면적의 합계가 100m² 이상인 경우의 사용승인에 관하여는 「건축법」 제22조(건축물의 사용승인)의 규정을 준용한다. 다만, 용도변경하려는 부분의 바닥면적의 합계가 500m² 미만으로서 대수선에 해당되는 공사를 수반하지 아니하는 경우에는 제외한다.

(2) 허가대상인 경우로서 용도변경하려는 부분의 바닥면적의 합계가 500m² 이상인 용도변경의 설계에 관하여는 「건축법」 제23조(건축물의 설계)의 규정을 준용한다. 다만, 1층인 축사를 공장으로 용도변경하는 경우로서 증축·개축 또는 대수선이 수반되지 아니하고 구조안전이나 피난 등에 지장이 없는 경우는 제외한다.

▶ 건축관계자

건축주·설계자·공사시공자 및 공사감리자를 건축관계자라 한다.

(1) **건축주** : 건축물의 건축·대수선·용도변경, 건축설비의 설치 또는 공작물의 축조에 관한 공사를 발주하거나 현장관리인을 두어 스스로 그 공사를 하는 자

(2) **설계자** : 자기의 책임(보조자의 도움을 받는 경우를 포함함)으로 설계도서를 작성하고 해당 설계도서에서 의도하는 바를 해설하며, 지도하고 자문에 응하는 자

(3) **공사시공자** : 「건설산업기본법」에 따른 건설공사를 하는 자

(4) **공사감리자** : 자기의 책임(보조자의 도움을 받는 경우를 포함함)으로 이 법으로 정하는 바에 따라 건축물, 건축설비 또는 공작물이 설계도서의 내용대로 시공되는지를 확인하고, 품질관리·공사관리·안전관리 등에 대해 지도·감독하는 자

▶ 건축사의 설계

건축허가를 받아야 하거나 건축신고를 하여야 하는 건축물 또는 「주택법」에 따른 리모델링을 하는 건축물의 건축등을 위한 설계는 건축사가 아니면 할 수 없다.

77강 건축공사(Ⅰ)

▶건축사의 설계 제외
(1) 국토부장관이 작성하거나 인정하는 표준설계도서나 특수한 공법을 적용한 설계도서에 따라 건축하는 경우
(2) 바닥면적 합계가 85m² 미만인 증축·개축 또는 재축인 경우
(3) 연면적이 200m² 미만이고 3층 미만인 건축물의 대수선인 경우
(4) 읍·면지역에서 건축하는 건축물 중 연면적이 200m² 이하인 창고 및 농막, 연면적 400m² 이하인 축사, 작물재배사, 종묘배양시설, 화초 및 분재등의 온실
(5) 신고대상 가설건축물로서 건축조례로 정하는 가설건축물

▶건축주의 현장관리인 지정
(1) 「건설산업기본법」에 따른 건설업자가 직접 시공하여야 하는 건축물에 해당하지 아니하는 소규모 건축물의 건축주는 공사 현장의 공정 및 안전을 관리하기 위하여 건설기술인 1명을 현장관리인으로 지정하여야 한다.
(2) 이 경우 현장관리인은 건축물 및 대지가 이 법 또는 관계 법령에 적합하도록 건축주를 지원하는 업무 등을 수행하여야 하며, 건축주의 승낙을 받지 아니하고는 정당한 사유 없이 그 공사 현장을 이탈하여서는 아니 된다.

▶사진 및 동영상 촬영 대상 건축물
다음의 어느 하나에 해당하는 건축물의 공사시공자는 건축주, 공사감리자 및 허가권자가 설계도서에 따라 적정하게 공사되었는지를 확인할 수 있도록 공사의 공정이 다다른 때마다 사진 및 동영상을 촬영하고 보관하여야 한다.
(1) 공동주택　　(2) 종합병원
(3) 관광숙박시설　(4) 다중이용 건축물
(5) 특수구조 건축물　(6) 필로티형식 건축물 중 3층 이상인 건축물

▶공사감리자의 지정

(1) **다음의 경우 : 건축사**
 1) 건축허가를 받아야 하는 건축물(건축신고대상인 건축물은 제외)을 건축하는 경우
 2) 사용승인을 받은 후 15년 이상이 된 건축물을 리모델링하는 경우
(2) **다중이용건축물을 건축하는 경우 :** 「건설기술진흥법」에 따른 건설엔지니어링사업자

▶상주감리

(1) 바닥면적 합계가 5,000m² 이상인 건축공사. 다만, 축사 또는 작물재배사의 건축공사는 제외한다.
(2) 연속된 5개층(지하층을 포함함) 이상으로서 바닥면적 합계가 3,000m² 이상인 건축공사
(3) 아파트 건축공사
(4) 준다중이용 건축물 건축공사

▶건축사보의 공사현장에서 감리업무 수행

공사감리자는 상주감리 건축공사에 해당하지 않는 건축공사로서 깊이 10m 이상의 토지 굴착공사 또는 높이 5m 이상의 옹벽 등의 공사(산업단지에서 바닥면적 합계가 2천m² 이하인 공장을 건축하는 경우는 제외)를 감리하는 경우에는 건축사보 중 건축 또는 토목 분야의 건축사보 한 명 이상을 해당 공사기간 동안 공사현장에서 감리업무를 수행하게 해야 한다.

▶공사감리자의 감리업무 내용

(1) 공사시공자가 설계도서에 따라 적합하게 시공하는지 여부의 확인
(2) 공사시공자가 사용하는 건축자재가 관계 법령에 따른 기준에 적합한 건축자재인지 여부의 확인
(3) 그 밖에 공사감리에 관한 사항으로서 국토부령으로 정하는 사항

▶ 허가권자가 공사감리자를 지정하는 건축물

건설사업자가 직접 시공하여야 하는 건축물에 해당하지 아니하는 소규모 건축물로서 건축주가 직접 시공하는 건축물 및 주택으로 사용하는 건축물 중 다음의 건축물의 경우에는 허가권자가 해당 건축물의 설계에 참여하지 아니한 자 중에서 공사감리자를 지정하여야 한다.

(1) 「건설산업기본법」에 해당하지 아니하는 건축물(단독주택은 제외)
(2) 아파트·연립주택·다세대주택·다중주택·다가구주택

▶ 건축구조기술사와의 협력

다음 건축물의 설계자는 건축물의 구조안전을 확인하는 경우에는 건축구조기술사의 협력을 받아야 한다.

(1) 6층 이상인 건축물
(2) 특수구조 건축물
(3) 다중이용건축물
(4) 준다중이용 건축물
(5) 3층 이상 필로티구조 건축물
(6) 건축물의 용도 및 규모를 고려한 중요도가 높은 지진구역의 건축물

▶ 착공신고

(1) **착공신고서의 제출**
    허가를 받거나 신고를 한 건축물의 공사를 착수하려는 건축주는 착공신고서를 허가권자에게 제출해야 한다.

(2) **착공신고의 수리 여부 통지**
    허가권자는 착공신고를 받은 날부터 3일 이내에 신고수리 여부 또는 처리기간의 연장 여부를 신고인에게 통지하여야 한다.

(3) **처리기간 만료에 따른 신고수리**
    허가권자가 착공신고 처리기간 내에 신고수리 여부 또는 민원처리 관련 법령에 따른 처리기간의 연장 여부를 신고인에게 통지하지 아니하면 그 기간이 끝난 날의 다음 날에 신고를 수리한 것으로 본다.

78강

건축공사(Ⅱ)

▶안전관리예치금의 예치

허가권자는 연면적이 1,000㎡ 이상으로서 조례로 정하는 건축물(주택도시보증공사가 분양보증을 한 건축물이나 분양보증이나 신탁계약을 체결한 건축물은 제외)의 경우 착공신고를 하는 건축주(한국토지주택공사나 지방공사는 제외)에게 장기간 건축물의 공사현장이 방치되는 것에 대비해서 미리 미관개선 및 안전관리에 필요한 비용을 건축공사비의 1%의 범위에서 안전관리예치금으로 예치하게 할 수 있다.

▶건축물 안전영향평가의 실시대상

허가권자는 다음의 어느 하나에 해당하는 건축물에 대하여 건축허가를 하기 전에 건축물의 구조, 지반 및 풍환경 등이 건축물의 구조안전과 인접 대지의 안전에 미치는 영향 등을 평가하는 건축물 안전영향평가를 안전영향평가기관에 의뢰하여 실시하여야 한다.

(1) 초고층 건축물
(2) 연면적이 10만㎡ 이상이고 16층 이상인 건축물

▶안전영향평가기관의 지정

안전영향평가기관은 국토교통부장관이 「공공기관의 운영에 관한 법률」에 따른 공공기관으로서 건축 관련 업무를 수행하는 기관 중에서 지정하여 고시한다.

▶안전영향평가 결과의 확정

안전영향평가 결과는 건축위원회의 심의를 거쳐 확정한다.

▶안전영향평가 결과의 제출기간

안전영향평가기관은 안전영향평가를 의뢰받은 날부터 30일 이내에 안전영향평가 결과를 허가권자에게 제출하여야 한다. 다만, 부득이한 경우에는 20일의 범위에서 그 기간을 한 차례만 연장할 수 있다.

▶사용승인신청

(1) 건축허가 또는 건축신고 대상 건축물과 허가대상 가설건축물의 건축주는 건축공사를 완료한 후 그 건축물을 사용하려는 경우에는 허가권자에게 사용승인을 신청해야 한다.
(2) 사용승인신청서에는 감리완료보고서(건축신고 대상 건축물의 경우에는 배치 및 평면이 표시된 현황도면) 등을 첨부하되, 액화석유가스의 사용시설에 대한 완성검사를 받아야 하는 건축물인 경우에는 액화석유가스 완성검사필증을 첨부해야 한다.

▶사용승인 절차

허가권자는 사용승인신청을 받은 날부터 7일 이내에 다음 사항에 관해 현장검사를 실시해야 하며, 현장검사에 합격된 건축물에 대해서는 사용승인서를 발급해야 한다.
(1) 사용승인을 신청한 건축물이 허가 또는 신고한 설계도서대로 시공되었는지의 여부
(2) 감리완료보고서·공사완료도서 등의 서류 및 도서가 적합하게 작성되었는지의 여부

▶사용승인의 효과

사용승인을 받은 후가 아니면 건축주는 그 건축물을 사용하거나 사용하게 할 수 없다. 다만, 다음의 경우에는 사용승인을 받기 전이라도 건축물을 사용하거나 사용하게 할 수 있다.
(1) 허가권자가 사용승인신청서를 접수한 날부터 7일 이내에 사용승인서를 발급하지 않은 경우
(2) 임시사용승인을 한 경우

79강 건축물의 유지·관리

▶임시사용승인

(1) 조건부 임시사용승인

허가권자는 식수 등 조경에 필요한 조치를 하기에 부적합한 시기에 건축공사가 완료된 건축물에 대해서는 허가권자가 지정하는 시기까지 식수 등 조경에 필요한 조치를 할 것을 조건으로 임시사용을 승인할 수 있다.

(2) 임시사용기간

임시사용기간은 2년 이내로 하되, 대형건축물이나 암반공사 등으로 인해 공사기간이 장기간인 건축물에 대해서는 그 기간을 연장할 수 있다.

▶허용오차

(1) 건축선의 후퇴거리, 인접대지 경계선과의 거리, 인접건축물과의 거리 : 3% 이내
(2) 건폐율 : 0.5% 이내(건축면적 5m²를 초과할 수 없음)
(3) 용적률 : 1% 이내(연면적 30m²를 초과할 수 없음)
(4) 건축물의 높이 : 2% 이내(1m를 초과할 수 없음)
(5) 평면길이, 출구너비, 반자높이 : 2% 이내
(6) 벽체두께, 바닥판두께 : 3% 이내

▶현장조사·검사 및 확인업무의 대행

허가권자는 건축조례가 정하는 건축물의 건축허가, 건축신고, 사용승인 및 임시사용승인과 관련된 현장조사·검사 및 확인업무를 건축사로 하여금 대행하게 할 수 있다. 이 경우 허가권자는 건축물의 사용승인 및 임시사용 승인과 관련된 현장조사·검사 및 확인업무를 대행할 건축사를 다음의 기준에 따라 선정해야 한다.

(1) 그 건축물의 설계자 또는 공사감리자가 아닐 것
(2) 건축주의 추천을 받지 않고 직접 선정할 것

▶업무대행건축사의 명부 작성·관리

(1) 시·도지사는 업무대행건축사의 명부를 모집공고를 거쳐 작성·관리 해야 한다. 이 경우 시·도지사는 미리 관할 시장·군수·구청장과 협의 해야 한다. 허가권자는 명부에서 업무대행건축사를 지정해야 한다.
(2) 허가권자는 업무대행건축사에게 업무를 대행하게 한 경우 건축조례 가 정하는 수수료를 지급해야 한다.

▶대행업무의 수행

(1) 현장조사·검사 및 확인업무를 대행하는 건축사는 그 결과를 서면으로 제출해야 하며, 이를 받은 허가권자는 지체없이 건축허가서 또는 사용승인서를 발급해야 한다.
(2) 다만, 건축허가를 할 때 도지사의 승인이 필요한 건축물인 경우에는 건축허가서를 발급하기 전에 미리 도지사의 승인을 받아야 한다.

▶기술적 기준에 관한 국토교통부령

대지의 안전, 건축물의 구조상 안전, 건축설비 등에 관한 기술적 기준은 「건축법」에 특별히 규정한 경우를 제외하고는 국토교통부령(건축물의 피난·방화구조 등의 기준에 관한 규칙, 건축물의 설비기준 등에 관한 규칙, 건축물의 구조기준 등에 관한 규칙)으로 정한다.

▶세부기준의 제정

기술적 기준에 관한 세부기준이 필요한 경우에는 국토교통부장관이 직접 이를 정하거나 국토교통부장관이 지정하는 연구기관·학술단체 그 밖의 관련 전문기관 또는 단체가 국토교통부장관의 승인을 받아 정할 수 있다.

▶건축지도원의 지정

특별자치시장·특별자치도지사·시장·군수 또는 자치구청장은 건축법령 및 이에 따른 처분에 위반되는 건축물의 발생을 예방하고, 건축물을 적법하게 유지·관리하도록 지도하기 위해 특별자치시·특별자치도·시·군·구에 근무하는 건축직렬의 공무원과 건축에 관한 학식이 풍부한 자로서 건축조례가 정하는 자격을 갖춘 자를 건축지도원으로 지정할 수 있다.

▶건축지도원의 업무

(1) 건축신고를 하고 건축 중에 있는 건축물의 시공지도와 위법시공 여부의 확인·지도 및 단속
(2) 건축물의 대지·높이 및 형태, 구조안전 및 화재안전, 건축설비 등이 건축법령 및 건축조례에 적합하게 유지·관리되고 있는지의 확인·지도 및 단속
(3) 허가를 받지 않거나 신고하지 않고 건축하거나 용도변경한 건축물의 단속

▶건축물대장의 작성

특별자치시장·특별자치도지사 또는 시장·군수·구청장은 건축물의 소유·이용 및 유지·관리 상태를 확인하거나 건축정책의 기초자료로 활용하기 위하여 다음에 해당하면 건축물대장에 건축물과 그 대지의 현황 및 건축물의 구조내력에 관한 정보를 적어서 보관하고 이를 지속적으로 정비하여야 한다.

(1) 사용승인서를 내준 경우
(2) 건축허가 또는 건축신고 대상건축물이 아닌 건축물에 대한 공사가 완료된 후 그 건축물에 대해 기재요청이 있는 경우
(3) 「집합건물법」상 건축물대장의 신규등록 및 변경등록의 신청이 있는 경우
(4) 적법하게 건축되어 유지·관리되어 온 건축물에 관한 종전의 건축물관리대장이나 그 밖에 이와 비슷한 공부(公簿)를 건축물대장에 옮겨 적을 것을 신청한 경우

(5) 건축물의 증축·개축·재축·이전·대수선 및 용도변경에 따라 건축물의 표시에 관한 사항이 변경된 경우
(6) 건축물의 소유권에 관한 사항이 변경된 경우

▶등기촉탁

다음에 해당하는 사유로 건축물대장의 기재 내용이 변경되는 경우 관할 등기소에 그 등기를 촉탁하여야 한다.
(1) 지번, 행정구역의 명칭이 변경된 경우(지자체가 자기를 위해 하는 등기로 봄)
(2) 사용승인을 받은 건축물로서 사용승인 내용 중 건축물의 면적·구조·용도 및 층수가 변경된 경우(단, 신규등록은 제외)
(3) 「건축물관리법」에 따라 건축물을 해체한 경우
(4) 「건축물관리법」에 따른 건축물의 멸실 후 멸실신고를 한 경우(지자체가 자기를 위해 하는 등기로 봄)

▶대지의 안전

(1) 대지는 인접한 도로면보다 낮아서는 아니 된다. 다만, 대지의 배수에 지장이 없거나 건축물의 용도상 방습의 필요가 없는 경우에는 인접한 도로면보다 낮아도 된다.
(2) 습한 토지, 물이 나올 우려가 많은 토지, 쓰레기, 그 밖에 이와 유사한 것으로 매립된 토지에 건축물을 건축하는 경우에는 성토, 지반 개량 등 필요한 조치를 하여야 한다.
(3) 대지에는 빗물과 오수를 배출하거나 처리하기 위하여 필요한 하수관, 하수구, 저수탱크, 그 밖에 이와 유사한 시설을 하여야 한다.
(4) 손궤의 우려가 있는 토지에 대지를 조성하려면 다음의 조치를 하여 옹벽을 설치하거나 그 밖에 필요한 조치를 하여야 한다.
  1) 성토 또는 절토하는 부분의 경사도가 1:1.5 이상으로서 높이가 1m 이상인 부분에는 옹벽을 설치할 것
  2) 옹벽의 높이가 2m 이상인 경우에는 이를 콘크리트구조로 할 것

80강
건축물의 대지와 도로(Ⅰ)

▶대지의 조경

(1) 조경의무 : 면적이 200m² 이상인 대지에 건축을 하는 건축주는 용도지역 및 건축물의 규모에 따라 해당 지자체의 조례로 정하는 기준에 따라 대지에 조경이나 그 밖에 필요한 조치를 하여야 한다.

(2) 조경 등의 조치를 하지 아니하여도 되는 건축물

1) 녹지지역에 건축하는 건축물
2) 면적 5천m² 미만인 대지에 건축하는 공장
3) 연면적의 합계가 1천500m² 미만인 공장
4) 「산업집적활성화 및 공장설립에 관한 법률」에 따른 산업단지의 공장
5) 대지에 염분이 함유되어 있는 경우 또는 건축물 용도의 특성상 조경 등의 조치를 하기가 곤란하거나 조경 등의 조치를 하는 것이 불합리한 경우로서 건축조례로 정하는 건축물
6) 축사
7) 허가대상 가설건축물
8) 연면적의 합계가 1천500m² 미만인 물류시설(주거지역 또는 상업지역에 건축하는 것은 제외)로서 국토부령으로 정하는 것
9) 자연환경보전지역·농림지역 또는 관리지역(지구단위계획구역으로 지정된 지역은 제외)의 건축물
10) 관광단지에 설치하는 관광시설 중 건축조례로 정하는 건축물

(3) 옥상조경

건축물의 옥상에 국토부장관이 고시하는 기준에 따라 조경이나 그 밖에 필요한 조치를 하는 경우에는 옥상부분 조경면적의 2/3에 해당하는 면적을 대지의 조경면적으로 산정할 수 있다. 이 경우 조경면적으로 산정하는 면적은 조경면적의 50/100을 초과할 수 없다.

▶공개공지 및 공개공간

(1) 공개공지 등의 확보 대상지역

1) 일반주거지역, 준주거지역, 상업지역, 준공업지역
2) 특별자치시장·특별자치도지사·시장·군수·구청장이 도시화의 가능성이 크다고 인정하여 지정·공고하는 지역

(2) 공개공지 등의 확보 대상 건축물

1) 문화 및 집회시설, 종교시설, 판매시설(농수산물유통시설은 제외), 운수시설(여객용 시설만 해당), 업무시설 및 숙박시설로서 해당 용도로 쓰는 바닥면적의 합계가 5천m² 이상인 건축물
2) 그 밖에 다중이 이용하는 시설로서 건축조례로 정하는 건축물

(3) 설치기준

공개공지 또는 공개공간의 면적은 대지면적의 10% 이하의 범위에서 건축조례로 정한다.

(4) 건축기준의 완화

1) 용적률은 해당 지역에 적용되는 용적률의 1.2배 이하
2) 높이제한은 해당 건축물에 적용되는 높이기준의 1.2배 이하

(5) 문화행사의 개최

공개공지등에는 연간 60일 이내의 기간 동안 건축조례로 정하는 바에 따라 주민들을 위한 문화 행사를 열거나 판촉활동을 할 수 있다. 다만, 울타리를 설치하는 등 공중이 해당 공개공지등을 이용하는 데 지장을 주는 행위를 해서는 아니 된다.

(6) 공개공지등에서 제한되는 행위

1) 공개공지등의 일정 공간을 점유하여 영업을 하는 행위
2) 공개공지등에 건축조례에 따른 시설 외의 시설물을 설치하는 행위
3) 공개공지등에 물건을 쌓아 놓는 행위
4) 울타리나 담장 등의 시설을 설치하거나 출입구를 폐쇄하는 등 공개공지등의 출입을 차단하는 행위
5) 공개공지등과 그에 설치된 편의시설을 훼손하는 행위

81강 건축물의 대지와 도로(Ⅱ)

▶ 도 로

(1) 도로의 정의

보행과 자동차 통행이 가능한 너비 4m 이상의 도로로서 다음의 어느 하나에 해당하는 도로나 그 예정도로를 말한다.

1) 「국토계획법」, 「도로법」, 「사도법」, 그 밖의 관계 법령에 따라 신설 또는 변경에 관한 고시가 된 도로
2) 건축허가 또는 건축신고 시에 시·도지사 또는 시장·군수·구청장이 위치를 지정하여 공고한 도로

(2) 도로의 지정

허가권자는 건축허가 또는 신고시 도로의 위치를 지정·공고하려면 그 도로에 대한 이해관계인의 동의를 받아야 한다. 다만, 다음에 해당하면 이해관계인의 동의 없이 건축위원회의 심의를 거쳐 도로를 지정할 수 있다.

1) 허가권자가 이해관계인이 해외에 거주하는 등의 사유로 이해관계인의 동의를 받기가 곤란하다고 인정하는 경우
2) 주민이 오랫동안 통행로로 이용하고 있는 사실상의 통로로서 해당 지자체의 조례로 정하는 것인 경우

(3) 도로의 폐지 또는 변경

허가권자는 지정한 도로를 폐지하거나 변경하려면 그 도로에 대한 이해관계인의 동의를 받아야 한다.

(4) 막다른 도로의 너비

1) 10m 미만 : 2m 이상
2) 10m 이상 35m 미만 : 3m 이상
3) 35m 이상 : 6m(도시지역이 아닌 읍·면지역은 4m) 이상

(5) 대지와 도로의 관계

건축물의 대지는 2m 이상이 도로(자동차만의 통행에 사용되는 도로는 제외)에 접하여야 한다. 다만, 다음의 경우에는 도로에 2m 이상 접하지 않아도 된다.

1) 해당 건축물의 출입에 지장이 없다고 인정되는 경우
2) 건축물의 주변에 광장·공원·유원지 그 밖에 관계 법령에 따라 건축이 금지되고 공중의 통행에 지장이 없는 공지로서 허가권자가 인정하는 공지가 있는 경우

(6) 대규모 대지와 도로너비 등의 관계

연면적의 합계가 2천m^2(공장인 경우에는 3천m^2) 이상인 건축물(축사, 작물재배사로서 건축조례로 정하는 규모의 건축물은 제외)의 대지는 너비 6m 이상의 도로에 4m 이상 접하여야 한다.

▶건축선

(1) 건축선의 위치

도로와 접한 부분에 건축물을 건축할 수 있는 건축선은 대지와 도로의 경계선으로 한다.

(2) 소요 너비에 미달되는 너비의 도로인 경우
 1) 도로 중심선으로부터 그 소요 너비의 1/2의 수평거리만큼 물러난 선을 건축선으로 함
 2) 그 도로의 반대쪽에 경사지, 하천, 철도, 선로부지, 그 밖에 이와 유사한 것이 있는 경우에는 그 경사지 등이 있는 쪽의 도로경계선에서 소요 너비에 해당하는 수평거리의 선을 건축선으로 함

(3) 도로모퉁이 부분의 건축선(가각전제)

도로의 교차각	해당 도로의 너비		교차 도로의 너비
	6m 이상 8m 미만	4m 이상 6m 미만	
90° 미만	4m	3m	6m 이상 8m 미만
	3m	2m	4m 이상 6m 미만
90° 이상 120° 미만	3m	2m	6m 이상 8m 미만
	2m	2m	4m 이상 6m 미만

▶건축선의 별도 지정

특별자치시장·특별자치도지사 또는 시장·군수·구청장은 시가지에서 건축물의 위치나 환경을 정비하기 위하여 필요하다고 인정하면 도시지역에는 4m 이하의 범위에서 건축선을 따로 지정할 수 있다.

82강 건축물의 구조 및 재료(Ⅰ)

▶건축선에 따른 건축제한

(1) 건축물과 담장은 건축선의 수직면을 넘어서는 아니 된다. 다만, 지표(地表) 아래 부분은 제외

(2) 도로면으로부터 높이 4.5m 이하에 있는 출입구, 창문, 그 밖에 이와 유사한 구조물은 열고 닫을 때 건축선의 수직면을 넘지 아니하는 구조로 하여야 한다.

▶구조안전 확인 서류의 제출 대상 건축물

(1) 건축물을 건축하거나 대수선하는 경우 해당 건축물의 설계자는 구조기준 등에 따라 그 구조의 안전을 확인해야 한다.

(2) 구조안전을 확인한 건축물 중 다음에 해당하는 건축물의 건축주는 해당 건축물의 설계자로부터 구조안전의 확인 서류를 받아 착공신고를 하는 때에 그 확인 서류를 허가권자에게 제출하여야 한다.

1) 층수가 2층(목구조 건축물의 경우에는 3층) 이상인 건축물
2) 연면적이 200m²(목구조 건축물의 경우에는 500m²) 이상인 건축물
3) 높이가 13m 이상인 건축물
4) 처마높이가 9m 이상인 건축물
5) 기둥과 기둥 사이의 거리가 10m 이상인 건축물
6) 건축물의 용도 및 규모를 고려한 중요도가 높은 건축물
7) 국가적 문화유산으로 보존할 가치가 있는 박물관·기념관 그 밖에 이와 유사한 것으로서 연면적의 합계가 5천m² 이상인 건축물
8) 특수구조 건축물
9) 단독주택 및 공동주택

▶피난 및 소화

(1) 직통계단의 설치

1) 건축물의 피난층(직접 지상으로 통하는 출입구가 있는 층 및 초고층 건축물의 피난안전구역을 말함) 외의 층에서는 피난층 또는 지상으로 통하는 직통계단을 거실의 각 부분으로부터 계단에 이르는 보행거리가 30m 이하가 되도록 설치하여야 한다.

2) 다만, 건축물의 주요 구조부가 내화구조 또는 불연재료로 된 건축물은 그 보행거리가 50m(층수가 16층 이상인 공동주택의 경우 16층 이상인 층에 대해서는 40m) 이하로 할 수 있다.

(2) 피난안전구역의 설치

1) 초고층건축물에는 피난층 또는 지상으로 통하는 직통계단과 직접 연결되는 피난안전구역을 지상층으로부터 최대 30개 층마다 1개소 이상 설치해야 한다.

2) 준초고층건축물에는 피난층 또는 지상으로 통하는 직통계단과 직접 연결되는 피난안전구역을 해당 건축물 전체 층수의 1/2에 해당하는 층으로부터 상하 5개 층 이내에 1개소 이상 설치해야 한다.

(3) 피난계단의 설치대상

지상 5층 이상 또는 지하 2층 이하의 층에 설치하는 직통계단은 피난계단 또는 특별피난계단으로 설치해야 한다.

(4) 특별피난계단의 설치

건축물(갓복도식 공동주택은 제외)의 11층(공동주택의 경우에는 16층) 이상인 층 또는 지하 3층 이하인 층의 직통계단은 특별피난계단으로 설치해야 하며, 판매시설로 쓰는 층의 직통계단은 1개소 이상을 특별피난계단으로 설치해야 한다.

(5) 난간의 설치

옥상광장 또는 2층 이상인 층에 있는 노대(露臺)나 그 밖에 이와 비슷한 것의 주위에는 높이 1.2m 이상의 난간을 설치하여야 함

(6) 옥상광장의 설치

5층 이상인 층이 제2종 근린생활시설 중 바닥면적의 합계가 300m² 이상인 공연장·종교집회장·문화 및 집회시설(전시장 및 동·식물원은 제외), 종교시설, 판매시설, 위락시설 중 주점영업 또는 장례시설의 용도로 쓰는 경우에는 피난 용도로 쓸 수 있는 광장을 옥상에 설치하여야 함

(7) 옥상 출입문의 비상문자동개폐장치

다음에 해당하는 건축물은 옥상으로 통하는 출입문에「소방시설 설치 및 관리에 관한 법률」에 따른 성능인증 및 제품검사를 받은 비상문자동개폐장치를 설치해야 한다.

1) 피난 용도로 쓸 수 있는 광장을 옥상에 설치해야 하는 건축물
2) 피난 용도로 쓸 수 있는 광장을 옥상에 설치하는 다중이용 건축물, 연면적 1천m² 이상인 공동주택

(8) 헬리포트의 설치

층수가 11층 이상인 건축물로서 11층 이상인 층의 바닥면적의 합계가 1만m² 이상인 건축물(지붕을 평지붕으로 하는 경우만 해당)의 옥상에는 헬리포트를 설치하거나 헬리콥터를 통하여 인명 등을 구조할 수 있는 공간을 확보하여야 함

(9) 대지의 피난 및 소화에 필요한 통로 설치

건축물의 대지에는 건축물 바깥쪽으로 통하는 주된 출구와 지상으로 통하는 피난계단 및 특별피난계단으로부터 도로 또는 공지로 통하는 통로를 다음의 기준에 따라 설치해야 함

1) 통로의 너비는 다음의 구분에 따른 기준에 따라 확보할 것
   ① 단독주택 : 유효 너비 0.9m 이상
   ② 바닥면적의 합계가 500m² 이상인 문화 및 집회시설, 종교시설, 의료시설, 위락시설 또는 장례식장 : 유효 너비 3m 이상
   ③ 그 밖의 용도로 쓰는 건축물 : 유효 너비 1.5m 이상
2) 필로티 내 통로의 길이가 2m 이상인 경우에는 피난 및 소화활동에 장애가 발생하지 아니하도록 자동차 진입억제용 말뚝 등 통로 보호시설을 설치하거나 통로에 단차(段差)를 둘 것

83강 건축물의 구조 및 재료(Ⅱ)

▶ **안전·위생 및 방화**

(1) 방화구획의 설치

주요구조부가 내화구조 또는 불연재료로 된 건축물로서 연면적이 1천㎡를 넘는 것은 내화구조로 된 바닥·벽 및 방화문 또는 자동방화셔터로 방화구획을 하여야 한다.

(2) 발코니에 대피공간의 설치 기준

아파트로서 4층 이상인 층의 각 세대가 2개 이상의 직통계단을 사용할 수 없는 경우에는 발코니에 인접 세대와 공동으로 또는 각 세대별로 대피공간(대피공간의 바닥면적은 인접 세대와 공동으로 설치하는 경우에는 3㎡ 이상, 각 세대별로 설치하는 경우에는 2㎡ 이상, 대피공간으로 통하는 출입문에는 60분+ 방화문을 설치할 것)을 하나 이상 설치해야 한다.

(3) 거실의 채광 및 환기시설의 설치

단독주택 및 공동주택의 거실, 교육연구시설 중 학교의 교실, 의료시설의 병실 또는 숙박시설의 객실에는 채광 및 환기를 위한 창문 등이나 설비를 설치하여야 한다.

(4) 소방관이 진입할 수 있는 창의 설치

건축물의 11층 이하의 층에는 소방관이 진입할 수 있는 창을 설치하고, 외부에서 주·야간에 식별할 수 있는 표시를 해야 한다. 다만, 다음의 어느 하나에 해당하는 아파트는 제외한다.

1) 대피공간 등을 설치한 아파트
2) 「주택건설기준 등에 관한 규정」에 따라 비상용 승강기를 설치한 아파트

(5) 경계벽의 설치

1) 다가구주택의 각 가구 간 또는 공동주택(기숙사는 제외)의 각 세대 간 경계벽
2) 공동주택 중 기숙사의 침실, 의료시설의 병실, 교육연구시설 중 학교의 교실 또는 숙박시설의 객실 간 경계벽
3) 제1종 근린생활시설 중 산후조리원에 해당하는 경계벽

4) 제2종 근린생활시설 중 다중생활시설의 호실 간 경계벽
5) 노유자시설 중 「노인복지법」에 따른 노인복지주택의 각 세대 간 경계벽
6) 노유자시설 중 노인요양시설의 호실 간 경계벽

(6) **층간바닥의 설치** : 다음에 해당하는 건축물의 층간바닥(화장실의 바닥은 제외)은 국토부령으로 정하는 기준에 따라 설치하여야 한다.
1) 단독주택 중 다가구주택
2) 공동주택(「주택법」에 따른 주택건설사업계획승인 대상은 제외)
3) 업무시설 중 오피스텔
4) 제2종 근린생활시설 중 다중생활시설
5) 숙박시설 중 다중생활시설

(7) **창문 등의 차면시설의 설치** : 인접 대지경계선으로부터 직선거리 2m 이내에 이웃 주택의 내부가 보이는 창문 등을 설치하는 경우에는 차면시설을 설치해야 한다.

▶방화벽

연면적이 1,000m² 이상인 건축물은 방화벽으로 구획하되, 각 구획의 바닥면적 합계는 1,000m² 미만이어야 한다. 다만, 다음의 건축물은 방화벽으로 구획하지 않아도 된다.
1) 주요구조부가 내화구조이거나 불연재료인 건축물
2) 단독주택, 동물 및 식물관련시설, 교정시설 중 교도소 및 감화원, 발전시설, 묘지관련시설(화장장은 제외)로 쓰는 건축물
3) 내부설비의 구조상 방화벽으로 구획할 수 없는 창고시설

▶방화지구의 건축물

(1) 방화지구에서는 다음의 건축물을 제외하고는 건축물의 주요구조부와 지붕·외벽을 내화구조로 해야 한다.
1) 연면적이 30m² 미만인 단층부속건축물로서 외벽 및 처마면이 내화구조 또는 불연재료로 된 것
2) 도매시장으로 쓰는 건축물로서 주요구조부가 불연재료로 된 것

(2) 방화지구에서는 건축물의 지붕 위에 설치하거나 높이가 3m 이상인 간판 및 광고탑은 그 주요부를 불연재료로 해야 한다.

▶건축물의 범죄예방

국토부장관은 범죄를 예방하고 안전한 생활환경을 조성하기 위하여 건축물, 건축설비 및 대지에 관한 범죄예방 기준을 정하여 고시할 수 있다. 다음의 어느 하나에 해당하는 건축물은 범죄예방 기준에 따라 건축하여야 한다.

1) 다가구주택, 아파트, 연립주택 및 다세대주택
2) 제1종 근린생활시설 중 일용품을 판매하는 소매점
3) 제2종 근린생활시설 중 다중생활시설
4) 문화 및 집회시설(동·식물원은 제외한다)
5) 교육연구시설(연구소 및 도서관은 제외한다)
6) 노유자시설
7) 수련시설
8) 업무시설 중 오피스텔
9) 숙박시설 중 다중생활시설

▶방화문의 구분

(1) **60분+방화문** : 연기 및 불꽃을 차단할 수 있는 시간이 60분 이상이고, 열을 차단할 수 있는 시간이 30분 이상인 방화문
(2) **60분 방화문** : 연기 및 불꽃을 차단할 수 있는 시간이 60분 이상인 방화문
(3) **30분 방화문** : 연기 및 불꽃을 차단할 수 있는 시간이 30분 이상 60분 미만인 방화문

84강 지역 및 지구의 건축물(Ⅰ)

▶지역·지구·구역에 걸치는 경우의 건축제한

(1) 일반적인 경우

대지가 「건축법」이나 다른 법률에 따른 지역·지구(녹지지역과 방화지구는 제외) 또는 구역에 걸치는 경우에는 그 건축물과 대지의 전부에 대하여 대지의 과반이 속하는 지역·지구·구역 안의 건축물 및 대지 등에 관한 「건축법」의 규정을 적용한다.

(2) 방화지구에 걸치는 경우

하나의 건축물이 방화지구와 그 밖의 구역에 걸치는 경우에는 그 전부에 대하여 방화지구의 건축물에 관한 「건축법」의 규정을 적용한다. 다만, 건축물의 방화지구에 속한 부분과 그 밖의 구역에 속한 부분의 경계가 방화벽으로 구획되는 경우 그 밖의 구역에 있는 부분에 대하여는 방화지구의 건축물에 관한 규정을 적용하지 않는다.

(3) 녹지지역에 걸치는 경우

대지가 녹지지역과 그 밖의 지역·지구 또는 구역에 걸치는 경우에는 각 지역·지구 또는 구역 안의 건축물과 대지에 관한 「건축법」의 규정을 적용한다. 다만, 녹지지역 안의 건축물이 방화지구에 걸치는 경우에는 방화지구의 건축물에 관한 「건축법」의 규정을 적용한다.

▶건폐율 및 용적률

(1) 건폐율

1) 대지면적에 대한 건축면적의 비율
2) 건폐율의 최대한도는 「국토계획법」에 따른 건폐율 기준에 따른다. 다만, 「건축법」에서 그 기준을 완화 또는 강화해서 적용하도록 규정한 경우에는 그에 따른다.

(2) 용적률

1) 대지면적에 대한 연면적의 비율
2) 용적률의 최대한도는 「국토계획법」에 따른 용적률의 기준에 따른다. 다만, 「건축법」에서 기준을 완화하거나 강화하여 적용하도록 규정한 경우에는 그에 따른다.

▶대지분할의 제한

(1) 건축물이 있는 대지는 다음의 면적 이상으로서 건축조례가 정하는 면적에 못 미치게 분할할 수 없다.
 1) 주거지역 : 60m²
 2) 상업지역 : 150m²
 3) 공업지역 : 150m²
 4) 녹지지역 : 200m²
 5) 기타지역 : 60m²

(2) 건축물이 있는 대지는 이 법 제44조(대지와 도로와의 관계)·제55조(건폐율)·제56조(용적률)·제58조(대지 안의 공지)·제60조(높이제한) 및 제61조(일조 등의 확보를 위한 높이제한)에 따른 기준에 못 미치게 분할할 수 없다. 다만, 건축협정이 인가된 경우 그 건축협정의 대상이 되는 대지는 분할할 수 있다.

▶대지안의 공지

(1) 대지의 공지확보

건축물을 건축하는 경우에는 용도지역·용도지구, 건축물의 용도 및 규모 등에 따라 건축선 및 인접 대지경계선으로부터 6m 이내의 범위에서 해당 지자체의 조례로 정하는 거리 이상을 띄어야 한다.

(2) 대지 안의 공지기준

 1) 건축선으로부터 건축물까지 띄어야 하는 거리
  ① 아파트 : 2m 이상 6m 이하
  ② 연립주택 : 2m 이상 5m 이하
  ③ 다세대주택 : 1m 이상 4m 이하

 2) 인접대지경계선으로부터 건축물까지 띄어야 하는 거리
  ① 아파트 : 2m 이상 6m 이하
  ② 연립주택 : 1.5m 이상 5m 이하
  ③ 다세대주택 : 0.5m 이상 4m 이하
  (상업지역에서 건축하는 공동주택으로서 스프링클러나 자동식 소화설비를 설치한 공동주택은 제외)

85강
지역 및 지구의 건축물(Ⅱ)

▶가로구역의 높이제한
(1) 허가권자는 가로구역(도로로 둘러싸인 일단의 지역)을 단위로 하여 건축물의 높이를 지정·공고할 수 있다. 다만, 특별자치시장·특별자치도지사 또는 시장·군수·구청장은 가로구역의 높이를 완화하여 적용할 필요가 있다고 판단되는 대지에 대하여는 건축위원회의 심의를 거쳐 높이를 완화하여 적용할 수 있다.
(2) 특별시장이나 광역시장은 도시의 관리를 위하여 필요하면 가로구역별 건축물의 높이를 특별시나 광역시의 조례로 정할 수 있다.
(3) 허가권자는 가로구역별 건축물의 높이를 지정하려면 지방건축위원회의 심의를 거쳐야 한다.

▶가로구역의 높이완화에 관한 특례규정의 중첩적용
허가권자는 일조·통풍 등 주변 환경 및 도시미관에 미치는 영향이 크지 않다고 인정하는 경우에는 건축위원회의 심의를 거쳐 이 법 및 다른 법률에 따른 가로구역의 높이 완화에 관한 규정을 중첩하여 적용할 수 있다.

▶일조 등의 확보를 위한 높이제한
(1) **전용주거지역 및 일반주거지역에서 건축하는 건축물**
    전용주거지역이나 일반주거지역에서 건축물을 건축하는 경우에는 건축물의 각 부분을 정북방향으로의 인접대지 경계선으로부터 다음의 범위에서 건축조례가 정하는 거리 이상을 띄어 건축하여야 한다.
    1) 높이 10m 이하인 부분 : 인접 대지경계선으로부터 1.5m 이상
    2) 높이 10m를 초과하는 부분 : 인접 대지경계선으로부터 해당 건축물의 각 부분의 높이의 1/2 이상
(2) **정남방향의 인접대지경계선으로부터 띄어서 건축하는 경우**
    1) 택지개발지구인 경우   2) 대지조성사업지구인 경우
    3) 지역개발사업구역인 경우   4) 산업단지인 경우
    5) 도시개발구역인 경우   6) 정비구역인 경우
    7) 정북방향으로 도로·하천등 건축이 금지된 공지에 접하는 대지인 경우
    8) 정북방향으로 접하고 있는 대지의 소유자와 합의한 경우

▶일반상업지역·중심상업지역 외의 지역에 건축하는 공동주택

(1) 인접 대지경계선 방향으로 채광을 위한 창문등을 두는 경우 또는 하나의 대지에 두 동 이상을 건축하는 경우에 해당하는 공동주택(일반상업지역·중심상업지역에 건축하는 것은 제외)은 다음의 기준에 적합하여야 한다.

  1) 공동주택(기숙사는 제외)의 각 부분의 높이는 그 부분으로부터 채광을 위한 창문 등이 있는 벽면에서 직각방향으로 인접 대지경계선까지의 수평거리의 2배(근린상업지역 또는 준주거지역의 건축물은 4배) 이하로 할 것

  2) 같은 대지에서 두 동 이상의 건축물이 서로 마주보고 있는 경우에 건축물 각 부분 사이의 거리는 다음의 거리 이상을 띄어 건축할 것. 다만, 그 대지의 모든 세대가 동지를 기준으로 9시에서 15시 사이에 2시간 이상을 계속하여 일조를 확보할 수 있는 거리 이상으로 할 수 있다.

    ① 채광을 위한 창문 등이 있는 벽면으로부터 직각방향으로 건축물 각 부분 높이의 0.5배(도시형 생활주택의 경우에는 0.25배) 이상의 범위에서 건축조례로 정하는 거리 이상

    ② 서로 마주보는 건축물 중 높은 건축물의 주된 개구부의 방향이 낮은 건축물을 향하는 경우에는 10m 이상으로서 낮은 건축물 각 부분의 높이의 0.5배(도시형 생활주택의 경우에는 0.25배) 이상의 범위에서 건축조례로 정하는 거리 이상

    ③ 건축물과 부대시설 또는 복리시설이 서로 마주보고 있는 경우에는 부대시설 또는 복리시설 각 부분 높이의 1배 이상

    ④ 채광창(창넓이가 0.5m² 이상인 창을 말함)이 없는 벽면과 측벽이 마주보는 경우에는 8m 이상. 측벽과 측벽이 마주보는 경우에는 4m 이상

(2) **소형 건축물에 대한 예외**

  2층 이하로서 높이가 8m 이하인 건축물에는 해당 지자체의 조례로 정하는 바에 따라 일조 등의 확보를 위한 높이제한을 적용하지 아니할 수 있다.

86강 건축설비

▶건축설비 설치의 원칙

건축설비는 건축물의 안전·방화 및 위생과 에너지 및 정보통신의 합리적 이용에 지장이 없도록 설치하여야 하고, 배관피트 및 닥트의 단면적과 수선구의 크기를 해당 설비의 수선에 지장이 없도록 하는 등 설비의 유지·관리가 쉽게 설치하여야 한다.

▶방송 공동수신설비의 설치

건축물에는 방송수신에 지장이 없도록 공동시청 안테나, 유선방송 수신시설, 위성방송 수신설비, FM라디오방송 수신설비 또는 방송공동수신설비를 설치할 수 있다. 다만, 다음의 건축물에는 방송공동수신설비를 설치하여야 한다.

(1) 공동주택
(2) 바닥면적의 합계가 5천m² 이상으로서 업무시설이나 숙박시설의 용도로 쓰는 건축물

▶승강기

(1) **승강기의 설치대상**

건축주는 6층 이상으로서 연면적이 2천m² 이상인 건축물을 건축하려면 승강기를 설치(층수가 6층인 건축물로서 각층 거실의 바닥면적 300m² 이내마다 1개소 이상의 직통계단을 설치한 건축물은 제외).

(2) **비상용 승강기의 설치** : 높이 31m를 초과하는 건축물에는 승강기 외에 다음의 기준에 따른 대수 이상의 비상용 승강기를 설치

1) 높이 31m를 넘는 각층의 바닥면적 중 최대 바닥면적이 1천500m² 이하인 건축물 : 1대 이상
2) 높이 31m를 넘는 각층의 바닥면적 중 최대 바닥면적이 1천500m²를 넘는 건축물 : 1대에 1천500m²를 넘는 매 3천m² 이내마다 1대씩 더한 대수 이상

(3) 비상용 승강기를 설치하지 아니할 수 있는 건축물
  1) 높이 31m를 넘는 각층을 거실 외의 용도로 쓰는 건축물
  2) 높이 31m를 넘는 각층의 바닥면적의 합계가 500m² 이하인 건축물
  3) 높이 31m를 넘는 층수가 4개층 이하로서 당해 각층의 바닥면적의 합계 200m² 이내마다 방화구획으로 구획한 건축물

  (2대 이상의 비상용 승강기를 설치하는 경우에는 화재가 났을 때 소화에 지장이 없도록 일정한 간격을 두고 설치하여야 한다)

(4) 피난용 승강기의 설치

  고층건축물에는 건축물에 설치하는 승용승강기 중 1대 이상을 다음의 기준에 맞게 피난용 승강기로 설치하여야 한다.
  1) 승강장의 바닥면적은 승강기 1대당 6m² 이상으로 할 것
  2) 각 층으로부터 피난층까지 이르는 승강로를 단일구조로 연결하여 설치할 것
  3) 예비전원으로 작동하는 조명설비를 설치할 것
  4) 승강장의 출입구 부근의 잘 보이는 곳에 해당 승강기가 피난용 승강기임을 알리는 표지를 설치할 것

▶ 지능형 건축물의 인증

(1) 지능형 건축물의 인증제도 실시

  국토부장관은 지능형 건축물의 건축을 활성화하기 위하여 지능형 건축물 인증제도를 실시한다.

(2) 인증기관의 지정

  국토부장관은 지능형 건축물의 인증을 위하여 인증기관을 지정할 수 있다.

(3) 건축기준의 완화 적용

  허가권자는 지능형 건축물로 인증을 받은 건축물에 대하여 조경설치면적을 85/100까지 완화하여 적용할 수 있으며, 용적률 및 건축물의 높이를 115/100의 범위에서 완화하여 적용할 수 있다.

87강 특별건축구역

▶건축모니터링의 실시

국토부장관은 기후 변화나 건축기술의 변화 등에 따라 건축물의 구조 및 재료 등에 관한 기준이 적정한지를 검토하는 건축모니터링을 3년마다 실시하여야 한다.

▶특별건축구역의 정의

특별건축구역이란 조화롭고 창의적인 건축물의 건축을 통해 도시경관의 창출, 건설기술 수준향상 및 건축 관련 제도개선을 도모하기 위해 이 법 또는 관계법령에 따라 일부 규정을 적용하지 않거나 완화 또는 통합해서 적용할 수 있도록 특별히 지정하는 구역을 말함

▶특별건축구역의 지정권자 및 지정대상

국토부장관 또는 시·도지사는 다음의 구분에 따라 도시나 지역의 일부가 특별건축구역으로 특례적용이 필요하다고 인정하는 경우에는 특별건축구역을 지정할 수 있다.

(1) **국토부장관이 지정하는 경우**
   1) 국가가 국제행사 등을 개최하는 도시 또는 지역의 사업구역
   2) 행정중심복합도시의 사업구역
   3) 혁신도시의 사업구역
   4) 경제자유구역
   5) 「택지개발촉진법」에 따른 택지개발사업구역
   6) 「공공주택 특별법」에 따른 공공주택지구
   7) 「도시개발법」에 따른 도시개발구역
   8) 국립아시아문화전당 건설사업구역
   9) 지구단위계획구역 중 현상설계등에 따른 창의적 개발을 위한 특별계획구역

(2) 시·도지사가 지정하는 경우
  1) 지자체가 국제행사 등을 개최하는 도시 또는 지역의 사업구역
  2) 경제자유구역
  3) 「택지개발촉진법」에 따른 택지개발사업구역
  4) 「도시 및 주거환경정비법」에 따른 정비구역
  5) 「도시개발법」에 따른 도시개발구역
  6) 「도시재정비 촉진을 위한 특별법」에 따른 재정비촉진구역
  7) 국제자유도시의 사업구역, 관광지, 관광단지 또는 관광특구

▶특별건축구역지정의 제외지역
(1) 「개발제한구역의 지정 및 관리에 관한 특별조치법」에 따른 개발제한구역
(2) 「자연공원법」에 따른 자연공원
(3) 「도로법」에 따른 접도구역
(4) 「산지관리법」에 따른 보전산지

▶군사기지 및 군사시설 보호구역의 사전협의
국토부장관 또는 시·도지사는 특별건축구역으로 지정하고자 하는 지역이 「군사기지 및 군사시설 보호법」에 따른 군사기지 및 군사시설 보호구역에 해당하는 경우에는 국방부장관과 사전에 협의하여야 한다.

▶특별건축구역의 지정절차
특별건축구역의 지정이 필요한 경우에 중앙행정기관의 장 또는 시·도지사는 국토부장관에게, 시장·군수·구청장은 특별시장·광역시장·도지사에게 각각 특별건축구역의 지정을 신청할 수 있다.

▶특별건축구역의 지정 제안
(1) 시·도지사에게 제안
   지정신청기관 외의 자는 자료를 갖추어 사업구역을 관할하는 시·도지사에게 특별건축구역의 지정을 제안할 수 있다.

(2) 특별건축구역 지정 제안자의 사전 동의
  1) 대상 토지 면적(국·공유지의 면적은 제외)의 2/3 이상에 해당하는 토지 소유자
  2) 국유지 또는 공유지의 재산관리청(국·공유지가 포함되어 있는 경우)

(3) 특별건축구역의 지정여부 결정기한

   시·도지사는 제안서류를 받은 날부터 45일 이내에 특별건축구역 지정의 필요성, 타당성, 공공성 등과 피난·방재 등의 사항을 검토하여 특별건축구역 지정여부를 결정해야 한다.

(4) 특별건축구역의 지정여부 결과 통보

   시·도지사는 지정여부를 결정한 날부터 14일 이내에 특별건축구역 지정을 제안한 자에게 그 결과를 통보해야 한다.

▶건축위원회의 심의

국토부장관 또는 특별시장·광역시장·도지사는 지정신청을 받은 날부터 30일 이내에 국토부장관이 지정신청을 받은 경우에는 국토부장관이 두는 중앙건축위원회, 특별시장·광역시장·도지사가 지정신청을 받은 경우에는 각각 특별시장·광역시장·도지사가 두는 건축위원회의 심의를 거쳐야 한다.

▶특별건축구역의 해제사유

(1) 지정신청기관의 요청이 있는 경우
(2) 거짓이나 그 밖의 부정한 방법으로 지정을 받은 경우
(3) 특별건축구역 지정일부터 5년 이내에 특별건축구역 지정목적에 부합하는 건축물의 착공이 이루어지지 아니하는 경우
(4) 특별건축구역 지정요건 등을 위반하였으나 시정이 불가능한 경우

▶도시·군관리계획의 결정의제

특별건축구역을 지정하거나 변경한 경우에는 도시·군관리계획의 결정(용도지역·용도지구·용도구역의 지정 및 변경은 제외)이 있는 것으로 본다.

88강 특별가로구역의 지정·관리 / 건축협정

▶특별가로구역의 지정

국토부장관 및 허가권자는 도로에 인접한 건축물의 건축을 통한 조화로운 도시경관의 창출을 위하여 일부 규정을 적용하지 아니하거나 완화하여 적용할 수 있도록 경관지구 또는 지구단위계획구역 중 미관유지를 위하여 필요하다고 인정하는 구역에서 다음과 같은 도로에 접한 대지의 일정 구역을 특별가로구역으로 지정할 수 있다.

(1) 건축선을 후퇴한 대지에 접한 도로로서 허가권자(허가권자가 구청장인 경우에는 특별시장이나 광역시장을 말함)가 건축조례로 정하는 도로
(2) 허가권자가 리모델링 활성화가 필요하다고 인정하여 지정·공고한 지역 안의 도로
(3) 보행자전용도로로서 도시미관 개선을 위하여 허가권자가 건축조례로 정하는 도로
(4) 「지역문화진흥법」에 따른 문화지구 안의 도로
(5) 그 밖에 조화로운 도시경관 창출을 위하여 필요하다고 인정하여 국토부장관이 고시하거나 허가권자가 건축조례로 정하는 도로

▶건축위원회의 심의

국토부장관 및 허가권자는 특별가로구역을 지정하려는 경우에는 국토부장관 또는 허가권자가 두는 건축위원회의 심의를 거쳐야 한다.

▶특별가로구역의 관리

국토부장관 및 허가권자는 특별가로구역을 효율적으로 관리하기 위하여 국토부령으로 정하는 바에 따라 지정 내용을 작성하여 관리하여야 한다.

▶건축협정체결의 대상지역

토지 또는 건축물의 소유자등은 전원의 합의로 다음에 해당하는 지역 또는 구역에서 건축물의 건축·대수선 또는 리모델링에 관한 건축협정을 체결할 수 있다.

(1) 지구단위계획구역
(2) 주거환경개선사업을 시행하기 위해 지정·고시된 정비구역
(3) 「도시재정비촉진을 위한 특별법」에 따른 존치지역
(4) 도시재생활성화지역
(5) 건축협정인가권자가 도시 및 주거환경개선이 필요하다고 인정하여 해당 지자체의 조례로 정하는 구역

▶건축협정운영회의 설립
(1) 협정체결자는 건축협정서 작성 및 건축협정 관리 등을 위하여 필요한 경우 협정체결자 간의 자율적 기구로서 건축협정운영회를 설립할 수 있다.
(2) 건축협정운영회를 설립하려면 협정체결자 과반수의 동의를 받아 건축협정운영회의 대표자를 선임하고, 건축협정인가권자에게 신고하여야 한다.

▶건축협정의 인가
(1) 협정체결자 또는 건축협정운영회의 대표자는 건축협정서를 작성하여 해당 건축협정인가권자의 인가를 받아야 한다. 이 경우 인가신청을 받은 건축협정인가권자는 인가를 하기 전에 건축협정인가권자가 두는 건축위원회의 심의를 거쳐야 한다.
(2) 건축협정 체결 대상 토지가 둘 이상의 특별자치시 또는 시·군·구에 걸치는 경우 건축협정 체결 대상 토지면적의 과반이 속하는 건축협정인가권자에게 인가를 신청할 수 있다.

▶건축협정의 폐지
(1) 협정체결자 또는 건축협정운영회의 대표자는 건축협정을 폐지하려는 경우에는 협정체결자 과반수의 동의를 받아 건축협정인가권자의 인가를 받아야 한다.
(2) 다만, 건축협정에 따른 특례를 적용하여 착공신고를 한 경우에는 20년이 지난 후에 건축협정의 폐지 인가를 신청할 수 있다.

▶건축협정에 따른 특례

건축협정의 인가를 받은 건축협정구역에서는 다음의 관계 법령의 규정을 개별 건축물마다 적용하지 아니하고 건축협정구역의 전부 또는 일부를 대상으로 통합하여 적용할 수 있다.

1) 대지의 조경
2) 대지와 도로와의 관계
3) 지하층의 설치
4) 건폐율
5) 부설주차장의 설치
6) 개인하수처리시설의 설치

▶건축협정구역에서 완화

건축협정구역에 건축하는 건축물에 대하여는 대지의 조경, 건축물의 건폐율, 건축물의 용적률, 대지 안의 공지, 건축물의 높이제한 및 일조등의 확보를 위한 건축물의 높이제한과 「주택법」 제35조(주택건설기준등)를 완화하여 적용할 수 있다. 다만, 건축물의 용적률을 완화하여 적용하는 경우에는 건축위원회의 심의와 「국토계획법」에 따른 지방도시계획위원회의 심의를 통합하여 거쳐야 한다.

▶건축협정 집중구역의 지정

건축협정인가권자는 건축협정의 효율적인 체결을 통한 도시의 기능 및 미관의 증진을 위하여 다음에 해당하는 지역을 건축협정 집중구역으로 지정할 수 있다.

(1) 지구단위계획구역
(2) 주거환경개선사업을 시행하기 위하여 지정·고시된 정비구역
(3) 도시재정비 촉진을 위한 특별법」에 따른 존치지역
(4) 「도시재생 활성화 및 지원에 관한 특별법」에 따른 도시재생활성화지역

89강 결합건축 등

▶결합건축의 정의
결합건축이란 용적률을 개별 대지마다 적용하지 아니하고, 2개 이상의 대지를 대상으로 통합적용하여 건축물을 건축하는 것을 말한다.

▶2개의 대지결합건축 대상 지역
다음의 지역에서 대지 간의 최단거리가 100m 이내의 범위에서 2개의 대지 모두가 동일한 지역에 속하고 2개의 대지 모두가 너비 12m 이상인 도로로 둘러싸인 하나의 구역 안에 있는 2개의 대지의 건축주가 서로 합의한 경우 2개의 대지를 대상으로 결합건축할 수 있다.

1) 상업지역
2) 역세권개발구역
3) 정비구역 중 주거환경개선사업의 시행을 위한 구역
4) 건축협정구역
5) 특별건축구역
6) 리모델링 활성화 구역
7) 도시재생활성화지역
8) 건축자산 진흥구역

▶3개 이상 대지 결합건축 대상
(1) 국가·지자체 또는 공공기관이 소유 또는 관리하는 건축물과 결합건축하는 경우
(2) 빈집 또는 빈 건축물을 철거하여 그 대지에 공원, 녹지, 광장, 정원, 공지, 주차장, 놀이터 등 공동이용시설을 설치하는 경우
(3) 마을회관, 마을공동작업소, 마을도서관, 어린이집 등 공동이용건축물과 결합건축하는 경우
(4) 공동주택 중 민간임대주택과 결합건축하는 경우
(5) 그 밖에 건축조례로 정하는 건축물과 결합건축하는 경우

▶건축위원회의 심의
허가권자는 결합건축에 따른 건축허가를 하기 전에 건축위원회의 심의를 거쳐야 한다. 다만, 결합건축으로 조정되어 적용되는 대지별 용적률이 「국토계획법」에 따라 해당 대지에 적용되는 도시계획조례의 용적률의 20/100을 초과하는 경우에는 건축위원회 심의와 도시계획위원회 심의를 공동으로 하여 거쳐야 한다.

▶협정체결의 유지기간
결합건축협정서에 따른 협정체결 유지기간은 최소 30년으로 한다. 다만, 결합건축협정서의 용적률 기준을 종전대로 환원하여 신축·개축·재축하는 경우에는 그러하지 아니한다.

▶결합건축협정서의 폐지
결합건축협정서를 폐지하려는 경우에는 결합건축협정체결자 전원이 동의하여 허가권자에게 신고하여야 하며, 허가권자는 용적률을 이전받은 건축물이 멸실된 것을 확인한 후 결합건축의 폐지를 수리하여야 한다.

▶허가·승인의 취소 및 시정명령
허가권자는 이 법 또는 이 법에 따른 명령이나 처분에 위반되는 대지나 건축물에 대하여 이 법에 따른 허가 또는 승인을 취소하거나 그 건축물의 건축주·공사시공자·현장관리인·소유자·관리자 또는 점유자에게 공사의 중지를 명하거나 상당한 기간을 정하여 그 건축물의 해체·개축·증축·수선·용도변경·사용금지·사용제한, 그 밖에 필요한 조치를 명할 수 있다.

▶이행강제금의 부과대상 및 부과권자
(1) 허가권자는 위반건축물에 대한 시정명령을 받은 후 시정기간 내에 시정명령을 이행하지 아니한 건축주·공사시공자·현장관리인·소유자·관리자 또는 점유자에 대하여는 그 시정명령의 이행에 필요한 상당한 이행기한을 정하여 그 기한까지 시정명령을 이행하지 아니하면 이행강제금을 부과한다.

(2) 다만, 연면적이 60m² 이하인 주거용 건축물의 경우에는 부과금액의 1/2의 범위에서 해당 지자체의 조례로 정하는 금액을 부과한다.

▶이행강제금의 산정방법

(1) 건폐율·용적률등 위반 시 이행강제금의 탄력적 운영

건축물이 건폐율 또는 용적률을 초과하여 건축된 경우 또는 허가를 받지 아니하거나 신고를 하지 아니하고 건축된 경우에는 「지방세법」에 의하여 해당 건축물에 적용되는 1m²당 시가표준액의 50%에 상당하는 금액에 위반면적을 곱한 금액 이하의 범위에서 위반 내용에 따라 다음의 구분에 따른 비율을 곱한 금액

1) 건폐율을 초과하여 건축한 경우 : 80%
2) 용적률을 초과하여 건축한 경우 : 90%
3) 허가를 받지 아니하고 건축한 경우 : 100%
4) 신고를 하지 아니하고 건축한 경우 : 70%

(2) 그 밖의 위반 시 이행강제금

건축물이 위 외의 위반건축물에 해당하는 경우에는 「지방세법」에 의하여 해당 건축물에 적용되는 시가표준액에 상당하는 금액의 10%의 범위에서 위반내용에 따라 대통령령이 정하는 금액

▶이행강제금의 가중

허가권자는 영리목적을 위한 위반이나 상습적 위반 등 대통령령으로 정하는 경우에 이행강제금액을 100분의 100의 범위에서 해당 지자체의 조례로 정하는 바에 따라 가중하여야 한다. 다만, 위반행위 후 소유권이 변경된 경우는 제외한다.

▶이행강제금의 부과횟수

허가권자는 최초의 시정명령이 있은 날을 기준으로 하여 1년에 2회 이내의 범위에서 해당 지자체의 조례로 정하는 횟수만큼 그 시정명령이 이행될 때까지 반복하여 이행강제금을 부과·징수할 수 있다.

▶이행강제금의 부과중지와 징수

허가권자는 시정명령을 받은 자가 시정명령을 이행하는 경우에는 새로운 이행강제금의 부과를 즉시 중지하되, 이미 부과된 이행강제금은 이를 징수하여야 한다.

90강
건축분쟁전문위원회

▶지역건축안전센터의 설립

지자체의 장은 다음의 업무를 수행하기 위하여 관할구역에 지역건축안전센터를 설치할 수 있다.

(1) 기술적인 사항에 대한 보고·확인·검토·심사 및 점검
(2) 건축허가 또는 신고에 관한 업무
(3) 공사감리에 대한 관리·감독
(4) 관할구역 내 건축물의 안전에 관한 사항으로서 해당 지방자치단체의 조례로 정하는 사항

▶지역건축안전센터의 의무적 설치

다음에 해당하는 지자체의 장은 관할 구역에 지역건축안전센터를 설치하여야 한다.

(1) 시·도
(2) 인구 50만명 이상 시·군·구
(3) 건축허가 면적(직전 5년 동안의 연평균 건축허가 면적을 말함) 또는 노후 건축물 비율이 전국 지자체 중 상위 30% 이내에 해당하는 인구 50만명 미만 시·군·구

▶건축분쟁전문위원회의 설치

건축등과 관련된 다음의 분쟁의 조정 및 재정을 하기 위하여 국토부에 건축분쟁전문위원회를 둔다.

(1) 건축관계자와 해당 건축물의 건축·대수선 또는 용도변경으로 인하여 피해를 입은 인근주민 간의 분쟁
(2) 관계전문기술자와 인근주민 간의 분쟁
(3) 건축관계자와 관계전문기술자 간의 분쟁
(4) 건축관계자 간의 분쟁
(5) 인근주민 간의 분쟁
(6) 관계전문기술자 간의 분쟁

▶건축분쟁전문위원회의 구성

건축분쟁전문위원회 각각 위원장과 부위원장 각 1명을 포함한 15명 이내의 위원으로 구성한다.

▶분쟁위원회의 운영 및 사무처리의 위탁

분쟁위원회의 운영 및 사무처리를 「국토안전관리원법」에 따른 국토안전관리원에 위탁한다. 위탁을 받은 국토안전관리원은 그 소속으로 분쟁위원회 사무국을 두어야 한다.

▶분쟁조정 또는 재정의 신청

(1) 조정신청은 사건의 당사자 중 1명 이상이 해야 하며, 재정신청은 그 사건 당사자 간의 합의로 한다. 다만, 분쟁위원회는 조정신청을 받은 경우 그 사건의 모든 당사자에게 조정신청이 접수된 사실을 통보해야 한다.
(2) 분쟁위원회는 조정신청을 받은 때에는 60일 이내에, 재정신청을 받은 때에는 120일 이내에 그 절차를 완료해야 한다. 다만, 부득이한 사정이 있는 경우에는 분쟁위원회의 의결로 그 기간을 연장할 수 있다.

▶조정 및 재정기관

조정은 3명의 위원으로 구성되는 조정위원회에서 행하고, 재정은 5명의 위원으로 구성되는 재정위원회에서 행한다.

▶분쟁의 조정

조정위원회는 조정안을 작성한 때에는 지체없이 이를 각 당사자에게 제시해야 하며, 각 당사자는 15일 이내에 수락 여부를 조정위원회에 통보해야 한다.

당사자가 조정안을 수락한 때에는 조정위원회는 즉시 조정서를 작성해야 하며, 조정위원 및 각 당사자는 이에 기명날인해야 한다. 당사자가 조정안을 수락하고 조정서에 기명날인하면 조정서의 내용은 재판상 화해와 동일한 효력을 갖는다. 다만, 당사자가 임의로 처분할 수 없는 사항에 관한 것은 그러하지 아니하다.

▶분쟁의 재정

(1) 재정위원회가 재정을 행한 경우 재정문서의 정본이 당사자에게 송달된 날부터 60일 이내에 당사자 쌍방 또는 일방으로부터 그 재정의 대상인 건축물의 건축 등의 분쟁을 원인으로 하는 소송이 제기되지 않거나 그 소송이 철회되면 그 재정 내용은 재판상 화해와 동일한 효력을 갖는다. 다만, 당사자가 임의로 처분할 수 없는 사항에 관한 것은 그러하지 아니하다.

(2) 당사자가 재정에 불복해서 소송을 제기한 경우에는 시효의 중단 및 제소기간을 산정할 때에는 재정의 신청을 재판상의 청구로 본다.

▶비용부담

분쟁의 조정 또는 재정을 위한 감정·진단·시험 등에 소요되는 비용은 당사자 간의 합의로 정하는 비율에 따라 당사자가 부담한다. 다만, 당사자 간에 합의가 되지 않는 경우에는 조정위원회 또는 재정위원회에서 부담비율을 정한다.

주택법

제5장
경록 에센스 노트

91강 총설(Ⅰ)

▶주택의 정의
세대의 세대원이 장기간 독립된 주거생활을 영위할 수 있는 구조로 된 건축물의 전부 또는 일부 및 그 부속토지(주택은 단독주택과 공동주택으로 구분함)

(1) 단독주택의 정의
   1세대가 하나의 건축물 안에서 독립된 주거생활을 할 수 있는 구조로 된 주택

(2) 단독주택의 종류
   1) 단독주택   2) 다중주택   3) 다가구주택

▶공동주택

(1) 공동주택의 정의
   건축물의 벽·복도·계단이나 그 밖의 설비 등의 전부 또는 일부를 공동으로 사용하는 각 세대가 하나의 건축물 안에서 각각 독립된 주거생활을 영위할 수 있는 구조로 된 주택

(2) 공동주택의 종류
   1) 아파트   2) 연립주택   3) 다세대주택

▶준주택

(1) 준주택의 정의
   주택 외의 건축물과 그 부속토지로서 주거시설로 이용가능한 시설 등을 말한다.

(2) 준주택의 종류
   1) 「건축법 시행령」에 따른 기숙사
   2) 「건축법 시행령」에 따른 다중생활시설
   3) 「건축법 시행령」에 따른 노인복지시설 중 노인복지주택
   4) 「건축법 시행령」에 따른 오피스텔

▶국민주택
다음의 어느 하나에 해당하는 주택으로서 국민주택규모 이하인 주택
(1) 국가·지자체, LH공사 또는 지방공사가 건설하는 주택
(2) 국가·지자체의 재정 또는 「주택도시기금법」에 따른 주택도시기금으로부터 자금을 지원받아 건설되거나 개량되는 주택

▶국민주택규모
주거의 용도로만 쓰이는 면적(주거전용면적)이 1호(戶) 또는 1세대당 $85m^2$ 이하인 주택(수도권을 제외한 도시지역이 아닌 읍 또는 면 지역은 1호 또는 1세대당 주거전용면적이 $100m^2$ 이하인 주택)을 말한다.

▶민영주택
민영주택이란 국민주택을 제외한 주택

▶임대주택
임대를 목적으로 하는 주택으로서, 「공공주택 특별법」에 따른 공공임대주택과 「민간임대주택에 관한 특별법」에 따른 민간임대주택으로 구분한다.

▶토지임대부 분양주택
토지의 소유권은 사업계획의 승인을 받아 토지임대부 분양주택 건설사업을 시행하는 자가 가지고, 건축물 및 복리시설 등에 대한 소유권(건축물의 전유부분에 대한 구분소유권은 이를 분양받은 자가 가지고, 건축물의 공용부분·부속건물 및 복리시설은 분양받은 자들이 공유한다)은 주택을 분양받은 자가 가지는 주택

▶세대구분형 공동주택

공동주택의 주택 내부 공간의 일부를 세대별로 구분하여 생활이 가능한 구조로 하되, 그 구분된 공간 일부에 대하여 구분소유를 할 수 없는 주택으로서 다음의 구분에 따른 요건을 충족하는 공동주택

(1) **사업계획의 승인을 받아 건설하는 공동주택의 경우**

   1) 세대별로 구분된 각각의 공간마다 별도의 욕실, 부엌과 현관을 설치할 것
   2) 하나의 세대가 통합하여 사용할 수 있도록 세대 간에 연결문 또는 경량구조의 경계벽 등을 설치할 것
   3) 세대구분형 공동주택의 세대수가 해당 주택단지 안의 공동주택 전체 세대수의 1/3을 넘지 않을 것
   4) 세대별로 구분된 각각의 공간의 주거전용면적 합계가 해당 주택단지 전체 주거전용면적 합계의 1/3을 넘지 않는 등 국토교통부장관이 정하여 고시하는 주거전용면적의 비율에 관한 기준을 충족할 것

(2) **「공동주택관리법」에 따른 행위의 허가를 받거나 신고를 하고 설치하는 세대구분형 공동주택의 경우**

   1) 구분된 공간의 세대수는 기존 세대를 포함하여 2세대 이하일 것
   2) 세대별로 구분된 각각의 공간마다 별도의 욕실, 부엌과 구분 출입문을 설치할 것
   3) 세대구분형 공동주택의 세대수가 해당 주택단지 안의 공동주택 전체 세대수의 1/10과 해당 동의 전체 세대수의 1/3을 각각 넘지 않을 것
   4) 구조, 화재, 소방 및 피난안전 등 관계 법령에서 정하는 안전기준을 충족할 것

▶도시형 생활주택

도시형 생활주택은 300세대 미만의 국민주택규모에 해당하는 주택으로서 도시지역에 건설하는 다음의 주택

(1) **소형 주택** : 다음의 요건을 모두 갖춘 공동주택
  1) 세대별 주거전용면적은 60m^2 이하일 것
  2) 세대별로 독립된 주거가 가능하도록 욕실 및 부엌을 설치할 것
  3) 주거전용면적이 30m^2 미만인 경우에는 욕실 및 보일러실을 제외한 부분을 하나의 공간으로 구성할 것
  4) 주거전용면적이 30m^2 이상인 경우에는 욕실 및 보일러실을 제외한 부분을 세 개 이하의 침실(각각의 면적이 7m^2 이상인 것을 말함)과 그 밖의 공간으로 구성할 수 있으며, 침실이 두 개 이상인 세대수는 소형 주택 전체 세대수(소형 주택과 함께 건축하는 그 밖의 주택의 세대수를 포함)의 1/3을 초과하지 않을 것
  5) 지하층에는 세대를 설치하지 아니할 것

(2) **단지형 연립주택** : 소형 주택이 아닌 연립주택
  다만, 「건축법」에 따른 건축위원회의 심의를 받은 경우에는 주택으로 쓰는 층수를 5개층까지 건축할 수 있다.

(3) **단지형 다세대주택** : 소형 주택이 아닌 다세대주택
  다만, 「건축법」에 따른 건축위원회의 심의를 받은 경우에는 주택으로 쓰는 층수를 5개층까지 건축할 수 있다.

▶도시형 생활주택의 건축제한

하나의 건축물에는 도시형 생활주택과 그 밖의 주택을 함께 건축할 수 없으며, 단지형 연립주택 또는 단지형 다세대주택과 소형 주택을 함께 건축할 수 없다. 다만, 다음의 경우에는 소형형 주택과 도시형 생활주택이 아닌 주택을 함께 건축할 수 있다.

(1) 소형 주택과 전용면적 85m^2를 초과하는 주택 1세대를 함께 건축하는 경우
(2) 준주거지역 또는 상업지역인 경우

▶에너지절약형 친환경주택

저에너지 건물 조성기술 등 대통령령으로 정하는 기술을 이용하여 에너지 사용량을 절감하거나 이산화탄소 배출량을 저감할 수 있도록 건설된 주택을 말하며, 그 종류와 범위는 「주택건설기준 등에 관한 규정」으로 정한다.

▶건강친화형 주택

건강하고 쾌적한 실내환경의 조성을 위하여 실내공기의 오염물질 등을 최소화할 수 있도록 「주택건설기준 등에 관한 규정」으로 정하는 기준에 따라 건설된 주택

▶장수명 주택

구조적으로 오랫동안 유지·관리될 수 있는 내구성을 갖추고, 입주자의 필요에 따라 내부 구조를 쉽게 변경할 수 있는 가변성과 수리 용이성 등이 우수한 주택

▶주거전용면적의 산정방법

(1) 단독주택의 경우

단독주택의 바닥면적에서 지하실(거실로 사용되는 면적은 제외), 본 건축물과 분리된 창고·차고 및 화장실의 면적을 제외한 면적. 다만, 그 주택이 다가구주택에 해당하는 경우 그 바닥면적에서 본 건축물의 지상층에 있는 부분으로서 복도, 계단, 현관 등 2세대 이상이 공동으로 사용하는 부분의 면적도 제외한다.

(2) 공동주택의 경우

외벽의 내부선을 기준으로 산정한 면적. 다만, 2세대 이상이 공동으로 사용하는 부분으로서 다음에 해당하는 공용면적을 제외하며, 이 경우 바닥면적에서 주거전용면적을 제외하고 남는 외벽면적은 공용면적에 가산한다.

1) 복도·계단·현관 등 공동주택의 지상층에 있는 공용면적
2) 위의 공용면적을 제외한 지하층·관리사무소 등 그 밖의 공용면적

▶사업주체

주택건설사업계획 또는 대지조성사업계획의 승인을 받아 그 사업을 시행하는 다음의 자
(1) 국가·지방자치단체
(2) 한국토지주택공사 또는 지방공사
(3) 주택건설사업자 또는 대지조성사업자
(4) 그 밖에 이 법에 따라 주택건설사업 또는 대지조성사업을 시행하는 자

▶주택조합

많은 수의 구성원이 사업계획의 승인을 받아 주택을 마련하거나 리모델링하기 위하여 결성하는 다음의 조합
(1) **지역주택조합** : 서울특별시·인천광역시 및 경기도 등 생활권지역에 거주하는 주민이 주택을 마련하기 위하여 설립한 조합
(2) **직장주택조합** : 같은 직장의 근로자가 주택을 마련하기 위하여 설립한 조합
(3) **리모델링 주택조합** : 공동주택의 소유자가 그 주택을 리모델링하기 위하여 설립한 조합

▶주택단지

주택건설사업계획 또는 대지조성사업계획의 승인을 받아 주택과 그 부대시설 및 복리시설을 건설하거나 대지를 조성하는 데 사용되는 일단의 토지. 다만, 다음의 시설로 분리된 토지는 각각 별개의 주택단지로 본다.
1) 철도·고속도로·자동차전용도로
2) 폭 20m 이상인 일반도로
3) 폭 8m 이상인 도시계획예정도로
4) 보행자 및 자동차의 통행이 가능한 너비 8m 이상인 국지도로, 지방도

93강

총설(Ⅲ)

▶부대시설

(1) 주차장·관리사무소·담장 및 주택단지 안의 도로
(2) 「건축법」에 따른 건축설비
(3) 보안등·대문·경비실·자전거보관소
(4) 조경시설·옹벽·축대
(5) 안내표지판·공중화장실
(6) 저수시설·지하양수시설·대피시설
(7) 쓰레기수거 및 처리시설·오수처리시설·정화조
(8) 소방시설·냉난방공급시설(지역난방공급시설은 제외) 및 방범설비
(9) 전기자동차에 전기를 충전하여 공급하는 시설
(10) 다른 법령에 따라 거주자의 편익을 위해 주택단지에 의무적으로 설치해야 하는 시설로서 사업주체 또는 입주자의 설치 및 관리 의무가 없는 시설
(11) 그 밖에 위의 시설 또는 설비와 비슷한 것으로서 사업계획승인권자가 주택의 사용 및 관리를 위해 필요하다고 인정하는 시설 또는 설비

▶복리시설

주택단지에 있는 입주자 등의 생활복리를 위한 다음의 공동시설을 말한다.

(1) 어린이놀이터, 제1종 근린생활시설, 제2종 근린생활시설(총포판매소, 장의사, 다중생활시설, 단란주점 및 안마시술소는 제외), 유치원, 주민운동시설, 경로당
(2) 종교시설
(3) 판매시설 중 소매시장 및 상점
(4) 교육연구시설
(5) 노유자시설
(6) 수련시설
(7) 업무시설 중 금융업소
(8) 지식산업센터

(9) 사회복지관
(10) 공동작업장
(11) 주민공동시설
(12) 도시·군계획시설인 시장

▶간선시설

도로·상하수도·전기시설·가스시설·통신시설 및 지역난방시설 등 주택단지(둘 이상의 주택단지를 동시에 개발하는 경우에는 각각의 주택단지) 안의 기간시설을 그 주택단지 밖에 있는 같은 종류의 기간시설에 연결시키는 시설을 말한다. 다만, 가스시설·통신시설 및 지역난방시설의 경우에는 주택단지 안의 기간시설을 포함한다.

▶공 구

주택단지에서 다음의 요건을 모두 충족하는 둘 이상으로 구분되는 일단의 구역으로, 착공신고 및 사용검사를 별도로 수행할 수 있는 구역을 말한다.
(1) 다음의 어느 하나에 해당하는 시설을 설치하거나 공간을 조성하여 6m 이상의 너비로 공구 간 경계를 설정할 것
  1) 주택단지 안의 도로, 지상에 설치되는 부설주차장
  2) 주택단지 안의 옹벽 또는 축대. 식재·조경이 된 녹지
(2) 공구별 세대수는 300세대 이상으로 할 것

▶공공택지

다음의 어느 하나에 해당하는 공공사업에 의하여 개발·조성되는 공동주택이 건설되는 용지를 말한다.
(1) 「주택법」에 따른 국민주택건설사업 또는 대지조성사업
(2) 「택지개발촉진법」에 따른 택지개발사업
(3) 「산업입지 및 개발에 관한 법률」에 따른 산업단지개발사업

(4) 「공공주택 특별법」에 따른 공공주택지구조성사업
(5) 「민간임대주택법」에 따른 공공지원 민간임대주택 공급촉진지구조성사업(공공주택사업자가 수용 또는 사용의 방식으로 시행하는 사업만 해당)
(6) 「도시개발법」에 따른 도시개발사업(공공시행자 또는 공공시행자가 50/100 비율을 초과하여 출자한 민·관공동출자법인의 민간참여자가 수용 또는 사용의 방식으로 시행하는 사업과 혼용방식 중 수용 또는 사용의 방식이 적용되는 구역에서 시행하는 사업만 해당)
(7) 경제자유구역개발사업(수용 또는 사용의 방식으로 시행하는 사업과 혼용방식 중 수용 또는 사용의 방식이 적용되는 구역에서 시행하는 사업만 해당)
(8) 혁신도시개발사업
(9) 행정중심복합도시건설사업

▶리모델링의 정의

건축물의 노후화 억제 또는 기능향상 등을 위한 다음의 행위

(1) 대수선(大修繕)
(2) 사용검사일 또는 사용승인일부터 15년(15년 이상 20년 미만의 연수 중 시·도의 조례로 정하는 경우에는 그 연수)이 지난 공동주택을 각 세대의 주거전용면적의 30% 이내(세대의 주거전용면적이 85m² 미만인 경우에는 40% 이내)에서 증축하는 행위. 이 경우 공동주택의 기능향상 등을 위하여 공용부분에 대하여도 별도로 증축할 수 있다.
(3) 각 세대의 증축 가능 면적을 합산한 면적의 범위에서 기존 세대수의 15% 이내에서 세대수를 증가하는 세대수 증가형 리모델링. 다만, 수직증축형 리모델링은 다음 요건을 충족하는 경우로 한정함
  1) 수직증축형 리모델링의 대상이 되는 기존 건축물의 층수가 15층 이상인 경우 : 3개층 이하에서 증축할 것
  2) 수직증축형 리모델링의 대상이 되는 기존 건축물의 층수가 14층 이하인 경우 : 2개층 이하에서 증축할 것
  3) 수직증축형 리모델링의 대상이 되는 기존 건축물의 신축 당시 구조도를 보유하고 있을 것

94강 주택건설사업자

▶주택건설사업자 등의 등록범위
연간 단독주택의 경우에는 20호 이상, 공동주택의 경우에는 20세대(도시형 생활주택의 경우에는 30세대) 이상의 주택건설사업을 시행하려는 자 또는 연간 1만m² 이상의 대지조성사업을 시행하려는 자는 국토부장관에게 등록하여야 한다.

▶비등록사업주체
(1) 국가·지방자치단체
(2) 한국토지주택공사
(3) 지방공사
(4) 주택건설사업을 목적으로 설립된 공익법인
(5) 주택조합(등록사업자와 공동으로 주택건설사업을 하는 주택조합만 해당)
(6) 고용자(등록사업자와 공동으로 주택건설사업을 시행하는 고용자만 해당)

▶등록사업자의 등록기준
(1) **자본금**: 3억원 이상(개인인 경우에는 자산평가액 6억원 이상)
(2) 주택건설사업의 경우에는 건축분야기술자 1명 이상
   대지조성사업의 경우에는 토목분야기술자 1명 이상
(3) **사무실면적**: 사업의 수행에 필요한 사무장비를 갖출 수 있는 면적

▶공동사업주체
(1) 토지소유자가 주택을 건설하는 경우에는 등록사업자와 공동으로 사업을 시행할 수 있다. 이 경우 토지소유자와 등록사업자를 공동사업주체로 본다.
(2) 주택조합(세대수 증가 없는 리모델링 주택조합은 제외함)이 그 구성원의 주택을 건설하는 경우에는 등록사업자(지자체·LH공사 및 지방공사를 포함함)와 공동으로 사업을 시행할 수 있다. 이 경우 주택조합과 등록사업자를 공동사업주체로 본다.

(3) 고용자가 그 근로자의 주택을 건설하는 경우에는 등록사업자와 공동으로 사업을 시행하여야 한다. 이 경우 고용자와 등록사업자를 공동사업주체로 본다.

▶토지소유자와 등록사업자의 사업시행 요건

다음의 요건을 모두 갖추어 사업계획승인을 신청하여야 한다.

(1) 등록사업자가 다음의 어느 하나에 해당하는 자일 것
  1) 자본금이 5억원(개인인 경우에는 자산평가액 10억원) 이상이면서, 건축분야 및 토목 분야기술자 3명 이상을 보유하고, 최근 5년간의 주택건설 실적이 100호 또는 100세대 이상의 요건을 모두 갖춘 자
  2) 건설업(건축공사업 또는 토목건축공사업만 해당함)의 등록을 한 자
(2) 주택건설대지가 저당권·가등기담보권·가압류·전세권·지상권 등의 목적으로 되어 있는 경우에는 그 저당권등을 말소할 것

▶주택조합과 등록사업자의 사업시행 요건

다음의 요건을 모두 갖추어 사업계획승인을 신청하여야 한다.

(1) 등록사업자와 공동으로 사업을 시행하는 경우에는 해당 등록사업자가 사업시행을 갖출 것
(2) 주택조합이 주택건설대지의 소유권을 확보하고 있을 것. 다만, 지역주택조합 또는 직장주택조합이 등록사업자와 공동으로 사업을 시행하는 경우로서 지구단위계획의 결정이 필요한 사업인 경우에는 95% 이상의 소유권을 확보하여야 한다.

▶고용자와 등록사업자의 사업시행 요건

다음의 요건을 모두 갖추어 사업계획승인을 신청하여야 한다.

(1) 등록사업자의 사업시행 요건을 모두 갖추고 있을 것
(2) 고용자가 해당 주택건설대지의 소유권을 확보하고 있을 것

▶등록사업자의 결격사유
(1) 미성년자·피성년후견인 또는 피한정후견인
(2) 파산선고를 받은 자로서 복권되지 아니한 자
(3) 금고 이상의 실형을 선고받고 그 집행이 끝나거나 집행이 면제된 날부터 2년이 지나지 아니한 자
(4) 금고 이상의 형의 집행유예선고를 받고 그 유예기간 중에 있는 자
(5) 등록이 말소된 후 2년이 지나지 아니한 자
(6) 법인의 임원 중 위에 해당하는 자가 있는 법인

▶등록사업자의 등록말소
국토부장관은 등록사업자의 등록을 말소하거나 1년 이내의 기간을 정하여 영업의 정지를 명할 수 있다. 다만, 다음에 해당하는 경우에는 그 등록을 말소하여야 한다.
(1) 거짓이나 그 밖의 부정한 방법으로 등록한 경우
(2) 등록증의 대여 등을 한 경우

▶등록말소처분 등을 받은 자의 사업수행
등록말소 또는 영업정지처분을 받은 등록사업자는 그 처분 전에 사업계획승인을 받은 사업은 계속 수행할 수 있다. 다만, 등록말소처분을 받은 등록사업자가 그 사업을 계속 수행할 수 없는 중대하고 명백한 사유가 있을 경우에는 그러하지 아니하다.

▶주택조합의 종류
(1) **지역주택조합**
    동일한 생활권 지역에 거주하는 주민이 주택을 마련하기 위하여 설립한 조합
(2) **직장주택조합**
    같은 직장의 근로자가 주택을 마련하기 위하여 설립한 조합
(3) **리모델링 주택조합**
    공동주택의 소유자가 그 주택을 리모델링하기 위하여 설립한 조합

95강
주택조합(Ⅰ)

▶ 조합원의 자격

(1) 지역주택조합

1) 주택조합설립인가신청일(해당 주택건설대지가 투기과열지구 안에 있는 경우에는 주택조합설립인가신청일 1년 전의 날을 말함)부터 해당 조합주택의 입주가능일까지 주택을 소유하고 있지 아니한 세대의 세대주이거나 세대주를 포함한 세대원 중 1명에 한정하여 주거전용면적 85m² 이하의 주택 1채를 소유한 세대주일 것
2) 설립인가신청일 현재 동일한 생활권 지역에 6개월 이상 거주할 것

(2) 직장주택조합

1) 주택조합설립인가신청일(투기과열지구 안에 있는 경우에는 주택조합설립인가신청일 1년 전의 날을 말함)부터 해당 조합주택의 입주가능일까지 주택을 소유하고 있지 아니한 세대의 세대주이거나 세대주를 포함한 세대원 중 1명에 한정하여 주거전용면적 85m² 이하의 주택 1채를 소유한 세대주일 것. 다만, 국민주택을 공급받기 위한 직장주택조합의 경우에는 무주택 세대주로 한정한다.
2) 설립인가신청일 현재 동일한 특별시·광역시·특별자치시·특별자치도·시·군에 있는 동일한 국가기관·지자체 또는 법인에 근무할 것

(3) 리모델링 주택조합

1) 사업계획승인을 얻어 건설한 공동주택의 소유자
2) 복리시설을 함께 리모델링하는 경우에는 해당 복리시설의 소유자
3) 건축허가를 받아 분양을 목적으로 건설한 공동주택의 소유자
   (해당 건축물에 공동주택 외의 시설이 있는 경우에는 해당 시설의 소유자를 포함한다)
4) 해당 공동주택, 복리시설 또는 공동주택 외의 시설의 소유권이 여러 명의 공유에 속할 때에는 그 여러 명을 대표하는 1명을 조합원으로 본다.

▶주택조합의 설립인가

(1) 많은 수의 구성원이 주택을 마련하거나 리모델링하기 위하여 주택조합을 설립하려는 경우(국민주택을 공급받기 위한 직장주택조합의 경우는 제외한다)에는 관할 시장·군수·구청장의 인가를 받아야 한다.
(2) 인가받은 내용을 변경하거나 주택조합을 해산하려는 경우에도 시장·군수·구청장의 인가를 받아야 한다.

▶직장주택조합의 설립신고

(1) 국민주택을 공급받기 위하여 직장주택조합을 설립하려는 자는 관할 시장·군수·구청장에게 신고하여야 한다.
(2) 신고한 내용을 변경하거나 직장주택조합을 해산하려는 경우에도 시장·군수·구청장에게 신고하여야 한다.

▶주택조합설립인가의 토지사용권원 확보

(1) 주택을 마련하기 위하여 주택조합설립인가를 받으려는 자는 해당 주택건설대지의 80% 이상에 해당하는 토지의 사용권원을 확보하여야 한다.
(2) 다만, 인가받은 내용을 변경하거나 주택조합을 해산하려는 경우에는 제외

▶리모델링 주택조합설립인가 시의 결의

주택을 리모델링하기 위하여 주택조합을 설립하려는 경우에는 다음의 구분에 따른 구분소유자와 의결권의 결의를 증명하는 서류를 첨부하여 관할 시장·군수·구청장의 인가를 받아야 한다.

(1) 주택단지 전체를 리모델링하고자 하는 경우 주택단지 전체의 구분소유자와 의결권의 각 2/3 이상의 결의 및 각 동의 구분소유자와 의결권의 각 과반수의 결의
(2) 동을 리모델링하고자 하는 경우 그 동의 구분소유자 및 의결권의 각 2/3 이상의 결의

▶총회의 조합원 직접 출석 의결

총회의 의결을 하는 경우에는 조합원의 10/100 이상이 직접 출석하여야 한다. 다만, 창립총회 또는 국토교통부령으로 정하는 사항을 의결하는 총회의 경우에는 조합원의 20/100 이상이 직접 출석하여야 한다.

▶전자적 방법의 총회 개최

총회의 소집시기에 해당 주택건설대지가 위치한 시·군·구에 「감염병의 예방 및 관리에 관한 법률」에 따라 여러 사람의 집합을 제한하거나 금지하는 조치가 내려진 경우에는 전자적 방법으로 총회를 개최해야 한다.

이 경우 조합원의 의결권 행사는 「전자서명법」의 전자서명 및 인증서를 통해 본인 확인을 거쳐 전자적 방법으로 해야 한다.

▶조합원의 수

주택조합(리모델링 주택조합은 제외)은 주택조합 설립인가를 받는 날부터 사용검사를 받는 날까지 계속하여 다음의 요건을 모두 충족해야 한다.

(1) 주택건설 예정 세대수(설립인가 당시의 사업계획서상 주택건설 예정 세대수를 말하되, 임대주택으로 건설·공급하는 세대수는 제외)의 50% 이상의 조합원으로 구성할 것. 다만, 사업계획승인 등의 과정에서 세대수가 변경된 경우에는 변경된 세대수를 기준으로 한다.

(2) 조합원은 20명 이상일 것

▶리모델링주택조합 설립에 동의한 자

리모델링주택조합 설립에 동의한 자로부터 건축물을 취득한 자는 리모델링주택조합 설립에 동의한 것으로 본다.

▶조합원의 탈퇴 및 비용환급

(1) **조합원의 탈퇴**: 조합원은 조합규약으로 정하는 바에 따라 조합에 탈퇴 의사를 알리고 탈퇴할 수 있다.

(2) **탈퇴한 조합원의 비용환급**: 탈퇴한 조합원(제명된 조합원을 포함)은 조합규약으로 정하는 바에 따라 부담한 비용의 환급을 청구할 수 있다.

96강

주택조합(Ⅱ)

▶조합원의 교체·신규가입
지역주택조합 또는 직장주택조합은 설립인가를 받은 후에는 해당 조합원을 교체하거나 신규로 가입하게 할 수 없다. 다만, 조합원 수가 주택건설예정세대수를 초과하지 아니하는 범위에서 시장·군수·구청장으로부터 조합원 추가모집의 승인을 받은 경우와 다음의 어느 하나에 해당하는 사유로 결원이 발생한 범위에서 충원하는 경우에는 예외로 한다.

(1) 조합원의 사망
(2) 사업계획의 승인 이후에 입주자로 선정된 지위(해당 주택에 입주할 수 있는 권리·자격 또는 지위 등을 말함)가 양도·증여 또는 판결 등으로 변경된 경우. 다만, 전매가 금지되는 경우는 제외한다.
(3) 조합원의 탈퇴 등으로 조합원 수가 주택건설 예정 세대수의 50% 미만이 되는 경우
(4) 조합원이 무자격자로 판명되어 자격을 상실하는 경우
(5) 사업계획승인 등의 과정에서 주택건설 예정 세대수가 변경되어 조합원 수가 변경된 세대수의 50% 미만이 되는 경우

▶사업계획승인의 신청기한
주택조합은 설립인가를 받은 날부터 2년 이내에 사업계획승인(사업계획승인 대상이 아닌 리모델링의 경우에는 허가를 말한다)을 신청하여야 한다.

▶등록사업자 소유토지의 사용금지
주택조합은 등록사업자가 소유하는 공공택지를 주택건설대지로 사용해서는 아니 된다. 다만, 경매 또는 공매를 통하여 취득한 공공택지는 예외로 한다.

▶공동사업주체인 등록사업자의 책임
주택조합과 등록사업자가 공동으로 사업을 시행하면서 시공할 경우 등록사업자는 시공자로서의 책임뿐만 아니라 자신의 귀책사유로 사업 추진이 불가능하게 되거나 지연됨으로 인하여 조합원에게 입힌 손해를 배상할 책임이 있다.

▶조합원에게 우선공급

주택조합(리모델링 주택조합은 제외함)은 그 구성원을 위하여 건설하는 주택을 그 조합원에게 우선 공급할 수 있으며, 직장주택조합에 대하여는 사업주체가 국민주택을 그 직장주택조합원에게 우선 공급할 수 있다.

▶주택조합사업의 시행에 관한 서류와 관련 자료의 요청

주택조합사업의 시행에 관한 공개 서류 및 조합 구성원 명부, 토지사용승낙서 등 토지확보 관련 자료를 포함하여 주택조합사업의 시행에 관한 서류와 관련 자료를 조합의 구성원이 열람·복사 요청을 한 경우 주택조합의 발기인 또는 임원은 15일 이내에 그 요청에 따라야 한다.

▶조합임원의 결격사유

1) 미성년자·피성년후견인 또는 피한정후견인
2) 파산선고를 받은 사람으로서 복권되지 아니한 사람
3) 금고 이상의 실형을 선고받고 그 집행이 종료되거나 집행이 면제된 날부터 2년이 지나지 아니한 사람
4) 금고 이상의 형의 집행유예를 선고받고 그 유예기간 중에 있는 사람
5) 금고 이상의 형의 선고유예를 받고 그 선고유예기간 중에 있는 사람
6) 법원의 판결 또는 다른 법률에 따라 자격이 상실 또는 정지된 사람
7) 해당 주택조합의 공동사업주체인 등록사업자 또는 업무대행사의 임직원

▶주택조합의 해산

(1) **주택조합의 해산 여부 결정**

주택조합은 주택조합의 설립인가를 받은 날부터 3년이 되는 날까지 사업계획 승인을 받지 못하는 경우 총회의 의결을 거쳐 해산 여부를 결정하여야 한다.

(2) 주택조합사업의 종결 여부 결정

주택조합의 발기인은 조합원 모집신고가 수리된 날부터 2년이 되는 날까지 주택조합 설립인가를 받지 못하는 경우 주택조합 가입신청자 전원으로 구성되는 총회 의결을 거쳐 주택조합사업의 종결 여부를 결정하도록 하여야 한다.

(3) 청산인

주택조합의 해산 또는 사업의 종결을 결의한 경우에는 주택조합의 임원 또는 발기인이 청산인이 된다. 다만, 조합규약 또는 총회의 결의로 달리 정한 경우에는 그에 따른다.

(4) 해산 또는 종결 총회의 소집 통지

해산 또는 종결 총회를 소집하려는 주택조합의 임원 또는 발기인은 총회가 개최되기 7일 전까지 회의 목적, 안건, 일시 및 장소를 정하여 조합원 또는 주택조합 가입신청자에게 통지하여야 한다.

▶주택조합의 회계감사

(1) 주택조합은 다음의 어느 하나에 해당하는 날부터 30일 이내에 「주식회사의 외부감사에 관한 법률」에 따른 감사인의 회계감사를 받아야 한다.
 1) 주택조합 설립인가를 받은 날부터 3개월이 지난 날
 2) 사업계획승인을 받은 날부터 3개월이 지난 날
 3) 사용검사 또는 임시 사용승인을 신청한 날
(2) 회계감사를 한 자는 회계감사 종료일부터 15일 이내에 회계감사 결과를 관할 시장·군수·구청장에게 보고하고, 인터넷에 게재하는 등 해당 조합원이 열람할 수 있도록 하여야 한다.

▶주택조합사업의 시공보증

주택조합이 공동사업주체인 시공자를 선정한 경우 그 시공자는 공사의 시공보증을 위하여 국토부령으로 정하는 기관의 시공보증서를 조합에 제출하여야 한다.

97강 사업계획승인

▶사업계획승인의 대상

(1) 주택건설사업
  1) 단독주택의 경우 : 30호 이상
     다만, 다음에 해당하는 주택인 경우에는 50호 이상으로 한다.
     ① 공공택지를 개별 필지로 구분하지 아니하고 일단의 토지로 공급받아 해당 토지에 건설하는 단독주택
     ②「건축법 시행령」에 따른 한옥
  2) 공동주택의 경우 : 30세대 이상(리모델링의 경우에는 증가하는 세대수가 30세대 이상) 다만, 다음에 해당하는 주택인 경우에는 50세대 이상으로 한다.
     ① 세대별 주거전용 면적이 30m² 이상이고 진입도로의 폭이 6m 이상인 단지형 연립주택 또는 단지형 다세대주택
     ② 주거환경개선사업을 시행하기 위한 정비구역에서 건설하는 공동주택
(2) 대지조성사업 : 1만m² 이상의 대지를 조성하는 경우

▶사업계획승인대상 제외

(1) 상업지역(유통상업지역은 제외) 또는 준주거지역에서 300세대 미만의 주택과 주택 외의 시설을 동일 건축물로 건축하는 경우로서 해당 건축물의 연면적에 대한 주택 연면적의 비율이 90% 미만인 경우
(2) 생활환경정비사업 중 농업협동조합중앙회가 조달하는 자금으로 시행하는 사업인 경우

▶사업계획 승인권자

(1) 대지면적이 10만m² 이상인 경우 : 시·도지사, 대도시의 시장
(2) 대지면적이 10만m² 미만인 경우 : 특별시장·광역시장·특별자치시장·특별자치도지사·시장·군수

(3) 다음의 경우에는 국토부장관의 사업계획승인
  1) 국가 및 LH공사가 시행하는 경우
  2) 330만㎡ 이상의 규모로 택지개발사업, 도시개발사업을 추진하는 지역 중 국토부장관이 지정·고시하는 지역에서 주택건설사업을 시행하는 경우
  3) 수도권·광역시 지역의 긴급한 주택난 해소가 필요하거나 지역균형개발 등 주택건설사업을 시행하는 경우
  4) 공공사업주체가 단독 또는 공동으로 총지분의 50%를 초과하여 출자한 위탁관리 부동산투자회사(해당 부동산투자회사의 자산관리회사가 LH공사인 경우만 해당한다)가 공공주택건설사업을 시행하는 경우

▶주택단지의 분할 건설·공급

주택건설사업을 시행하려는 자는 전체 세대수가 600세대 이상인 주택단지를 공구별로 분할하여 주택을 건설·공급할 수 있다. 이 경우 사업계획승인신청 서류와 함께 계획서 서류를 첨부하여 사업계획승인권자에게 제출하고 사업계획승인을 받아야 한다.

▶사업계획승인여부의 통보기한

사업계획승인권자는 사업계획승인의 신청을 받았을 때에는 정당한 사유가 없으면 신청받은 날부터 60일 이내에 사업주체에게 승인 여부를 통보하여야 한다.

▶공사의 착수기간

사업주체는 승인받은 사업계획대로 사업을 시행하여야 하고, 다음의 구분에 따라 공사를 시작하여야 한다(1년의 범위에서 공사 착수기간 연장 가능).
(1) **사업계획 승인을 받은 경우** : 승인받은 날부터 5년 이내
(2) **주택건설사업을 분할 시행 승인을 받은 경우**
  1) 최초로 공사를 진행하는 공구 : 승인받은 날부터 5년 이내
  2) 최초로 공사를 진행하는 공구 외의 공구 : 해당 주택단지에 대한 최초 착공신고일부터 2년 이내

▶착공신고의 수리 여부 기한

사업계획승인권자는 착공신고를 받은 날부터 20일 이내에 신고수리 여부를 신고인에게 통지하여야 한다.

▶사업계획승인의 취소

사업계획승인권자는 다음의 어느 하나에 해당하는 경우 그 사업계획의 승인을 취소(아래 (2) 또는 (3)에 해당하는 경우 주택분양보증이 된 사업은 제외)할 수 있다.

(1) 사업주체가 공사의 착수기간(분할시행 승인을 받은 경우로서 최초로 공사를 진행하는 공구 외의 공구는 제외)을 위반하여 공사를 시작하지 아니한 경우
(2) 사업주체가 경매·공매 등으로 인하여 대지소유권을 상실한 경우
(3) 사업주체의 부도·파산 등으로 공사의 완료가 불가능한 경우

▶기반시설의 기부채납요구 금지

사업계획승인권자는 사업계획을 승인할 때 사업주체가 제출하는 사업계획에 해당 주택건설사업 또는 대지조성사업과 직접적으로 관련이 없거나 과도한 기반시설의 기부채납(寄附採納)을 요구하여서는 아니 된다.

▶사업계획의 통합심의 사항

사업계획승인권자는 필요하다고 인정하는 경우에 도시계획·건축·교통 등 사업계획승인과 관련된 다음의 사항을 통합하여 검토 및 심의할 수 있다.

1) 「건축법」에 따른 건축심의
2) 「국토계획법」에 따른 도시·군관리계획 및 개발행위 관련 사항
3) 「대도시권 광역교통 관리에 관한 특별법」에 따른 광역교통 개선대책
4) 「도시교통정비 촉진법」에 따른 교통영향평가
5) 「경관법」에 따른 경관심의

98강
기반시설의 기부채납 등

▶공동위원회의 구성
(1) 위원의 구성

공동위원회는 위원장 및 부위원장 각 1명을 포함하여 25명 이상 30명 이하의 위원으로 구성한다.

(2) 위원회의 위원장

공동위원회 위원장은 위원회의 위원장의 추천을 받은 위원 중에서 호선한다.

▶통합심의의 방법과 절차
(1) 공동위원회의 회의 통지

사업계획을 통합심의하는 경우 사업계획승인권자는 공동위원회를 개최하기 7일 전까지 회의 일시, 장소 및 상정 안건 등 회의 내용을 위원에게 알려야 한다.

(2) 공동위원회의 회의 의결

공동위원회의 회의는 재적위원 과반수의 출석으로 개의하고, 출석위원 과반수의 찬성으로 의결한다.

▶임대주택등의 용적률 완화
사업주체(리모델링을 시행하는 자는 제외한다)가 사업계획승인신청서를 제출하는 경우 사업계획승인권자(건축허가권자를 포함)는 「국토계획법」의 용도지역별 용적률 범위에서 특별시·광역시·특별자치시·특별자치도·시 또는 군의 조례로 정하는 기준에 따라 용적률을 완화하여 적용할 수 있다.

▶임대주택의 공급의무
용적률을 완화하여 적용하는 경우 사업주체는 완화된 용적률의 30% 이상 60% 이하의 범위에서 시·도의 조례로 정하는 비율 이상에 해당하는 면적을 임대주택으로 공급하여야 한다. 이 경우 사업주체는 임대주택을 국토부장관, 시·도지사, LH공사 또는 지방공사(인수자)에 공급하여야 하며 시·도지사가 우선 인수할 수 있다.

▶임대주택의 공급가격

임대주택의 공급가격은 「공공주택 특별법」에 따른 공공건설임대주택의 분양전환가격 산정기준에서 정하는 건축비로 하고, 그 부속토지는 인수자에게 기부채납한 것으로 본다.

▶주택건설대지의 소유권 확보

주택건설사업계획의 승인을 받으려는 자는 해당 주택건설대지의 소유권을 확보하여야 한다. 다만, 다음에 해당하는 경우에는 그러하지 아니하다.
(1) 지구단위계획의 결정이 필요한 주택건설사업의 해당 대지면적의 80% 이상을 사용할 수 있는 권원[등록사업자와 공동으로 사업을 시행하는 주택조합(리모델링 주택조합은 제외)의 경우에는 95% 이상의 소유권]을 확보하고, 확보하지 못한 대지가 매도청구 대상이 되는 대지에 해당하는 경우
(2) 사업주체가 주택건설대지의 소유권을 확보하지 못하였으나 그 대지를 사용할 수 있는 권원을 확보한 경우
(3) 국가·지자체·LH공사 또는 지방공사가 주택건설사업을 하는 경우

▶매도청구 대상 대지의 착공제한

사업주체가 착공 신고한 후 공사를 시작하려는 경우 사업계획승인을 받은 해당 주택건설대지에 매도청구 대상이 되는 대지가 포함되어 있으면 해당 매도청구 대상 대지에 대하여는 그 대지의 소유자가 매도에 대하여 합의를 하거나 매도청구에 관한 법원의 승소판결(확정되지 아니한 판결을 포함한다)을 받은 경우에만 공사를 시작할 수 있다.

▶매도청구의 대상

매도청구 대상이 되는 대지에 해당하는 경우에 따라 사업계획승인을 받은 사업주체는 다음에 따라 해당 주택건설대지 중 사용할 수 있는 권원을 확보하지 못한 대지(건축물을 포함)의 소유자에게 그 대지를 시가(市價)로 매도할 것을 청구할 수 있다. 이 경우 매도청구 대상이 되는 대지의 소유자와 매도청구를 하기 전에 3개월 이상 협의를 하여야 한다.

99강
매도청구 등

(1) **주택건설대지면적의 95% 이상의 사용권원을 확보한 경우** : 사용권원을 확보하지 못한 대지의 모든 소유자에게 매도청구 가능
(2) **위 외의 경우** : 사용권원을 확보하지 못한 대지의 소유자 중 지구단위계획구역 결정고시일 10년 이전에 해당 대지의 소유권을 취득하여 계속 보유하고 있는 자를 제외한 소유자에게 매도청구 가능

▶리모델링주택조합의 매도청구
인가를 받아 설립된 리모델링주택조합은 그 리모델링 결의에 찬성하지 아니하는 자의 주택 및 토지에 대하여 매도청구를 할 수 있다.

▶집합건물법의 준용
매도청구에 관하여는 「집합건물법」을 준용한다.

▶소유자를 확인하기 곤란한 대지 등에 대한 처분
(1) 매도청구 대상이 되는 대지에 해당하는 경우에 따라 사업계획승인을 받은 사업주체는 해당 주택건설대지 중 사용할 수 있는 권원을 확보하지 못한 대지의 소유자가 있는 곳을 확인하기가 현저히 곤란한 경우에는 전국적으로 배포되는 둘 이상의 일간신문에 두 차례 이상 공고하고, 공고한 날부터 30일 이상이 지났을 때에는 매도청구 대상의 대지로 본다.
(2) 사업주체는 매도청구 대상 대지의 감정평가액에 해당하는 금액을 법원에 공탁하고 주택건설사업을 시행할 수 있다.

▶토지 등의 수용·사용
국가·지자체·LH공사 및 지방공사인 사업주체가 국민주택을 건설하거나 국민주택을 건설하기 위한 대지를 조성하는 경우에는 토지나 토지에 정착한 물건 및 그 토지나 물건에 관한 소유권 외의 권리를 수용하거나 사용할 수 있다.

▶「토지보상법」의 준용

토지 등을 수용하거나 사용하는 경우 「주택법」에 규정된 것 외에는 「토지보상법」을 준용한다.

▶「토지보상법」에 관한 특례

(1) 「토지보상법」을 준용하는 경우에는 "「토지보상법」에 따른 사업인정"을 "「주택법」에 따른 사업계획승인"으로 본다.
(2) 다만, 재결신청은 「토지보상법」에도 불구하고 사업계획승인을 받은 주택건설사업 기간 이내에 할 수 있다.

▶ 간선시설의 설치의무자

사업주체가 단독주택인 경우 100호 이상, 공동주택인 경우 100세대 이상의 주택건설사업을 시행하는 경우 또는 16,500㎡ 이상의 대지조성사업을 시행하는 경우 다음에 해당하는 자는 각각 해당 간선시설을 설치하여야 한다.

(1) **지방자치단체** : 도로 및 상하수도시설
(2) **해당 지역에 전기·통신·가스 또는 난방을 공급하는 자** : 전기시설·통신시설·가스시설 또는 지역난방시설
(3) **국가** : 우체통

▶ 간선시설의 설치완료

간선시설은 특별한 사유가 없으면 사용검사일까지 설치를 완료하여야 한다.

▶ 간선시설의 설치비용

간선시설의 설치비용은 설치의무자가 부담한다. 이 경우 도로 및 상하수도시설의 설치비용은 그 비용의 50%의 범위에서 국가가 보조할 수 있다.

▶지중선로의 설치비용 부담

(1) 전기간선시설을 지중선로로 설치하는 경우에는 전기를 공급하는 자와 지중에 설치할 것을 요청하는 자가 각각 50%의 비율로 그 설치비용을 부담한다.
(2) 다만, 사업지구 밖의 기간시설로부터 그 사업지구 안의 가장 가까운 주택단지의 경계선까지 전기간선시설을 설치하는 경우에는 전기를 공급하는 자가 부담한다.

▶간선시설 설치비의 상환

(1) 간선시설의 설치비용 요구

간선시설 설치의무자가 사용검사일까지 간선시설의 설치를 완료하지 못할 특별한 사유가 있는 경우에는 사업주체가 그 간선시설을 자기부담으로 설치하고 간선시설 설치의무자에게 그 비용의 상환을 요구할 수 있다.

(2) 설치비의 상환기한

간선시설의 설치비 상환계약에서 정하는 설치비의 상환기한은 해당 사업의 사용검사일부터 3년 이내로 하여야 한다.

▶국·공유지의 우선매각 및 임대

국가 및 지자체는 소유토지를 매각하거나 임대하는 경우 다음의 목적으로 그 토지의 매수나 임차를 원하는 자가 있는 때에는 그에게 우선적으로 매각하거나 임대할 수 있다.

(1) 국민주택규모의 주택을 50% 이상으로 건설하는 주택의 건설
(2) 주택조합이 건설하는 주택의 건설
(3) 위의 주택을 건설하기 위한 대지의 조성

100강
국·공유지 등의 우선매각 및 임대

▶우선 매각 및 임대토지의 환매

국가 또는 지방자치단체는 국가 또는 지방자치단체로부터 토지를 매수하거나 임차한 자가 그 매수일 또는 임차일부터 2년 이내에 국민주택규모의 주택 또는 조합주택을 건설하지 아니하거나 그 주택을 건설하기 위한 대지조성사업을 시행하지 아니한 경우에는 환매(還買)하거나 임대계약을 취소할 수 있다.

▶체비지의 우선매각

(1) 사업주체가 국민주택용지로 사용하기 위하여 도시개발사업시행자(환지방식에 의한 사업의 시행자)에게 체비지(替費地)의 매각을 요구한 경우 그 도시개발사업시행자는 체비지를 사업주체에게 국민주택용지로 매각하는 경우에는 경쟁입찰로 하여야 한다.

(2) 다만, 매각을 요구하는 사업주체가 하나일 때에는 수의계약으로 체비지의 총면적의 50%의 범위에서 이를 우선적으로 사업주체에게 매각할 수 있다.

▶사업주체에게 매각할 체비지

사업주체가 「도시개발법」에 따른 환지계획의 수립 전에 체비지의 매각을 요구하면 도시개발사업시행자는 사업주체에게 매각할 체비지를 그 환지계획에서 하나의 단지로 정하여야 한다.

▶체비지의 양도가격

체비지의 양도가격은 「감정평가 및 감정평가사에 관한 법률」에 따른 감정평가법인등 2인 이상의 감정평가가격을 산술평균한 가격을 기준으로 산정한다. 다만, 주거전용면적 85㎡ 이하의 임대주택을 건설하거나 주거전용면적 60㎡ 이하의 국민주택을 건설하는 경우에는 「택지개발촉진법 시행규칙」에 따라 산정한 조성원가를 기준으로 할 수 있다.

▶주택의 설계 및 시공의무

사업계획승인을 받아 건설되는 주택(부대시설과 복리시설을 포함)을 설계하는 자는 설계도서작성기준에 맞게 설계하여야 하며, 주택을 시공하는 자와 사업주체는 설계도서에 맞게 시공하여야 한다.

▶설계도서 작성기준

(1) 설계도서는 설계도·시방서(示方書)·구조계산서·수량산출서·품질관리계획서 등으로 구분하여 작성할 것
(2) 설계도 및 시방서에는 건축물의 규모와 설비·재료·공사방법 등을 적을 것
(3) 설계도·시방서·구조계산서는 상호 보완관계를 유지할 수 있도록 작성할 것
(4) 품질관리계획서에는 설계도 및 시방서에 따른 품질 확보를 위하여 필요한 사항을 정할 것

▶사업계획승인주택의 시공 제한

사업계획승인을 받은 주택의 건설공사는 「건설산업기본법」에 따른 건설사업자로서 건축공사업 또는 토목건축공사업의 등록을 한 자 또는 「주택법」에 따라 건설사업자로 간주하는 등록사업자가 아니면 이를 시공할 수 없다.

▶공동주택의 방수·위생 및 냉·난방설비공사의 시공 제한

공동주택의 방수·위생 및 냉·난방 설비공사는 「건설산업기본법」에 따른 건설사업자로서 건설업의 등록을 한 다음의 자(특정열사용기자재를 설치·시공하는 경우에는 「에너지이용 합리화법」에 따른 시공업자)가 아니면 이를 시공할 수 없다.
(1) **방수설비공사** : 미장·방수·조적공사업의 등록을 한 자
(2) **위생설비공사** : 기계설비·가스공사업의 등록을 한 자
(3) **냉·난방설비공사** : 기계설비·가스공사업 또는 가스·난방공사업의 등록을 한 자

101강 주택의 감리 등

▶설계와 시공의 분리발주

(1) 국가 또는 지자체인 사업주체는 사업계획승인을 받은 주택건설공사의 설계와 시공을 분리하여 발주하여야 한다.

(2) 다만, 주택건설공사 중 대지구입비를 제외한 총공사비가 500억원 이상인 공사로서 기술관리상 설계와 시공을 분리하여 발주할 수 없는 공사의 경우에는 「국가를 당사자로 하는 계약에 관한 법률」에 따른 일괄입찰의 방법으로 시행할 수 있다.

▶주택의 감리자 지정

(1) 사업계획승인권자가 주택건설사업계획을 승인하였을 때와 시장·군수·구청장이 리모델링의 허가를 하였을 때에는 「건축사법」 또는 「건설기술 진흥법」에 따른 감리자격이 있는 자를 해당 주택건설공사의 감리자로 지정하여야 한다. 이 경우 인접한 둘 이상의 주택단지에 대해서는 감리자를 공동으로 지정할 수 있다.

(2) 다만, 사업주체가 국가·지자체·LH공사·지방공사 또는 「건축법」에 따라 공사감리를 하는 도시형 생활주택의 경우에는 그러하지 아니하다.

▶감리자의 구분지정

(1) **300세대 미만의 주택건설공사** : 다음의 어느 하나에 해당하는 자
    (해당 주택건설공사를 시공하는 자의 계열회사는 제외)
    1) 「건축사법」에 따라 건축사사무소 개설신고를 한 자
    2) 「건설기술 진흥법」에 따라 등록한 건설엔지니어링사업자

(2) **300세대 이상의 주택건설공사** : 「건설기술 진흥법」에 따라 등록한 건설엔지니어링사업자

▶감리자의 교체사유

사업계획승인권자는 감리자가 다음에 해당하는 사유에 해당하는 경우에는 감리자를 교체하고, 그 감리자에 대하여는 1년의 범위에서 감리업무의 지정을 제한할 수 있다.

(1) 감리업무 수행 중 발견한 위반사항을 묵인한 경우
(2) 이의신청 결과 시정 통지가 3회 이상 잘못된 것으로 판정된 경우
(3) 공사기간 중 공사현장에 1개월 이상 감리원을 상주시키지 아니한 경우
(4) 감리자 지정에 관한 서류를 거짓이나 그 밖의 부정한 방법으로 작성·제출한 경우
(5) 감리자 스스로 감리업무 수행의 포기 의사를 밝힌 경우

▶감리업무의 보고 및 위반사항의 시정통지
(1) 감리자는 업무의 수행 상황을 사업계획승인권자(리모델링의 허가만 받은 경우는 허가권자를 말함) 및 사업주체에게 보고하여야 한다.
(2) 감리자는 업무를 수행하면서 위반사항을 발견하였을 때에는 지체없이 시공자 및 사업주체에게 위반사항을 시정할 것을 통지하고, 7일 이내에 사업계획승인권자에게 그 내용을 보고하여야 한다.

▶공사감리비의 예치
사업주체는 당사자 간의 계약에 따른 공사감리비를 사업계획승인권자에게 예치하여야 함

▶공사감리비의 지급
사업계획승인권자는 예치받은 공사감리비를 감리자에게 지급하여야 한다. 다만, 감리자가 감리업무를 소홀히 하여 사업계획승인권자로부터 시정명령을 받은 경우 사업계획승인권자는 감리자가 시정명령을 이행완료할 때까지 감리비 지급을 유예할 수 있다.

▶사전방문의 절차

(1) 사업주체는 사전방문을 주택공급계약에 따라 정한 입주지정기간 시작일 45일 전까지 2일 이상 실시해야 한다.

(2) 사업주체가 사전방문을 실시하려는 경우에는 사전방문기간 시작일 1개월 전까지 방문기간 및 방법 등 사전방문에 필요한 사항을 포함한 사전방문계획을 수립하여 사용검사권자에게 제출하고, 입주예정자에게 그 내용을 서면(전자문서 포함)으로 알려야 한다.

▶하자 보수공사의 요청

입주예정자는 사전방문 결과 하자(공사상 잘못으로 인하여 균열·침하·파손·들뜸·누수 등이 발생하여 안전상·기능상 또는 미관상의 지장을 초래할 정도의 결함을 말한다)가 있다고 판단하는 경우 사업주체에게 보수공사 등 적절한 조치를 해줄 것을 요청할 수 있다.

▶사용검사권자의 하자여부 확인

입주예정자가 요청한 사항이 하자가 아니라고 판단하는 사업주체는 사용검사권자에게 하자 여부를 확인해줄 것을 요청할 수 있다. 이 경우 사용검사권자는 공동주택 품질점검단의 자문을 받는 등 하자 여부를 확인할 수 있다.

▶품질점검단의 설치

시·도지사는 사전방문을 실시하고 사용검사를 신청하기 전에 공동주택의 품질을 점검하여 사업계획의 내용에 적합한 공동주택이 건설되도록 할 목적으로 주택 관련 분야 등의 전문가로 구성된 공동주택 품질점검단을 설치·운영할 수 있다.

품질점검단의 점검대상은 민간 사업주체가 건설하는 300세대 이상인 공동주택을 말한다. 다만, 시·도지사가 필요하다고 인정하는 경우에는 조례로 정하는 바에 따라 300세대 미만인 공동주택으로 정할 수 있다.

▶사용검사

(1) 사업주체는 사업계획승인을 받아 시행하는 주택건설사업 또는 대지조성사업을 완료한 경우에는 주택 또는 대지에 대하여 시장·군수·구청장(국가 또는 LH공사가 사업주체인 경우와 국토부장관으로부터 사업계획승인을 받은 경우에는 국토부장관)의 사용검사를 받아야 한다.

(2) 다만, 주택건설사업의 분할 시행 사업계획을 승인받은 경우에는 완공된 주택에 대하여 공구별로 분할 사용검사를 받을 수 있고, 사업계획승인 조건의 미이행 등 경우에는 공사가 완료된 주택에 대하여 동별 사용검사를 받을 수 있다.

▶사용검사의 기한

사용검사권자는 사용검사를 할 때 주택 또는 대지가 사업계획의 내용에 적합한지 여부, 사용검사를 받기 전까지 조치해야 하는 하자를 조치 완료했는지 여부를 확인해야 한다. 사용검사는 신청일부터 15일 이내에 하여야 한다.

▶시공보증자 등의 사용검사

(1) 사업주체가 파산 등으로 주택건설사업을 계속할 수 없는 경우에는 시공보증자가 잔여공사를 시공하고 사용검사를 받아야 한다.

(2) 다만, 시공보증자가 없거나 시공보증자가 파산 등으로 시공을 할 수 없는 경우에는 입주예정자대표회의가 시공자를 정하여 잔여공사를 시공하고 사용검사를 받아야 한다.

▶입주예정자대표회의의 구성

(1) 사용검사권자는 입주예정자대표회의가 사용검사를 받아야 하는 경우에는 입주예정자로 구성된 대책회의를 소집하여 그 내용을 통보하고, 건축공사현장에 10일 이상 그 사실을 공고하여야 한다.

(2) 이 경우 입주예정자는 그 과반수의 동의로 10명 이내의 입주예정자로 구성된 입주예정자대표회의를 구성하여야 한다.

▶건축물관리대장 등재 및 소유권보존등기

시공보증자 또는 입주예정자대표회의가 사용검사를 받은 경우에는 사용검사를 받은 자의 구분에 따라 시공보증자 또는 세대별 입주자의 명의로 건축물관리대장 등재 및 소유권보존등기를 할 수 있다.

▶임시 사용승인

(1) 사용검사권자는 임시 사용승인의 신청을 받은 때에는 임시 사용승인 대상인 주택 또는 대지가 사업계획의 내용에 적합하고 사용에 지장이 없는 경우에만 임시사용을 승인할 수 있다.
(2) 이 경우 임시 사용승인의 대상이 공동주택인 경우에는 세대별로 임시 사용승인을 할 수 있다.

▶입주예정자대표회의의 하자보수보증금 예치

사업주체의 파산 등으로 입주예정자가 사용검사를 받을 때에는 「공동주택관리법」에도 불구하고 입주예정자대표회의가 사용검사권자에게 사용검사를 신청할 때 하자보수보증금을 예치하여야 한다.

102강 주택의 건설기준

▶단지 안의 시설설치제한

주택단지에는 다음의 시설에 한하여 이를 건설하거나 설치할 수 있다.
(1) 부대시설
(2) 복리시설(지식산업센터·사회복지관·공동작업장은 해당 주택단지에 세대당 전용면적이 50m² 이하인 공동주택을 300세대 이상 건설하거나 해당 주택단지 총세대수의 1/2 이상을 건설하는 경우만 해당)
(3) 간선시설
(4) 도시·군계획시설

▶에너지절약형 친환경 주택의 건설기준

사업주체가 사업계획승인을 받아 주택을 건설하려는 경우에는 에너지 고효율 설비기술 및 자재 적용 등 다음의 어느 하나 이상의 기술을 이용하여 주택의 총 에너지사용량 또는 총 이산화탄소배출량을 절감할 수 있는 에너지절약형 친환경주택으로 건설하여야 한다.

(1) 고단열·고기능 외피구조, 기밀설계, 일조확보 및 친환경자재 사용 등 저에너지 건물 조성기술
(2) 고효율 열원설비, 제어설비 및 고효율 환기설비 등 에너지 고효율 설비기술
(3) 태양열, 태양광, 지열 및 풍력 등 신·재생에너지 이용기술
(4) 자연지반의 보존, 생태면적율의 확보 및 빗물의 순환 등 생태적 순환 기능 확보를 위한 외부환경 조성기술
(5) 건물에너지 정보화 기술, 자동제어장치 및 지능형 전력망 등 에너지 이용 효율을 극대화하는 기술

▶건강친화형 주택의 건설기준

사업주체가 500세대 이상의 공동주택을 건설하는 경우 다음의 사항을 고려하여 세대 내의 실내공기 오염물질 등을 최소화할 수 있는 건강친화형 주택으로 건설하여야 한다.

(1) 오염물질을 적게 방출하거나 오염물질의 발생을 억제 또는 저감시키는 건축자재(붙박이 가구 및 붙박이 가전제품을 포함)의 사용에 관한 사항
(2) 청정한 실내환경 확보를 위한 마감공사의 시공관리에 관한 사항
(3) 실내공기의 원활한 환기를 위한 환기설비의 설치, 성능검증 및 유지관리에 관한 사항
(4) 환기설비 등을 이용하여 신선한 바깥의 공기를 실내에 공급하는 환기의 시행에 관한 사항

▶장수명 주택의 건설기준 및 인증제도

(1) 장수명 주택 건설기준의 고시

국토부장관은 장수명 주택의 건설기준을 정하여 고시할 수 있다.

(2) 국토부장관의 장수명 주택 인증제도 시행

국토부장관은 장수명 주택의 공급 활성화를 유도하기 위하여 장수명 주택 건설기준에 따라 장수명 주택 인증제도를 시행할 수 있다.

(3) 장수명주택의 등급구분

장수명주택인증제도로 장수명주택에 대하여 부여하는 등급은 다음과 같이 구분한다.

1) 최우수 등급 2) 우수 등급
3) 양호 등급   4) 일반 등급

(4) 장수명주택의 등급기준

사업주체가 1,000세대 이상의 주택을 공급하고자 하는 때에는 장수명주택 인증제도에 따라 일반 등급 이상의 등급을 인정받아야 한다.

(5) 장수명주택 인증제도에 따른 완화

장수명주택 인증제도에 따라 우수 등급 이상의 등급을 인정받은 경우 장수명주택의 건폐율·용적률은 다음의 구분에 따라 조례로 그 제한을 완화할 수 있다.

1) 건폐율 : 조례로 정한 건폐율의 115/100를 초과하지 아니하는 범위에서 완화
2) 용적률 : 조례로 정한 용적률의 115/100를 초과하지 아니하는 범위에서 완화

▶공동주택성능등급의 표시

사업주체가 500세대 이상의 공동주택을 공급할 때에는 주택의 성능 및 품질을 입주자가 알 수 있도록 다음의 공동주택성능에 대한 등급을 발급받아 입주자 모집공고에 표시하여야 한다.

(1) 경량충격음·중량충격음·화장실소음·경계소음 등 소음 관련 등급
(2) 리모델링 등에 대비한 가변성 및 수리 용이성 등 구조 관련 등급
(3) 조경·일조확보율·실내공기질·에너지절약 등 환경 관련 등급
(4) 커뮤니티시설, 사회적 약자 배려, 홈네트워크, 방범안전 등 생활환경 관련 등급
(5) 화재·소방·피난안전 등 화재·소방 관련 등급

▶바닥충격음 성능등급 인정

(1) **바닥충격음 성능등급 인정기관의 지정**: 국토부장관은 주택건설기준 중 공동주택 바닥충격음 차단구조의 성능등급을 대통령령으로 정하는 기준에 따라 인정하는 바닥충격음 성능등급 인정기관을 지정할 수 있다.

(2) **공동주택 바닥충격음 차단구조의 성능등급 인정의 유효기간**
  1) 공동주택 바닥충격음 차단구조의 성능등급 인정의 유효기간은 그 성능등급 인정을 받은 날부터 5년으로 한다.
  2) 공동주택 바닥충격음 차단구조의 성능등급 인정을 받은 자는 유효기간이 끝나기 전에 유효기간을 연장할 수 있다. 이 경우 연장되는 유효기간은 연장될 때마다 3년을 초과할 수 없다.

(3) **바닥충격음 성능등급 인정기관의 지정 취소**: 국토부장관은 바닥충격음 성능등급 인정기관이 다음의 어느 하나에 해당하는 경우 그 지정을 취소할 수 있다.
  1) 거짓이나 그 밖의 부정한 방법으로 바닥충격음 성능등급 인정기관으로 지정을 받은 경우(당연 지정취소)
  2) 바닥충격음 차단구조의 성능등급의 인정기준을 위반하여 업무를 수행한 경우
  3) 바닥충격음 성능등급 인정기관의 지정 요건에 맞지 아니한 경우
  4) 정당한 사유 없이 2년 이상 계속하여 인정업무를 수행하지 아니한 경우

(4) 건축물 높이의 최고한도 완화

사업주체가 대통령령으로 정하는 두께 이상으로 바닥구조를 시공하는 경우 사업계획승인권자는 지구단위계획으로 정한 건축물 높이의 최고한도의 100분의 115를 초과하지 아니하는 범위에서 조례로 정하는 기준에 따라 건축물 높이의 최고한도를 완화하여 적용할 수 있다.

▶주택공급의 원칙

사업주체(건축허가를 받아 주택 외의 시설과 주택을 동일 건축물로 하여 사업계획승인 대상 호수 이상으로 건설·공급하는 건축주와 사용검사를 받은 주택을 사업주체로부터 일괄하여 양수받은 자를 포함)는 다음에서 정하는 바에 따라 주택을 건설·공급하여야 한다.

(1) **사업주체(공공주택사업자는 제외)가 입주자를 모집하려는 경우** : 시장·군수·구청장의 승인(복리시설의 경우에는 신고를 말함)을 받을 것

(2) **사업주체가 건설하는 주택을 공급하려는 경우**

  1) 「주택공급에 관한 규칙」이 정하는 입주자모집의 조건·방법·절차, 입주금(입주예정자가 사업주체에게 납입하는 주택가격을 말함)의 납부 방법·시기·절차, 주택공급계약의 방법·절차 등에 적합할 것

  2) 국토부령으로 정하는 바에 따라 벽지·바닥재·주방용구·조명기구 등을 제외한 부분의 가격을 따로 제시하고, 이를 입주자가 선택할 수 있도록 할 것

▶주택공급에 관한 규칙에 따른 공급

주택을 공급받으려는 자는 「주택공급에 관한 규칙」이 정하는 입주자자격·재당첨 제한 및 공급 순위 등에 맞게 주택을 공급받아야 한다.
이 경우 투기과열지구 및 조정대상지역에서 건설·공급되는 주택을 공급받으려는 자의 입주자자격, 재당첨 제한 및 공급 순위 등은 주택의 수급 상황 및 투기 우려 등을 고려하여 국토부령으로 지역별로 달리 정할 수 있다.

▶마감자재 목록표의 제출

사업주체가 시장·군수·구청장의 승인을 받으려는 경우(사업주체가 국가·지자체·LH공사 및 지방공사인 경우에는 견본주택을 건설하는 경우를 말한다)에는 견본주택에 사용되는 마감자재의 규격·성능 및 재질을 적은 마감자재 목록표와 견본주택의 각 실의 내부를 촬영한 영상물 등을 제작하여 승인권자에게 제출하여야 한다.

▶마감자재 목록표의 제공

사업주체는 주택공급계약을 체결할 때 입주예정자에게 다음의 자료 또는 정보를 제공하여야 한다. 다만, 입주자 모집공고에 이를 표시(인터넷에 게재하는 경우를 포함)한 경우에는 그러하지 아니하다.

(1) 견본주택에 사용된 마감자재 목록표
(2) 공동주택 발코니의 세대 간 경계벽에 피난구를 설치하거나 경계벽을 경량구조로 건설한 경우 그에 관한 정보

▶마감자재 목록표의 보관기간

시장·군수·구청장은 제출받은 마감자재 목록표와 영상물 등을 사용검사가 있은 날부터 2년 이상 보관하여야 하며, 입주자가 열람을 요구하는 경우에는 이를 공개하여야 한다.

▶동질 이상의 마감자재 설치

(1) 사업주체가 마감자재 생산업체의 부도 등으로 인한 제품의 품귀 등 부득이한 사유로 인하여 사업계획승인 또는 마감자재 목록표의 마감자재와 다르게 마감자재를 시공·설치하려는 경우에는 당초의 마감자재와 같은 질 이상으로 설치하여야 한다.
(2) 마감자재 목록표의 자재와 다른 마감자재를 시공·설치하려는 경우에는 그 사실을 입주예정자에게 알려야 한다.

▶주택의 공급업무의 대행

사업주체는 주택을 효율적으로 공급하기 위하여 필요하다고 인정하는 경우 주택의 공급업무의 일부를 제3자로 하여금 대행하게 할 수 있다.

▶견본주택의 건축기준

(1) 사업주체가 주택의 판매·촉진을 위하여 견본주택을 건설하려는 경우 견본주택의 내부에 사용하는 마감자재 및 가구는 사업계획승인 내용과 같은 것으로 시공·설치하여야 한다.
(2) 견본주택에는 마감자재 목록표와 사업계획승인을 받은 서류 중 평면도와 시방서(示方書)를 갖춰 두어야 하며, 견본주택의 배치·구조 및 유지관리 등은 국토부령으로 정하는 기준에 맞아야 한다.
(3) 가설건축물인 견본주택은 인접 대지의 경계선으로부터 3m 이상 떨어진 곳에 건축하여야 한다. 다만, 다음의 어느 하나에 해당하는 경우에는 1.5m 이상 떨어진 곳에 건축할 수 있다.
   1) 견본주택의 외벽(外壁)과 처마가 내화구조 및 불연재료로 설치되는 경우
   2) 인접 대지가 도로, 공원, 광장 그 밖에 건축이 허용되지 아니하는 공지인 경우

▶입주자저축의 정의

국민주택과 민영주택을 공급받기 위하여 가입하는 주택청약종합저축을 말한다. 국토부장관은 입주자저축에 관한 국토부령을 제정하거나 개정할 때에는 기획재정부장관과 미리 협의해야 한다.

▶분양가상한제 적용주택

사업주체가 「주택법」 제54조(주택의 공급)의 규정에 따라 일반인에게 공급하는 공동주택 중 다음에 해당하는 지역에서 공급하는 주택의 경우에는 「주택법」이 정한 기준에 따라 산정되는 분양가격 이하로 공급하여야 한다.

(1) 공공택지
(2) 국토부장관이 주거정책심의위원회의 심의를 거쳐 지정하는 지역

▶분양가상한제의 적용 제외 주택

(1) 도시형 생활주택
(2) 경제자유구역에서 건설·공급하는 공동주택으로서 경제자유구역위원회에서 외자유치 촉진과 관련이 있다고 인정하여 분양가격 제한을 적용하지 아니하기로 심의·의결한 경우
(3) 관광특구에서 건설·공급하는 공동주택으로서 해당 건축물의 층수가 50층 이상이거나 높이가 150m 이상인 경우
(4) LH공사 또는 지방공사가 다음의 정비사업의 시행자로 참여하고, 주택의 전체 세대수의 10% 이상을 임대주택으로 건설·공급하는 주택
  1) 정비구역 면적이 2만㎡ 미만인 사업 또는 해당 정비사업에서 건설·공급하는 주택의 전체 세대수가 200세대 미만인 사업
  2) 소규모 주택정비사업
(5) 주거환경개선사업 및 공공재개발사업에서 건설·공급하는 주택
(6) 주거재생혁신지구에서 시행하는 혁신지구재생사업에서 건설·공급하는 주택
(7) 도심공공주택복합사업에서 건설·공급하는 주택

104강
분양가상한제

▶분양가상한제 적용주택의 택지비

분양가격은 택지비와 건축비로 구성(토지임대부 분양주택의 경우에는 건축비만 해당)되며 이 경우 택지비는 다음에 따라 산정한 금액으로 한다.

(1) 공공택지에서 주택을 공급하는 경우에는 해당 택지의 공급가격에 국토부령으로 정하는 택지와 관련된 비용을 가산한 금액
(2) 공공택지 외의 택지에서 분양가상한제 적용주택을 공급하는 감정평가한 가액에 국토부령으로 정하는 택지와 관련된 비용을 가산한 금액

▶분양가상한제 적용주택의 건축비

(1) 분양가격 구성항목 중 건축비는 국토부장관이 정하여 고시하는 기본형 건축비에 국토부령으로 정하는 금액을 더한 금액으로 한다.
(2) 이 경우 기본형 건축비는 시장·군수·구청장이 해당 지역의 특성을 고려하여 국토부령으로 정하는 범위에서 따로 정하여 고시할 수 있다.

▶분양가상한제 적용주택 등의 입주자의 거주의무

사업주체가 수도권에서 건설·공급하는 분양가상한제 적용주택 또는 토지임대부 분양주택의 입주자(상속받은 자는 제외한다. 거주의무자)는 해당 주택의 최초 입주가능일부터 3년 이내에 입주하여야 하고, 해당주택의 분양가격과 국토부장관이 고시한 방법으로 결정된 인근지역 주택매매가격의 비율에 따라 5년 이내의 범위에서 대통령령으로 정하는 거주의무기간 동안 계속하여 해당 주택에 거주하여야 한다.

▶한국토지주택공사의 매입 절차

LH공사는 매입신청을 받거나 거주의무자등이 거주의무기간을 위반하였다는 사실을 알게 된 경우 해당 주택을 매입하려면 14일 이상의 기간을 정하여 거주의무자에게 의견을 제출할 수 있는 기회를 줘야 하며, 의견을 제출받은 LH공사는 제출 의견의 처리 결과를 거주의무자에게 통보해야 한다.

▶한국토지주택공사의 재공급

LH공사는 취득한 주택을 국토교통부령으로정하는 바에 따라 재공급하여야 하며, 주택을 재공급받은 사람은 거주의무기간 중 잔여기간을 계속하여 거주하지 아니하고 그 주택을 양도할 수 없다.
다만, 거주의무 예외사유에 해당하는 경우 그 기간은 해당 주택에 거주한 것으로 본다.

▶분양가상한제 적용지역의 지정

국토부장관은 주택가격상승률이 물가상승률보다 현저히 높은 지역으로서 그 지역의 주택가격·주택거래 등과 지역 주택시장 여건 등을 고려하였을 때 주택가격이 급등하거나 급등할 우려가 있는 지역에 대하여는 주거정책심의위원회 심의를 거쳐 분양가상한제적용지역으로 지정할 수 있다.

▶분양가상한제 적용 지역의 지정대상

(1) 분양가상한제 적용 직전월부터 소급하여 12개월간의 아파트 분양가격상승률이 물가상승률의 2배를 초과한 지역
(2) 분양가상한제 적용 직전월부터 소급하여 3개월간의 주택매매거래량이 전년 동기 대비 20% 이상 증가한 지역
(3) 분양가상한제 적용 직전월부터 소급하여 주택공급이 있었던 2개월 동안 해당 지역에서 공급되는 주택의 월평균 청약경쟁률이 모두 5대 1을 초과하였거나 해당 지역에서 공급되는 국민주택규모 주택의 월평균 청약경쟁률이 모두 10대 1을 초과한 지역

▶시·도지사의 의견청취

국토부장관이 분양가상한제 적용지역을 지정하는 경우에는 미리 시·도지사의 의견을 들어야 한다.

▶분양가상한제 적용지역의 공고

국토부장관은 분양가상한제 적용지역을 지정하였을 때에는 지체없이 이를 공고하고, 그 지정지역을 관할하는 시장·군수·구청장에게 공고 내용을 통보하여야 한다.

▶분양가상한제 적용지역의 해제

국토부장관은 분양가상한제 적용지역으로 계속 지정할 필요가 없다고 인정하는 경우에는 주거정책심의위원회 심의를 거쳐 분양가상한제 적용지역의 지정을 해제하여야 한다.

▶분양가심사위원회

(1) 시장·군수·구청장은 분양가상한제 적용주택의 분양가격에 관한 사항을 심의하기 위하여 사업계획승인 신청(「도시정비법」에 따른 사업시행계획인가 및 「건축법」에 따른 건축허가를 포함)이 있는 날부터 20일 이내에 분양가심사위원회를 설치·운영하여야 한다.

(2) 시장·군수·구청장은 입주자모집 승인을 할 때에는 분양가심사위원회의 심사결과에 따라 승인여부를 결정하여야 한다.

(3) 분양가심사위원회는 주택 관련 분야 교수, 주택건설 또는 주택관리 분야 전문직 종사자, 관계 공무원 또는 변호사·회계사·감정평가사 등 관련 전문가 10명 이내로 구성함

(4) 분양가심사위원회의 민간위원의 임기는 2년으로 하며, 두 차례만 연임할 수 있다.

(5) 시장·군수·구청장은 회의 개최일 7일 전까지 회의와 관련된 사항을 위원에게 알려야 한다.

105강 저당권설정 등의 제한 사용검사 후 매도청구

▶주택 및 대지의 처분제한

사업주체는 주택건설사업에 의하여 건설된 주택 및 대지에 대하여는 입주자 모집공고 승인 신청일 이후부터 입주예정자가 그 주택 및 대지의 소유권이전등기를 신청할 수 있는 날(입주가능일) 이후 60일까지의 기간 동안 입주예정자의 동의 없이 다음의 어느 하나에 해당하는 행위를 하여서는 아니 된다.

(1) 해당 주택 및 대지에 저당권 또는 가등기담보권 등 담보물권을 설정하는 행위
(2) 해당 주택 및 대지에 전세권·지상권, 등기되는 부동산임차권을 설정하는 행위
(3) 해당 주택 및 대지를 매매 또는 증여 등의 방법으로 처분하는 행위

▶입주자의 동의 없이 저당권 설정 등을 할 수 있는 경우

(1) 해당 주택의 입주자에게 주택구입자금의 일부를 융자해 줄 목적으로 주택도시기금이나 금융기관으로부터 주택건설자금의 융자를 받는 경우
(2) 해당 주택의 입주자에게 주택구입자금의 일부를 융자해 줄 목적으로 금융기관으로부터 주택구입자금의 융자를 받는 경우
(3) 사업주체가 파산, 합병, 분할, 등록말소 또는 영업정지 등의 사유로 사업을 시행할 수 없게 되어 사업주체가 변경되는 경우

▶처분제한에 대한 부기등기

(1) 저당권설정 등의 제한을 할 때 사업주체는 해당 주택 또는 대지가 입주예정자의 동의 없이는 양도하거나 제한물권을 설정하거나 압류·가압류·가처분 등의 목적물이 될 수 없는 재산임을 소유권등기에 부기등기하여야 한다.
(2) 다만, 사업주체가 국가·지자체 및 LH공사 등 공공기관이거나 해당 대지가 사업주체의 소유가 아닌 경우에는 그러하지 아니하다.

▶부기등기를 위반한 처분의 효력

부기등기일 이후에 해당 대지 또는 주택을 양수하거나 제한물권을 설정받은 경우 또는 압류·가압류·가처분 등의 목적물로 한 경우에는 그 효력을 무효로 한다.

▶매도청구

주택(복리시설을 포함)의 소유자들은 주택단지 전체 대지에 속하는 일부의 토지에 대한 소유권이전등기 말소소송 등에 따라 사용검사(동별 사용검사를 포함)를 받은 이후에 해당 토지의 소유권을 회복한 자(실소유자)에게 해당 토지를 시가(市價)로 매도할 것을 청구할 수 있다.

▶소송 제기

주택의 소유자들은 대표자를 선정하여 매도청구에 관한 소송을 제기할 수 있다. 이 경우 대표자는 주택의 소유자 전체의 3/4 이상의 동의를 얻어 선정한다.

▶판결 효력

매도청구에 관한 소송에 대한 판결은 주택의 소유자 전체에 대하여 효력이 있다.

▶매도청구의 토지 면적

매도청구를 하려는 경우에는 해당 토지의 면적이 주택단지 전체 대지 면적의 5% 미만이어야 한다.

▶매도청구의 의사표시

매도청구의 의사표시는 실소유자가 해당 토지소유권을 회복한 날부터 2년 이내에 해당 실소유자에게 송달되어야 한다.

▶매도청구의 비용

주택의 소유자들은 매도청구로 인하여 발생한 비용의 전부를 사업주체에게 구상할 수 있다.

106강 투기과열지구 조정대상지역 등

▶투기과열지구의 지정

(1) 국토부장관 또는 시·도지사는 주택가격의 안정을 위하여 필요한 경우에는 주거정책심의위원회의 심의를 거쳐 일정한 지역을 투기과열지구로 지정하거나 이를 해제할 수 있다.

(2) 이 경우 투기과열지구는 그 지정 목적을 달성할 수 있는 최소한의 범위에서 시·군·구 또는 읍·면·동의 지역 단위로 지정하되, 택지개발지구 등 해당 지역 여건을 고려하여 지정 단위를 조정할 수 있다.

▶투기과열지구의 지정기준

(1) 투기과열지구지정 직전월부터 소급하여 주택공급이 있었던 2개월 동안 해당 지역에서 공급되는 주택의 월별 평균 청약경쟁률이 모두 5대 1을 초과하였거나 국민주택규모주택의 월별 평균 청약경쟁률이 모두 10대 1을 초과한 곳

(2) 다음에 해당하는 곳으로서 주택공급이 위축될 우려가 있는 곳
   1) 투기과열지구지정 직전월의 주택분양실적이 전달보다 30% 이상 감소한 곳
   2) 사업계획승인 건수나 건축허가 건수(투기과열지구지정 직전월부터 소급하여 6개월간의 건수를 말함)가 직전 연도보다 급격하게 감소한 곳

▶투기과열지구의 지정절차

국토부장관이 투기과열지구를 지정하거나 해제할 경우에는 미리 시·도지사의 의견을 듣고 그 의견에 대한 검토의견을 회신하여야 하며, 시·도지사가 투기과열지구를 지정하거나 해제할 경우에는 국토부장관과 협의하여야 한다.

▶투기과열지구지정의 해제

(1) 국토부장관이나 시·도지사는 투기과열지구의 지정사유가 없어졌다고 인정되는 경우에는 지체없이 투기과열지구의 지정을 해제해야 한다.
(2) 국토부장관은 반기마다 주거정책심의위원회의 회의를 소집하여 투기과열지구로 지정된 지역별로 해당 지역의 주택가격 안정 여건의 변화 등을 고려하여 투기과열지구 지정의 계속 여부를 재검토 하여야 한다.

▶투기과열지구지정의 해제 여부결정

투기과열지구의 지정해제를 요청받은 국토부장관이나 시·도지사는 40일 이내에 주거정책심의위원회의 심의를 거쳐 투기과열지구의 지정해제 여부를 결정해서 투기과열지구를 관할하는 지자체의 장에게 심의결과를 통보해야 한다.

▶조정대상지역의 지정

국토부장관은 다음에 해당하는 지역을 주거정책심의위원회의 심의를 거쳐 조정대상지역으로 지정할 수 있다. 이 경우 제1호에 해당하는 조정대상지역은 그 지정 목적을 달성할 수 있는 최소한의 범위에서 시·군·구 또는 읍·면·동의 지역 단위로 지정한다.

(1) 주택가격, 청약경쟁률, 분양권 전매량 및 주택보급률 등을 고려하였을 때 주택분양 등이 과열되어 있거나 과열될 우려가 있는 지역(과열지역)
(2) 주택가격, 주택거래량, 미분양주택의 수 및 주택보급률 등을 고려하여 주택의 분양·매매 등 거래가 위축되어 있거나 위축될 우려가 있는 지역(위축지역)

▶조정대상지역의 해제

국토부장관은 조정대상지역으로 유지할 필요가 없다고 판단되는 경우에는 주거정책심의위원회의 심의를 거쳐 조정대상지역의 지정을 해제하여야 한다.

▶조정대상지역의 해제요청
조정대상지역으로 지정된 지역의 시·도지사 또는 시장·군수·구청장은 조정대상지역 지정 후 해당 지역의 주택가격이 안정되는 등 조정대상지역으로 유지할 필요가 없다고 판단되는 경우에는 국토부장관에게 그 지정의 해제를 요청할 수 있다.

▶전매행위의 제한대상의 주택
사업주체가 건설·공급하는 주택(입주자로 선정된 지위를 포함)으로서 다음에 해당하는 경우에는 10년 이내의 전매제한기간에는 주택을 전매(매매·증여나 그 밖에 권리의 변동을 수반하는 모든 행위를 포함하되, 상속의 경우는 제외)하거나 이의 전매를 알선할 수 없다.

(1) 투기과열지구에서 건설·공급되는 주택
(2) 조정대상지역에서 건설·공급되는 주택
(3) 분양가상한제 적용주택
(4) 공공택지 외의 택지에서 건설·공급되는 주택
(5) 공공재개발사업(분양가상한제 적용지역에 한정)에서 건설·공급하는 주택
(6) 토지임대부 분양주택

▶전매제한기간
(1) **공통 사항**
전매제한기간은 해당 주택의 입주자로 선정된 날부터 기산한다.
(2) **투기과열지구에서 건설·공급되는 주택**
해당 주택(분양가상한제 적용주택은 제외)에 대한 소유권이전등기일까지의 기간. 다만 그 기간이 5년을 초과하는 경우에는 5년으로 한다.

▶전매행위제한의 예외

(1) 세대원이 근무 또는 생업상의 사정이나 질병치료·취학·결혼으로 인하여 세대원 전원이 다른 광역시·특별자치시·특별자치도·시 또는 군(광역시의 관할에 있는 군은 제외)으로 이전하는 경우. 다만, 수도권으로 이전하는 경우는 제외
(2) 상속에 의하여 취득한 주택으로 세대원 전원이 이전하는 경우
(3) 세대원 전원이 해외로 이주하거나 2년 이상 기간 해외에 체류하고자 하는 경우
(4) 이혼으로 인하여 입주자로 선정된 지위나 주택을 그 배우자에게 이전하는 경우
(5) 공익사업 시행으로 주거용 건축물을 제공한 자가 사업시행자로부터 이주대책용 주택을 공급받은 경우로서 시장·군수·구청장이 확인하는 경우
(6) 분양가상한제 적용주택의 소유자가 국가·지자체 및 금융기관에 대한 채무를 이행하지 못하여 경매 또는 공매가 시행되는 경우
(7) 입주자로 선정된 지위 또는 주택의 일부를 그 배우자에게 증여하는 경우
(8) 실직·파산 또는 신용불량으로 경제적 어려움이 발생한 경우

▶전매행위제한의 부기등기

사업주체가 분양가상한제 적용주택, 공공택지 외의 택지에서 건설·공급되는 주택 및 토지임대부 분양주택을 공급하는 경우(LH공사가 매입한 주택을 재공급하는 경우도 포함한다)에는 그 주택의 소유권을 제3자에게 이전할 수 없음을 소유권에 관한 등기에 부기등기 해야 한다. 이 부기등기는 주택의 소유권보존등기와 동시에 해야 한다.

▶주택공급질서 교란금지

누구든지「주택법」에 따라 건설·공급되는 주택을 공급받거나 공급받게 하기 위하여 다음에 해당하는 증서 또는 지위를 양도·양수(매매·증여나 그 밖에 권리변동을 수반하는 모든 행위를 포함하되, 상속·저당의 경우는 제외) 또는 이를 알선하거나 양도·양수 또는 이를 알선할 목적으로 하는 광고를 하여서는 아니 된다.

(1) 조합주택을 공급받을 수 있는 지위
(2) 입주자저축 증서
(3) 주택상환사채
(4) 시장·군수 또는 구청장이 발행한 무허가건물확인서·건물철거예정증명서 또는 건물철거확인서
(5) 공공사업의 시행으로 인한 이주대책에 의하여 주택을 공급받을 수 있는 지위 또는 이주대책대상자확인서

▶주택공급질서 교란행위에 대한 조치

(1) **주택공급을 신청할 수 있는 지위의 무효와 공급계약의 취소**
   국토부장관 또는 사업주체는 주택공급질서 교란행위를 한 자에 대해서는 주택공급을 신청할 수 있는 지위를 무효로 하거나 이미 체결된 주택의 공급계약을 취소하여야 함

(2) **주택의 취득**
   사업주체가 공급질서 교란행위를 한 자에게 주택가격에 상당하는 금액을 지급한 때는 그 지급일에 사업주체가 주택을 취득한 것으로 본다.

107강 리모델링(Ⅰ)

▶리모델링의 허가

공동주택(부대시설과 복리시설을 포함)의 입주자·사용자 또는 관리주체가 공동주택을 리모델링하려고 하는 경우에는 허가와 관련된 면적, 세대수 또는 입주자 등의 동의 비율에 관하여 시장·군수·구청장의 허가를 받아야 한다.

▶리모델링의 허가 특례

(1) 리모델링주택조합이나 소유자 전원의 동의를 받은 입주자대표회의가 시장·군수·구청장의 허가를 받아 리모델링을 할 수 있다.
(2) 리모델링에 동의한 소유자는 리모델링주택조합 또는 입주자대표회의가 시장·군수·구청장에게 허가신청서를 제출하기 전까지 서면으로 동의를 철회할 수 있다.

▶공동주택 리모델링의 허가기준(동의비율)

(1) **입주자·사용자 또는 관리주체의 경우**
   공사기간, 공사방법 등이 적혀 있는 동의서에 입주자 전체의 동의를 받아야 한다.
(2) **입주자대표회의 경우**
   리모델링 설계의 개요, 공사비, 소유자의 비용분담 명세가 적혀 있는 결의서에 주택단지의 소유자 전원의 동의를 받아야 한다.
(3) **리모델링 주택조합의 경우**
   주택단지 전체를 리모델링하는 경우에는 주택단지 전체 구분소유자 및 의결권의 각 75% 이상의 동의와 각 동별 구분소유자 및 의결권의 각 50% 이상의 동의를 받아야 하며, 동을 리모델링하는 경우에는 그 동의 구분소유자 및 의결권의 각 75% 이상의 동의를 받아야 한다.

▶리모델링 시공자의 선정방법

(1) 리모델링을 하는 경우 설립인가를 받은 리모델링주택조합의 총회 또는 소유자 전원의 동의를 받은 입주자대표회의에서 건설사업자 또는 등록사업자를 시공자로 선정하여야 한다.

(2) 시공자를 선정하는 경우에는 국토부장관이 정하는 경쟁입찰의 방법으로 하여야 한다. 다만, 시공자 선정을 위하여 국토부장관이 정하는 경쟁입찰의 방법으로 2회 이상 경쟁입찰을 하였으나 입찰자의 수가 해당 경쟁입찰의 방법에서 정하는 최저 입찰자 수에 미달하여 경쟁입찰의 방법으로 시공자를 선정할 수 없게 된 경우에는 제외

▶도시계획위원회의 심의

시장·군수·구청장이 세대수 증가형 리모델링(50세대 이상으로 세대수가 증가하는 경우에 한함)을 허가하려는 때에는 기반시설에의 영향이나 도시·군관리계획과의 부합 여부 등에 대해 시·군·구 도시계획위원회의 심의를 거쳐야 한다.

▶공사완료에 따른 사용검사

공동주택의 입주자·사용자·관리주체·입주자대표회의 또는 리모델링주택조합이 리모델링에 관하여 시장·군수·구청장의 허가를 받은 후 그 공사를 완료하였을 때에는 시장·군수·구청장의 사용검사를 받아야 한다.

▶행위허가의 취소

시장·군수·구청장은 공동주택의 입주자·사용자·관리주체·입주자대표회의 또는 리모델링 주택조합에 해당하는 자가 거짓이나 그 밖의 부정한 방법으로 허가를 받은 경우에는 행위허가를 취소할 수 있다.

108강 리모델링(Ⅱ)

▶권리변동계획의 수립

세대수가 증가되는 리모델링을 하는 경우에는 다음의 사항에 대한 권리변동계획을 수립하여 사업계획승인 또는 행위허가를 받아야 한다.

(1) 리모델링 전후의 대지 및 건축물의 권리변동명세
(2) 조합원의 비용분담
(3) 사업비
(4) 조합원 외의 자에 대한 분양계획
(5) 그 밖에 리모델링과 관련한 권리 등에 대하여 해당 시·도 또는 시·군의 조례로 정하는 사항

▶증축형 리모델링의 안전진단

(1) 증축형 리모델링을 하려는 자는 시장·군수·구청장에게 안전진단을 요청해야 하며, 안전진단을 요청받은 시장·군수·구청장은 해당 건축물의 증축 가능 여부의 확인 등을 위해 안전진단을 실시해야 한다.
(2) 시장·군수·구청장이 안전진단으로 건축물 구조의 안전에 위험이 있다고 평가하여 재건축사업 및 소규모 재건축사업의 시행이 필요하다고 결정한 건축물은 증축형 리모델링을 하여서는 아니 된다.

▶수직증축형 리모델링허가 후 안전진단 실시

(1) 시장·군수·구청장은 수직증축형 리모델링을 허가한 후에 해당 건축물의 구조안전성 등에 대한 상세 확인을 위하여 안전진단을 실시하여야 한다.
(2) 이 경우 안전진단을 의뢰받은 기관은 건축구조기술사와 함께 안전진단을 실시하여야 하며, 리모델링을 하려는 자는 안전진단 후 구조설계의 변경 등이 필요한 경우에는 건축구조기술사로 하여금 이를 보완하도록 하여야 한다.

▶안전진단 실시비용의 부담

시장·군수·구청장은 안전진단을 실시하는 비용의 전부 또는 일부를 리모델링을 하려는 자에게 부담하게 할 수 있다.

▶리모델링 기본계획

특별시장·광역시장 및 대도시 시장은 관할구역에 대해 다음 사항을 포함한 리모델링 기본계획을 10년 단위로 수립해야 한다.

(1) 계획의 목표 및 기본방향
(2) 도시·군기본계획 등 관련 계획 검토
(3) 리모델링 대상 공동주택 현황 및 세대수 증가형 리모델링 수요 예측
(4) 세대수 증가에 따른 기반시설의 영향 검토
(5) 일시집중 방지 등을 위한 단계별 리모델링 시행방안

▶대도시가 아닌 시장의 리모델링 기본계획

대도시가 아닌 시의 시장은 세대수 증가형 리모델링에 따른 도시과밀이나 일시집중 등이 우려되어 도지사가 리모델링 기본계획의 수립이 필요하다고 인정한 경우 리모델링 기본계획을 수립해야 한다.

▶리모델링 기본계획의 작성기준

리모델링 기본계획의 작성기준 및 작성방법 등은 국토부장관이 정한다.

▶도지사의 승인

대도시의 시장은 리모델링 기본계획을 수립하거나 변경하려면 도지사의 승인을 받아야 한다.

▶리모델링 기본계획의 타당성 여부 검토

특별시장·광역시장 및 대도시 시장은 5년마다 리모델링 기본계획의 타당성을 검토하여 그 결과를 리모델링 기본계획에 반영해야 한다.

▶국토부장관의 세대수 증가형 리모델링의 시기조정

국토부장관은 세대수 증가형 리모델링의 시행으로 주변 지역에 현저한 주택부족이나 주택시장의 불안정 등이 발생될 우려가 있는 때에는 주거정책심의위원회의 심의를 거쳐 특별시장, 광역시장, 대도시의 시장에게 리모델링 기본계획을 변경하도록 요청하거나, 시장·군수·구청장에게 세대수 증가형 리모델링의 사업계획 승인 또는 허가의 시기를 조정하도록 요청할 수 있으며, 요청을 받은 특별시장, 광역시장, 대도시의 시장 또는 시장·군수·구청장은 특별한 사유가 없으면 그 요청에 따라야 한다.

▶시·도지사의 세대수 증가형 리모델링의 시기조정

시·도지사는 세대수 증가형 리모델링의 시행으로 주변 지역에 현저한 주택부족이나 주택시장의 불안정 등이 발생될 우려가 있는 때에는 시·도 주거정책심의위원회의 심의를 거쳐 대도시의 시장에게 리모델링 기본계획을 변경하도록 요청하거나, 시장·군수·구청장에게 세대수 증가형 리모델링의 사업계획 승인 또는 허가의 시기를 조정하도록 요청할 수 있으며, 요청을 받은 대도시의 시장 또는 시장·군수·구청장은 특별한 사유가 없으면 그 요청에 따라야 한다.

▶공동주택 리모델링에 따른 특례

(1) **대지사용권의 특례**

공동주택의 소유자가 리모델링에 의하여 전유부분의 면적이 늘거나 줄어드는 경우에는 「집합건물법」에도 불구하고 대지사용권은 변하지 아니하는 것으로 본다. 다만, 세대수 증가를 수반하는 리모델링의 경우에는 권리변동계획에 따른다.

(2) **공용부분 면적의 특례**

공동주택의 소유자가 리모델링에 의하여 일부 공용부분의 면적을 전유부분의 면적으로 변경한 경우에는 「집합건물법」에도 불구하고 그 소유자의 나머지 공용부분의 면적은 변하지 아니하는 것으로 본다.

(3) 「집합건물법」에 따른 규약

　　대지사용권 및 공용부분의 면적에 관하여는 소유자가 「집합건물법」에 따른 규약으로 달리 정한 경우에는 그 규약에 따른다.

▶토지임대부 분양주택의 토지임대차기간

토지임대부 분양주택의 토지에 대한 임대차기간은 40년 이내로 한다. 이 경우 토지임대부 분양주택 소유자의 75% 이상이 계약갱신을 청구하는 경우 40년의 범위에서 이를 갱신할 수 있다.

▶지상권의 설정 간주

토지임대부 분양주택을 공급받은 자가 토지소유자와 임대차계약을 체결한 경우 해당 주택의 구분소유권을 목적으로 그 토지 위에 임대차기간 동안 지상권이 설정된 것으로 본다.

▶표준임대차계약서의 사용의무

토지임대부 분양주택의 토지에 대한 임대차계약을 체결하고자 하는 자는 표준임대차계약서를 사용하여야 한다.

▶임대차계약의 승계

토지임대부 분양주택을 양수한 자 또는 상속받은 자는 임대차계약을 승계한다.

▶월별 토지임대료

다음의 구분에 따라 산정한 금액을 12개월로 분할한 금액 이하로 한다.

(1) 공공택지에 토지임대주택을 건설하는 경우

　　해당 공공택지의 조성원가에 입주자모집공고일이 속하는 달의 전전달의 「은행법」에 따른 은행의 3년 만기 정기예금 평균이자율을 적용하여 산정한 금액

(2) 공공택지 외의 택지에 토지임대주택을 건설하는 경우

감정평가한 가액에 입주자모집공고일이 속하는 달의 전전달의 「은행법」에 따른 은행의 3년 만기 정기예금 평균이자율을 적용하여 산정한 금액

▶토지임대료의 증액청구 제한

(1) 토지소유자는 토지임대주택을 분양받은 자와 토지임대료에 관한 토지임대료약정을 체결한 후 2년이 지나기 전에는 토지임대료의 증액을 청구할 수 없다.

(2) 토지소유자는 토지임대료약정 체결 후 2년이 지나 토지임대료의 증액을 청구하는 경우에는 시·군·구의 평균지가상승률을 고려하여 증액률을 산정하되, 「주택임대차보호법」에 따른 차임 등의 증액청구한도 비율을 초과해서는 아니 된다.

▶토지임대료의 보증금 전환

(1) 토지임대료는 월별 임대료를 원칙으로 하되, 토지소유자와 주택을 공급받은 자가 합의한 경우 임대료를 선납하거나 보증금으로 전환하여 납부할 수 있다.

(2) 토지임대료를 보증금으로 전환하려는 경우 그 보증금을 산정할 때 적용되는 이자율은 은행의 3년 만기 정기예금 평균이자율 이상이어야 한다.

▶다른 법률과의 관계

토지임대부 분양주택에 관하여 「주택법」에서 정하지 아니한 사항은 「집합건물법」, 「민법」 순으로 적용한다.

▶토지임대부 분양주택의 공공매입
LH공사는 토지임대부 분양주택의 매입신청을 받거나 주택의 전매행위 제한규정을 위반하여 토지임대부 분양주택의 전매가 이루어진 경우 LH공사의 부도·파산 등 특별한 사유가 없으면 매입신청서를 제출받은 날부터 14일 이내에 해당 주택의 매입 여부를 신청인에게 통보하고 해당 주택을 매입하여야 한다.

▶한국토지주택공사의 취득간주
LH공사가 토지임대부 분양주택을 매입하는 경우 그 주택을 양도하는 자에게 매입비용을 지급한 때에는 그 지급한 날에 LH공사가 해당 주택을 취득한 것으로 본다.

▶토지임대부 분양주택의 재건축
토지임대부 분양주택의 소유자가 임대차기간이 만료되기 전에 도시개발 관련 법률에 따라 해당 주택을 철거하고 재건축을 하고자 하는 경우 「집합건물법」에 따라 토지소유자의 동의를 받아 재건축할 수 있다.
이 경우 토지소유자는 정당한 사유 없이 이를 거부할 수 없다.

▶주택소유자의 범위
토지임대부 분양주택을 재건축하는 경우 해당 주택의 소유자를 「도시정비법」에 따른 재건축사업의 토지등소유자로 본다.

▶토지임대차기간에 관한 계약의 성립
(1) 재건축한 주택은 토지임대부 분양주택으로 한다. 이 경우 재건축한 주택의 준공인가일부터 토지임대부 분양주택의 임대차기간 동안 토지소유자와 재건축한 주택의 조합원 사이에 토지의 임대차기간에 관한 계약이 성립된 것으로 본다.
(2) 토지소유자와 주택소유자가 합의한 경우에는 토지임대부 분양주택이 아닌 주택으로 전환할 수 있다.

110강 주택상환사채 등

▶주택상환사채의 발행
(1) 한국토지주택공사와 등록사업자는 액면 또는 할인의 방법으로 주택으로 상환하는 주택상환사채를 발행할 수 있다. 이 경우 등록사업자는 자본금·자산평가액 및 기술인력 등이 대통령령으로 정하는 기준에 맞고 금융기관 또는 주택도시보증공사의 보증을 받은 경우에만 주택상환사채를 발행할 수 있다.
(2) 이 경우 등록사업자가 발행할 수 있는 주택상환사채의 규모는 최근 3년간의 연평균 주택건설 호수 이내로 한다.

▶등록사업자의 주택상환사채 발행 기준
(1) 법인으로서 자본금이 5억원 이상일 것
(2) 「건설산업기본법」에 따라 건설업 등록을 한 자일 것
(3) 최근 3년간 연평균 주택건설 실적이 300호 이상일 것

▶주택상환사채의 승인
주택상환사채를 발행하려는 자는 주택상환사채 발행계획을 수립하여 국토부장관의 승인을 받아야 한다.

▶주택상환사채의 상환
주택상환사채의 상환기간은 3년을 초과할 수 없다. 이 경우 상환기간은 주택상환사채 발행일부터 주택의 공급계약체결일까지의 기간으로 한다.

▶주택상환사채의 양도제한
주택상환사채는 양도하거나 중도에 해약할 수 없다. 다만, 다음에 해당하는 부득이한 사유가 있는 경우는 예외로 한다.
(1) 세대원의 근무 또는 생업상의 사정이나 질병치료, 취학 또는 결혼으로 세대원 전원이 다른 행정구역으로 이전하는 경우
(2) 세대원 전원이 상속으로 취득한 주택으로 이전하는 경우
(3) 세대원 전원이 해외로 이주하거나 2년 이상 해외에 체류하려는 경우

▶주택상환사채의 발행방법
주택상환사채는 기명증권으로 하고, 사채권자의 명의변경은 취득자의 성명과 주소를 사채원부에 기록하는 방법으로 하며, 취득자의 성명을 채권에 기록하지 아니하면 사채발행자 및 제3자에게 대항할 수 없다.

▶주택상환사채의 효력
등록사업자의 등록이 말소된 경우에도 등록사업자가 발행한 주택상환사채의 효력에는 영향을 미치지 아니한다.

▶상법의 준용
(1) 주택상환사채의 발행에 관하여 이 법에서 규정한 것 외에는 「상법」 중 사채발행에 관한 규정을 적용한다.
(2) 다만, 한국토지주택공사가 발행하는 경우와 금융기관 등이 상환을 보증하여 등록사업자가 발행하는 경우에는 「상법」을 적용하지 아니한다.

▶국민주택사업특별회계의 설치
지방자치단체는 국민주택사업을 시행하기 위해 국민주택사업특별회계를 설치·운용해야 한다.

▶국민주택사업특별회계의 재원
(1) 자체 부담금
(2) 주택도시기금으로부터의 차입금
(3) 정부로부터의 보조금
(4) 농협은행으로부터의 차입금
(5) 외국으로부터의 차입금
(6) 국민주택사업특별회계에 속하는 재산의 매각대금
(7) 국민주택사업특별회계자금의 회수금·이자수입금 및 그 밖의 수익
(8) 재건축부담금 중 지방자치단체 귀속분

▶주택사업자단체의 설립

등록사업자는 주택건설사업 및 대지조성사업의 전문화와 주택산업의 건전한 발전을 도모하기 위하여 주택사업자단체를 설립할 수 있다.

▶설립등기

협회는 각각 법인으로 한다.
협회는 그 주된 사무소의 소재지에서 설립등기를 함으로써 성립한다.

▶협회의 설립인가

협회를 설립하려면 회원자격을 가진 자 50인 이상을 발기인으로 하여 정관을 마련한 후 창립총회의 의결을 거쳐 국토부장관의 인가를 받아야 한다. 협회가 정관을 변경하려는 경우에도 또한 같다.

▶「민법」의 준용

협회에 관하여 「주택법」에서 규정한 것 외에는 「민법」 중 사단법인에 관한 규정을 준용한다.

▶청 문

국토부장관 또는 지방자치단체의 장은 다음의 어느 하나에 해당하는 처분을 하려면 청문을 하여야 한다.
(1) 주택건설사업 등의 등록말소
(2) 주택조합의 설립인가 취소
(3) 사업계획승인의 취소
(4) 리모델링허가의 취소

농지법

111강
총설

▶**농지의 정의**
전·답·과수원 기타 그 법적 지목을 불문하고 실제로 농작물 경작지 또는 다년생식물 재배지로 이용되는 토지

▶**농지에서 제외되는 토지**
(1) 지목이 전·답·과수원이 아닌 토지(지목이 임야인 토지는 제외)로서 농작물의 경작이나 다년생식물의 재배지로 계속하여 이용되는 기간이 3년 미만인 토지
(2) 지목이 임야인 토지로서 산지전용허가를 거치지 아니하고 농작물의 경작 또는 다년생식물의 재배에 이용되는 토지
(3) 「초지법」에 따라 조성된 초지

▶**농막 등의 범위**
(1) **농막** : 농작업에 직접 필요한 농자재 및 농기계 보관, 수확 농산물 간이 처리 또는 농작업 중 일시 휴식을 위하여 설치하는 시설(연면적 $20m^2$ 이하이고, 주거 목적이 아닌 경우로 한정한다)
(2) 간이저온저장고 : 연면적 $33m^2$이하일 것
(3) 간이액비저장조: 저장 용량이 200톤 이하일 것

▶농업인
농업에 종사하는 다음의 개인을 말한다.
(1) 1천m² 이상의 농지에서 농작물 또는 다년생식물을 경작 또는 재배하거나 1년 중 90일 이상 농업에 종사하는 자
(2) 농지에 330m² 이상의 고정식 온실·버섯재배사 또는 비닐하우스를 설치해서 농작물을 경작하거나 다년생식물을 재배하는 자
(3) 대가축 2두, 중가축 10두, 소가축 100두, 가금 1천수 또는 꿀벌 10군 이상을 사육하거나 1년 중 120일 이상 축산업에 종사하는 자
(4) 농업경영을 통한 농산물의 연간 판매액이 120만원 이상인 자

▶농업법인
(1) 「농어업경영체 육성 및 지원에 관한 법률」에 따라 설립된 영농조합법인
(2) 업무집행권을 가진 자 중 1/3 이상이 농업인인 농업회사법인

▶자경(自耕)
(1) 농업인이 그 소유 농지에서 농작물 경작 또는 다년생식물 재배에 상시 종사하거나 농작업의 1/2 이상을 자기의 노동력으로 경작 또는 재배하는 것
(2) 농업법인이 그 소유 농지에서 농작물을 경작하거나 다년생식물을 재배하는 것

▶위탁경영
농지소유자가 타인에게 일정한 보수를 지급하기로 약정하고 농작업의 전부 또는 일부를 위탁하여 행하는 농업경영

▶농지의 전용
농지를 농작물의 경작이나 다년생식물의 재배 등 농업생산 또는 농지개량 외의 용도로 사용하는 것을 말한다.
다만, 농지의 개량시설과 농지에 설치하는 농축산물 생산시설의 부지로 사용하는 경우에는 전용(轉用)으로 보지 아니한다.

112강 농지의 소유제한

▶주말·체험영농

농업인이 아닌 개인이 주말 등을 이용하여 취미생활이나 여가활동으로 농작물을 경작하거나 다년생식물을 재배하는 것을 말한다.

▶농지소유제한과 그 예외

(1) **원칙** : 농지는 자기의 농업경영에 이용하거나 이용할 자가 아니면 이를 소유하지 못한다.

(2) **예외** : 다음에 해당하는 경우에는 예외적으로 농지를 소유할 수 있다. 다만, 소유 농지는 농업경영에 이용되도록 하여야 한다(제2호 및 제3호는 제외한다).

1) 국가·지자체가 농지를 소유하는 경우
2) 학교·공공단체, 농업연구기관, 농업생산단체 또는 종묘 기타 농업 기자재를 생산하는 자가 그 목적수행을 하기 위해서 필요로 하는 시험, 연구, 실습지, 종묘생산지 또는 과수 인공수분용 꽃가루 생산지로 쓰기 위해 농지를 취득하여 소유하는 경우
3) 주말·체험영농을 하려고 농업진흥지역 외의 농지를 소유하는 경우
4) 상속에 의하여 농지를 취득하여 소유하는 경우(상속인에게 한 유증 포함)
5) 8년 이상 농업경영을 하던 자가 이농하는 경우 이농 당시 소유해 왔던 농지를 계속 소유하는 경우
6) 농지저당권자인 금융기관 등이 경매기일 2회 이상 유찰된 후 담보 농지를 취득하여 소유하는 경우
7) 농지전용허가를 받거나 농지전용신고를 한 자가 농지를 소유하는 경우
8) 주무부장관이나 지자체의 장이 농지전용협의를 마친 농지를 소유하는 경우
9) 농지개발사업지구에 있는 농지로서 한국농어촌공사가 개발하여 매도하는 1,500m² 미만의 농지를 취득하여 소유하는 경우
10) 농업진흥지역 밖의 농지 중 최상단부부터 최하단부까지의 평균경

사율이 15% 이상인 농지로서 영농여건불리농지를 소유하는 경우
11) 한국농어촌공사, 공유수면매립농지, 토지수용으로 농지를 취득하여 소유하는 경우
12) 공공토지비축심의위원회가 비축이 필요하다고 인정하는 토지로서 계획관리지역과 자연녹지지역 안의 농지를 LH공사가 취득해서 소유하는 경우

※ 「농지법」에서 허용된 경우 외에는 농지 소유에 관한 특례를 정할 수 없다.

▶농지의 계속 소유

「농지법」에 따라 적법하게 농지를 임대(賃貸)하거나 무상사용하게 하는 경우에는 임대하거나 무상사용하게 하는 기간 동안 농지를 계속 소유할 수 있다.

▶담보농지의 취득

(1) 농지를 저당한 금융기관 등은 저당권실행을 위한 경매기일을 2회 이상 진행해도 경락인이 없을 때에는 그 후의 경매에 참가해서 그 담보농지를 취득할 수 있다.

(2) 담보농지를 취득한 금융기관 등은 한국농어촌공사에 그 농지의 처분을 위임할 수 있으며, 한국농어촌공사는 그 농지를 공매(公賣)의 방법으로 처분해야 한다.

▶농지의 소유상한

(1) 농업경영을 하지 않는 상속인

1) 상속에 의해 농지를 취득한 자로서 농업경영을 하지 않는 자는 상속농지 중에서 1만m²에 한해 소유할 수 있다.

2) 다만, 한국농어촌공사에 위탁해서 농지를 임대하거나 무상사용하게 하는 경우에는 임대하거나 무상사용하게 하는 기간 동안 소유상한을 초과하는 농지를 계속 소유할 수 있다.

(2) **8년 이상 농업경영 후 이농한 자**
  1) 8년 이상 농업경영을 한 후 이농한 자는 이농 당시 소유농지 중 1만m² 에 한해 소유할 수 있다.
  2) 다만, 한국농어촌공사에 위탁해서 농지를 임대하거나 무상사용하게 하는 경우에는 임대하거나 무상사용하게 하는 기간 동안 소유상한을 초과하는 농지를 계속 소유할 수 있다.
(3) **주말·체험영농자**
  주말·체험영농을 하고자 하는 자는 1,000m² 미만에 한해 농지를 소유할 수 있다. 이 경우 면적의 계산은 그 세대원 전부가 소유하는 총면적으로 한다.

▶금지 행위

(1) 농지 소유 제한이나 농지 소유 상한에 대한 위반 사실을 알고도 농지를 소유하도록 권유하거나 중개하는 행위
(2) 농지의 위탁경영 제한에 대한 위반 사실을 알고도 농지를 위탁경영하도록 권유하거나 중개하는 행위
(3) 농지의 임대차 또는 사용대차 제한에 대한 위반 사실을 알고도 농지 임대차나 사용대차하도록 권유하거나 중개하는 행위
(4) 위의 행위와 그 행위가 행하여지는 업소에 대한 광고 행위

▶농지취득자격증명의 발급

(1) 농지를 취득하고자 하는 자는 농지 소재지를 관할하는 시·구·읍·면장에게서 농지취득자격증명을 발급받아야 한다.
(2) 농지를 소유할 목적으로 부정한 방법으로 농지취득자격증명을 발급받은 경우에는 5년 이하의 징역 또는 5천만원 이하의 벌금에 처해진다.
(3) 농지를 취득하는 자가 그 소유권에 관한 등기를 신청하는 때에는 농지취득자격증명을 첨부해야 한다.

113강 농지취득자격증명

▶농지취득자격증명 발급대상의 예외

(1) 국가 또는 지방자치단체가 농지를 취득하는 경우
(2) 상속(상속인에게 한 유증을 포함)에 의해 농지를 취득하는 경우
(3) 농지저당권자인 금융기관 등이 경매에서 유찰된 담보농지를 취득하는 경우
(4) 주무부장관이나 지방자치단체의 장이 농지전용협의를 마친 농지를 취득하는 경우
(5) 한국농어촌공사가 농지를 취득하는 경우
(6) 농어촌관광휴양지의 개발, 한계농지 등 정비사업의 시행자에 의한 한계농지의 매입 등에 의해 농지를 취득하는 경우
(7) 공유수면을 매립한 농지를 취득하는 경우
(8) 토지수용으로 농지를 취득하는 경우
(9) 농림부장관과 협의를 마치고「토지보상법」에 따라 농지를 취득하는 경우
(10) 농업법인의 합병으로 농지를 취득하는 경우
(11) 공유농지의 분할로 농지를 취득하는 경우
(12) 시효의 완성으로 농지를 취득하는 경우
(13) 환매권자가 환매권 등에 따라 농지를 취득하는 경우
(14) 농지이용증진사업시행계획에 따라 농지를 취득하는 경우

▶농지취득자격증명의 발급절차

농지취득자격증명을 발급받으려는 자는 농업경영계획서 또는 주말·체험영농계획서를 작성해서 농지 소재지를 관할하는 시·구·읍·면장에게 발급신청을 해야 한다.

▶농업경영계획서 등을 작성하지 아니하고 발급신청을 할 수 있는 경우

(1) 학교, 공공단체, 농업연구기관, 농업생산자단체, 종묘를 생산하는 자, 그리고 농업기자재를 생산하는 자가 시험지·연구지·실습지·종묘생산지 또는 과수인공수분용 꽃가루 생산지로 쓰기 위하여 농지를 취득하여 소유하는 경우

(2) 농지전용허가를 받거나 농지전용신고를 한 자가 그 농지를 소유하는 경우
(3) 개발사업지구 안에 소재하는 농지로서 한국농어촌공사가 개발하여 매도하는 1,500㎡ 미만의 농지를 취득하여 소유하는 경우
(4) 농업진흥지역 밖의 농지 중 최상단부부터 최하단부까지의 평균경사율이 15% 이상인 농지로서 영농여건불리농지를 소유하는 경우
(5) 「공공토지의 비축에 관한 법률」에 따른 공공토지비축심의위원회가 비축이 필요하다고 인정하는 토지로서 계획관리지역과 자연녹지지역의 농지를 LH공사가 취득하여 소유하는 경우

▶농지위원회의 심의대상

시·구·읍·면의 장은 농지 투기가 성행하거나 성행할 우려가 있는 지역의 농지를 취득하려는 자 등 농림축산식품부령으로 정하는 자가 농지취득자격증명 발급을 신청한 경우 농지위원회의 심의를 거쳐야 한다.

▶농업경영계획서 또는 주말·체험영농계획서의 내용

(1) 취득대상농지의 면적(공유로 취득하려는 경우 공유 지분의 비율 및 각자가 취득하려는 농지의 위치도 함께 표시한다)
(2) 취득대상농지의 농업경영을 하는 데에 필요한 노동력 및 농업기계·장비·시설의 확보 방안
(3) 소유농지의 이용실태(농지소유자에 한함)
(4) 농지취득자격증명을 발급받으려는 자의 직업·영농경력·영농거리

▶농지취득자격증명의 발급기간

시·구·읍·면의 장은 농지취득자격증명의 발급 신청을 받은 때에는 그 신청을 받은 날부터 7일(농업경영계획서 또는 주말·체험영농계획서를 작성하지 아니하고 농지취득자격증명의 발급신청을 할 수 있는 경우에는 4일, 농지위원회의 심의 대상의 경우에는 14일) 이내에 신청인에게 농지취득자격증명을 발급하여야 한다.

114강 농지의 위탁경영 등

▶농업경영계획서 또는 주말·체험영농계획서의 보존기간

시·구·읍·면의 장은 제출되는 농업경영계획서 또는 주말·체험영농계획서를 10년간 보존하여야 한다.

▶농업경영계획서 또는 주말·체험영농계획서 외의 신청서류 보존기간

농업경영계획서 또는 주말·체험영농계획서 외의 농지취득자격증명 신청서류의 보존기간은 10년으로 한다.

▶농지취득자격증명의 발급제한

시·구·읍·면의 장은 1필지를 공유로 취득하려는 자가 최대인원수를 7인 이하의 범위에서 시·군·구의 조례로 정한 수를 초과한 경우에는 농지취득자격증명을 발급하지 아니할 수 있다.

▶농지의 위탁경영

농지의 소유자는 다음의 경우를 제외하고는 소유농지를 위탁경영할 수 없다. 불법으로 농지를 위탁경영한 경우에는 1,000만원 이하의 벌금에 처해진다.

(1) 「병역법」에 의해 징집 또는 소집된 경우
(2) 3개월 이상 국외여행중인 경우
(3) 농업법인이 청산중인 경우
(4) 질병, 취학, 선거에 따른 공직취임으로 인해 자경할 수 없는 경우
(5) 부상으로 인해 3개월 이상 치료를 받아야 하는 경우
(6) 교도소·구치소 또는 보호감호시설에 수용(收容)중인 경우
(7) 임신 중이거나 분만 후 6개월 미만인 경우
(8) 농지이용증진사업 시행계획에 따라 위탁경영하는 경우
(9) 농업인이 자기노동력이 부족해서 벼 이식, 과수 가지치기 등 농작업에 1년 중 30일 이상 직접 종사하는 경우로서 농작업의 일부를 위탁하는 경우

▶농지처분의무

농지소유자는 다음의 어느 하나에 해당하게 되면 그 사유가 발생한 날로부터 1년 이내 해당 농지를 그 사유가 발생한 날 당시 세대를 같이 하는 세대원이 아닌 자, 그 밖에 농림축산식품부령으로 정하는 자에게 처분해야 한다.

(1) 소유농지를 자연재해·농지개량·질병 등 정당한 사유없이 자기의 농업경영에 이용하지 아니하거나 이용하지 아니하게 되었다고 시장·군수 또는 구청장이 인정한 경우

(2) 농지를 소유하고 있는 농업회사법인이 설립요건에 적합하지 아니하게 된 후 3월이 경과한 경우

(3) 학교·공공단체 등으로서 농지를 취득한 자가 그 농지를 해당 목적사업에 이용하지 아니하게 되었다고 시장·군수 또는 구청장이 인정한 경우

(4) 주말·체험영농 목적으로 농지를 취득한 자가 자연재해·농지개량·질병 등의 정당한 사유 없이 그 농지를 주말·체험영농에 이용하지 아니하게 되었다고 시장·군수 또는 구청장이 인정한 경우

(5) 상속으로 농지를 취득하여 소유한 자가 농지를 임대하거나 한국농어촌공사에 위탁하여 임대하는 등 정당한 사유 없이 자기의 농업경영에 이용하지 아니하게 되었다고 시장·군수 또는 구청장이 인정한 경우

(6) 8년 이상 농업경영을 하던 사람이 이농하는 경우 이농 당시 소유하고 있던 농지를 소유한 자가 농지를 임대하거나 한국농어촌공사에 위탁하여 임대하는 등 정당한 사유 없이 자기의 농업경영에 이용하지 아니하게 되었다고 시장·군수 또는 구청장이 인정한 경우

(7) 농지전용허가를 받거나 농지전용신고를 하고 농지를 취득한 자가 취득한 날로부터 2년 이내 그 목적사업에 착수하지 아니한 경우

(8) 농림부장관과 협의를 마치지 아니하고 「토지보상법」에 따라 농지를 취득해서 소유하는 경우

(9) 공익사업에 필요한 공공토지를 한국토지주택공사가 취득한 후 그 농지를 한국농어촌공사에 지체없이 위탁하지 않은 경우

(10) 농지 소유 상한을 초과하여 농지를 소유한 것이 판명된 경우

(11) 자연재해·농지개량·질병 등 정당한 사유 없이 농업경영계획서 또는 주말·체험영농계획서 내용을 이행하지 아니하였다고 시장·군수·구청장이 인정한 경우

▶농지의 처분명령
시장·군수 또는 구청장은 다음의 어느 하나에 해당하는 농지소유자에게 6개월 이내에 그 농지를 처분할 것을 명할 수 있다.
(1) 거짓이나 그 밖의 부정한 방법으로 농지취득자격증명을 발급받아 농지를 소유한 것으로 시장·군수 또는 구청장이 인정한 경우
(2) 처분의무 기간에 처분 대상 농지를 처분하지 아니한 경우
(3) 농업법인이 「농어업경영체 육성 및 지원에 관한 법률」을 위반하여 부동산업을 영위한 것으로 시장·군수 또는 구청장이 인정한 경우

▶농지의 매수청구
: 농지소유자는 처분명령을 받으면 한국농어촌공사에 그 농지의 매수를 청구할 수 있다.

▶농지의 매수가격
한국농어촌공사는 매수청구를 받으면 공시지가를 기준으로 해당 농지를 매수할 수 있다. 이 경우 인근 지역의 실제 거래가격이 공시지가보다 낮으면 실제 거래가격을 기준으로 매수할 수 있다.

▶이행강제금
(1) **이행강제금의 부과대상 및 부과금액**

시장·군수 또는 구청장은 다음에 해당하는 자에게 감정평가법인등이 감정평가한 감정가격 또는 개별공시지가 중 더 높은 가액의 25%에 해당하는 이행강제금을 부과한다.

1) 처분명령을 받은 후 매수를 청구하여 한국농어촌공사에 매수를청구하여 협의 중인 경우와 법률 또는 법원의 판결 등에 따라 처분이 제한되는 경우에 정당한 사유 없이 지정기간까지 그 처분명령을 이행하지 아니한 자

2) 원상회복 명령을 받은 후 그 기간 내에 원상회복 명령을 이행하지 아니하여 시장·군수·구청장이 그 원상회복 명령의 이행에 필요한 상당한 기간을 정하였음에도 그 기한까지 원상회복을 아니한 자

3) 시정명령을 받은 후 그 기간 내에 시정명령을 이행하지 아니하여 시장·군수·구청장이 그 시정명령의 이행에 필요한 상당한 기간을 정하였음에도 그 기한까지 시정을 아니한 자

(2) 이행강제금의 부과·징수절차

1) 시장·군수 또는 구청장은 처분명령·원상회복명령 또는 시정명령 이행기간이 만료한 다음 날을 기준으로 하여 그 처분명령·원상회복명령 또는 시정명령이 이행될 때까지 이행강제금을 매년 1회 부과·징수할 수 있다.

2) 이행강제금을 부과하는 경우에는 10일 이상의 기간을 정하여 이행강제금 처분대상자에게 의견제출의 기회를 주어야 한다.

3) 시장·군수 또는 구청장은 처분명령·원상회복명령 또는 시정명령을 받은 자가 처분명령·원상회복명령 또는 시정명령을 이행하면 새로운 이행강제금의 부과는 즉시 중지하되, 이미 부과된 이행강제금은 징수하여야 한다.

(3) 이의제기 및 강제징수

1) 이행강제금 부과처분에 불복하는 자는 그 처분을 고지받은 날부터 30일 이내에 시장·군수 또는 구청장에게 이의를 제기할 수 있다.

2) 이의신청기간 내에 이의를 제기하지 아니하고 이행강제금을 납부기한까지 내지 아니하면 「지방행정제재·부과금의 징수 등에 관한 법률」에 따라 강제징수한다.

▶농지이용계획의 수립

시장·군수·구청장은 공청회의 개최를 통하여 지역주민의 의견을 들은 후 시·군·구 농업·농촌 및 식품산업정책심의회의 심의를 거쳐 관할구역 안의 농지이용계획을 수립하여야 한다.

115강
농지의 이용

▶ 농지이용증진사업

(1) 농지의 매매·교환·분합 등에 의한 농지의 소유권이전촉진사업
(2) 농지의 장기임대차·장기사용대차에 의한 농지 임차권설정촉진사업
(3) 위탁경영촉진사업
(4) 농업인 또는 농업법인이 농지의 공동이용 또는 집단이용을 통하여 농업경영을 개선하는 농업경영체육성사업

▶ 대리경작제도

(1) 대리경작자의 지정

시장·군수·구청장은 유휴농지에 대하여 그 농지의 소유권자나 임차권자를 대신하여 농작물을 경작할 대리경작자를 직권으로 지정하거나 유휴농지를 경작하려는 자의 신청을 받아 대리경작자를 지정할 수 있다.

(2) 대리경작자의 자격

1) 시장·군수·구청장은 대리경작자를 직권으로 지정하려는 경우에는 농업경영을 하는 농업인 또는 농업법인으로서 대리경작을 하려는 자 중에서 지정하여야 한다.
2) 대리경작자를 지정하기가 곤란한 경우에는 농업생산자단체·학교 그 밖에 해당 농지를 경작하려는 자를 대리경작자로 지정할 수 있다.

(3) 대리경작의 기간 등

1) 대리경작기간은 따로 정함이 없는 한 3년으로 한다.
2) 대리경작자는 농지의 소유자 또는 임차권자에게 수확량의 10%를 토지사용료로 지급해야 한다.
3) 소유권자 또는 임차권자가 그 농지를 경작하려면 대리경작기간이 끝나기 3개월 전까지, 그 대리경작기간이 끝난 후에는 대리경작자 지정을 중지할 것을 시장·군수·구청장에게 신청하여야 한다.

▶농지의 임대차 또는 사용대차

(1) 서면계약의 원칙

임대차계약(농업경영을 하려는 자에게 임대하는 경우만 해당함)과 사용대차계약(농업경영을 하려는 자에게 무상사용하게 하는 경우만 해당함)은 서면계약을 원칙으로 한다.

(2) 임대차계약의 효력

임대차계약은 그 등기가 없는 경우에도 임차인이 농지소재지를 관할하는 시·구·읍·면의 장의 확인을 받고, 해당 농지를 인도받은 경우에는 그 다음 날부터 제3자에 대하여 효력이 생긴다.

(3) 임대차기간

1) 자경 농지를 농림부장관이 정하는 이모작을 위하여 8개월 이내로 임대하거나 무상사용하는 경우를 제외한 임대차기간은 3년 이상으로 해야 한다.
2) 다만, 농지의 임차인이 다년생식물 재배지로 이용하는 농지, 농지의 임차인이 농작물의 재배시설로서 고정식 온실 또는 비닐하우스를 설치한 농지의 임대차기간은 5년 이상으로 하여야 한다.
3) 임대차기간을 정하지 아니하거나 위의 기간 미만으로 정한 경우에는 위의 기간으로 약정된 것으로 본다.

(4) 임대차기간의 예외

1) 질병, 징집, 취학의 경우
2) 선거에 의한 공직에 취임하는 경우
3) 부상으로 3개월 이상의 치료가 필요한 경우
4) 교도소·구치소 또는 보호감호시설에 수용 중인 경우
5) 농업법인이 청산 중인 경우
6) 농지전용허가를 받았거나 농지전용신고를 하였으나 농지전용목적사업에 착수하지 않은 경우

(5) 임대차계약의 묵시의 갱신
임대인이 임대차기간 끝나기 3개월 전까지 임차인에게 임대차계약을 갱신하지 아니한다는 뜻이나 임대차계약 조건을 변경한다는 뜻을 통지하지 아니하면 그 임대차기간이 끝난 때에 이전의 임대차계약과 같은 조건으로 다시 임대차계약을 한 것으로 본다.

(6) 임대인의 지위승계
임대농지의 양수인은 임대인의 지위를 승계한 것으로 본다.

(7) 강행규정
「농지법」에 위반된 약정으로서 임차인에게 불리한 것은 그 효력이 없다.

(8) 국·공유 농지에 대한 특례
국·공유재산인 농지에 대해서는 농지의 임대차계약 및 사용대차계약에 관한 농지법 제24조(임대차·사용대차 계약 방법과 확인)·제24조의2(임대차기간)·제24조의3(임대차계약에 관한 조정 등)·제25조(묵시의 갱신)·제26조(임대인의 지위승계) 및 제26조의2(강행규정)를 적용하지 않는다.

116강 농업진흥지역

▶농업진흥지역의 지정권자
시·도지사가 시·도 농업·농촌 및 식품산업정책심의회의 심의를 거쳐 농림부장관의 승인을 얻어 지정·고시한다.

▶농업진흥지역의 구분지정

(1) 농업진흥구역
농지조성사업 또는 농업기반정비사업이 시행되었거나 시행중인 지역으로서 농업용으로 이용하고 있거나 이용할 토지가 집단화되어 농업목적으로 이용하는 것이 필요한 지역

(2) 농업보호구역
농업진흥구역의 용수원 확보, 수질 보전 등 농업환경을 보호하기 위하여 필요한 지역

▶농업진흥지역의 지정대상지역
녹지지역(서울시 녹지지역은 제외)·관리지역·농림지역 및 자연환경보전지역을 대상으로 한다.

▶승인 전 국토부장관과 협의
농림부장관은 녹지지역·계획관리지역이 농업진흥지역에 포함되는 경우에는 농업진흥지역의 지정을 승인하기 전에 국토부장관과 협의하여야 한다.

▶농업진흥지역의 변경 또는 해제사유
(1) 「국토계획법」에 의한 용도지역을 변경하는 경우로서 농업진흥지역을 해제하는 경우
(2) 농지를 주거지역·상업지역 또는 공업지역으로 지정하거나 도시·군계획시설결정을 하기 위하여 미리 농지의 전용에 관한 협의를 하는 경우로서 농업진흥지역을 해제하는 경우
(3) 해당 지역의 여건변화로 농업진흥지역의 지정요건에 적합하지 아니하게 되어 농업진흥지역을 해제하는 경우(토지의 면적이 3만m^2 이하인 때에 한함)
(4) 해당 지역의 여건 변화로 농업진흥지역 밖의 지역을 농업진흥지역으로 편입하는 경우
(5) 해당 지역의 여건 변화로 농업보호구역의 전부 또는 일부를 농업진흥구역으로 변경하거나 농업진흥구역 안의 3만m^2 이하의 토지를 농업보호구역으로 변경하는 경우

▶농업진흥구역 안에서 예외적 허용행위
(1) 농·임·축·수산물의 가공·처리시설 및 시험시설의 설치
(2) 어린이놀이터·마을회관 그 밖에 농업인의 공동생활의 편익을 위한 시설 및 이용시설의 설치
(3) 농업인주택, 어업인주택이나 그 밖에 농업용 시설·축산업용 시설 또는 어업용 시설의 설치

(4) 국방·군사시설의 설치
(5) 하천·제방 그 밖에 이에 준하는 국토보존시설의 설치
(6) 문화재의 보수·복원·이전 또는 매장문화재의 발굴·비석·기념탑 그 밖에 이와 유사한 공작물의 설치
(7) 도로·철도, 그 밖에 공공시설의 설치
(8) 지하자원의 개발을 위한 탐사 및 지하광물의 채광과 광석의 선별 및 적치를 위한 장소로 사용하는 행위
(9) 농어촌소득원의 개발 등 농어촌 발전을 위하여 필요한 시설의 설치

▶농업보호구역 안에서 예외적 허용행위

(1) 농업진흥구역에서 할 수 있는 토지이용행위
(2) 농업인의 소득증대를 위해 필요한 다음 시설의 설치
   1) 관광농원사업으로 설치하는 시설로서 그 부지가 2만m^2 미만인 것
   2) 주말농원사업으로 설치하는 시설로서 그 부지가 3,000m^2 미만인 것
   3) 태양에너지 발전설비로서 농업보호구역 안의 부지 면적이 1만m^2 미만인 것

(3) 농업인의 생활여건 개선을 위해 필요한 다음 시설의 설치
   1) 단독주택으로서 그 부지가 1,000m^2 미만인 것
   2) 제1종 근린생활시설 중 수퍼마켓, 일용품 소매점, 의원, 한의원, 탁구장, 체육도장, 지역자치센터, 우체국, 보건소, 공공도서관, 마을회관, 지역아동센터 등(공중화장실 및 대피소는 제외)으로서 그 부지가 1,000m^2 미만인 것

▶농업진흥구역과 농업보호구역에 걸치는 한 필지의 토지에 대한 행위제한 특례

(1) 한 필지의 토지가 농업진흥구역과 농업보호구역에 걸쳐 있으면서 농업진흥구역에 속하는 토지 부분이 330m^2 이하이면 그 토지 부분에 대하여는 행위제한을 적용할 때 농업보호구역에 관한 규정을 적용한다.

(2) 한 필지의 토지 일부가 농업진흥지역에 걸쳐 있으면서 농업진흥지역에 속하는 토지 부분의 면적이 330m² 이하이면 그 토지 부분에 대하여는 행위 제한규정을 적용하지 않는다.

▶농지의 전용허가

농지를 전용하려는 자는 농림부장관의 허가(다른 법률에 따라 농지전용허가가 의제되는 협의를 포함한다)를 받아야 한다.

▶농지전용허가 없이 농지전용이 가능한 경우

(1) 도시지역 또는 계획관리지역에 있는 농지로서 협의를 거친 농지나 협의대상에서 제외되는 농지를 전용하는 경우
(2) 농지전용신고를 하고 농지를 전용하는 경우
(3) 「산지관리법」에 의한 산지전용허가를 받지 아니하거나 산지전용신고를 하지 아니하고 불법으로 개간된 농지를 산림으로 복구하는 경우

▶농지의 전용신고대상

농지를 다음에 해당하는 시설의 부지로 전용하려는 자는 시장·군수·구청장에게 신고하여야 한다.

(1) **농업진흥지역 밖에 설치하는 농·어업인주택** : 세대당 660m² 이하
(2) **농업용 시설** : 농업인은 세대당 1,500m² 이하, 농업법인은 법인당 7,000m²(농업진흥지역 안인 경우에는 3,300m²) 이하
(3) **농업진흥지역 밖에 설치하는 축산업용 시설** : 농업인은 세대당 1,500m² 이하, 농업법인은 법인당 7,000m² 이하

117강
농지의 전용제한

▶농지의 타용도 일시 사용기간

(1) 건축허가 또는 건축신고대상시설이 아닌 간이농수축산업용 시설과 농수산물의 간이처리시설의 용도로 일시사용 하는 경우 : 7년 이내(5년 범위 연장 가능)
(2) 주목적사업을 위하여 현장사무소 또는 부대시설 기타 이에 준하는 시설을 설치하거나 물건을 적치·매설의 용도로 일시사용하는 경우 : 그 주목적 사업의 시행에 필요한 기간 이내(연장 가능)
(3) 농지의 타용도 일시사용신고 및 협의의 경우 : 6개월 이내
(4) 그 밖의 경우 : 5년 이내(3년 범위 연장 가능)

▶농지전용허가의 취소 사유

(1) 거짓이나 부정한 방법으로 허가를 받거나 신고한 것이 판명된 경우
(2) 허가목적이나 허가조건을 위반하는 경우
(3) 허가를 받지 아니하거나 신고하지 아니하고 사업계획을 변경하는 경우
(4) 허가를 받거나 신고를 한 후 농지전용 목적사업과 관련된 사업계획의 변경 등 정당한 사유 없이 2년 이상 대지의 조성, 시설물의 설치 등 농지전용 목적사업에 착수하지 아니하거나 농지전용 목적사업에 착수한 후 1년 이상 공사를 중단한 경우
(5) 농지보전부담금을 내지 아니한 경우
(6) 허가를 받은 자나 신고를 한 자가 허가취소를 신청하거나 신고를 철회하는 경우
(7) 허가를 받은 자가 관계 공사의 중지 등 이 조 본문에 따른 조치명령을 위반한 경우(당연 허가취소)

▶용도변경의 승인

농지전용허가 또는 농지전용협의를 받거나 농지전용신고를 하고 농지전용목적사업에 사용되고 있거나 사용된 토지를 5년 이내에 다른 목적으로 사용하고자 하는 경우에는 시장·군수·구청장의 승인을 얻어야 한다.

▶농지보전부담금의 납입의무자
(1) 농지전용허가를 받는 자
(2) 농지전용협의를 거친 지역 예정지 또는 시설 예정지에 있는 농지(협의 대상에서 제외되는 농지를 포함함)를 전용하려는 자
(3) 계획관리지역에 지구단위계획구역을 지정할 때에 농지전용에 관한 협의를 거친 구역 예정지에 있는 농지를 전용하려는 자
(4) 녹지지역 안의 농지에 대한 개발행위허가 또는 개발제한구역 안의 농지에 대한 토지형질변경허가와 관련해서 농지전용협의를 거친 농지를 전용하려는 자
(5) 농지전용신고를 하고 농지를 전용하려는 자

▶농지보전부담금의 납부기한
농지를 전용하려는 자는 농지보전부담금의 전부 또는 일부를 농지전용허가·농지전용신고(다른 법률에 따라 농지전용허가 또는 농지전용신고가 의제되는 인가·허가·승인 등을 포함) 전까지 납부하여야 한다.

▶농지보전부담금의 금액
(1) 농지보전부담금의 m^2당 금액은 부과기준일 현재 가장 최근에 공시된 해당 농지의 개별공시지가의 30%로 한다.
(2) 농지보전부담금의 m^2당 금액이 5만원을 초과하는 경우에는 5만원을 농지보전부담금의 m^2당 금액으로 한다.

▶납부기한 독촉장의 발부
농림부장관은 농지보전부담금을 내야 하는 자가 납부기한까지 내지 아니하면 납부기한이 지난 후 10일 이내에 납부기한으로부터 30일 이내의 기간을 정한 독촉장을 발급하여야 한다.

▶농지보전부담금의 가산금

농림부장관은 농지보전부담금을 내야 하는 자가 납부기한까지 부담금을 내지 아니한 경우에는 납부기한이 지난 날부터 체납된 농지보전부담금의 3/100에 상당하는 금액을 가산금으로 부과한다.

▶농지위원회의 설치

농지의 취득 및 이용의 효율적인 관리를 위해 시·구·읍·면에 각각 농지위원회를 둔다. 다만, 해당 지역 내의 농지가 650만㎡ 이하이거나, 농지위원회의 효율적 운영을 위하여 필요한 경우 시·군의 조례로 정하는 바에 따라 행정구역 안에 권역별로 설치할 수 있다.

농지위원회는 위원장 1명을 포함한 10명 이상 20명 이하의 위원으로 구성하며 위원장은 위원 중에서 호선한다.

▶농지위원회의 기능

(1) 농지취득자격증명 심사에 관한 사항
(2) 농지전용허가를 받은 농지의 목적사업 추진상황에 관한 확인
(3) 농지의 소유 등에 관한 조사 참여
(4) 그 밖에 농지 관리에 관하여 농림축산식품부령으로 정하는 사항

▶농지대장의 작성

농지소재지를 관할하는 시·구·읍·면의 장은 농지 소유 실태와 농지 이용 실태를 파악하여 이를 효율적으로 이용하고 관리하기 위하여 모든 농지에 대해 필지별로 농지대장을 작성하여 갖추어 두어야 한다.

▶농지대장의 보존 기간 특례

시·구·읍·면장은 관할구역 안에 있는 농지가 농지전용허가 등의 사유로 농지에 해당하지 않게 된 경우에는 그 농지대장을 따로 편철하여 10년간 보존해야 한다.

▶농지대장의 열람 또는 등본의 교부

시·구·읍·면의 장은 농지대장의 열람신청 또는 등본 교부신청을 받으면 농림부령으로 정하는 바에 따라 농지대장을 열람하게 하거나 그 등본을 내주어야 한다.

농지대장의 열람은 해당 시·구·읍·면의 사무소 안에서 관계공무원의 참여하에 해야 한다.

시험장에서
눈을 의심할 만큼,
진가를 합격으로 확인하세요

정가 22,000원

경록 공인중개사
에센스 노트
④ 2차 부동산공법

26년연속99%
독보적
정답률

발 행	2025년 1월 10일
인 쇄	2024년 7월 18일
연 대	최초 부동산학 연구논문에서부터 현재까지 (1957년 원전 ~ 현재)
편 저	경록 공인중개사 교재편찬위원회, 신한부동산연구소 편
발 행 자	이 성 태 / 李 星 兌
발 행 처	경록 / 景鹿
주 소	서울시 강남구 영동대로 114길 7 (삼성동 91-24) 경록메인홀
문 의	02)3453-3993 / 02)3453-3546
홈페이지	www.kyungrok.com
팩 스	02)556-7008
등 록	제16-496호
I S B N	979-11-93559-51-2 14320

대표전화 1544-3589

이 책의 무단전재·복제를 금함

이 책은 저작권법에 의해 저작권이 보호됩니다. 무단전재 및 복제행위는 이 법 제136조에 의해 5년 이하의 징역 또는 5,000만원 이하의 벌금에 처하거나 병과(倂科)할 수 있습니다.

시험최적화 대한민국 1등 교재
(100인의 부동산학 대학교수진, 2021)

최초로 부동산학을 정립한 부동산학의
모태(원조)로서 부동산전문교육
1위 인증(한국부동산학회)

대한민국 부동산교육 공헌대상(한국부동산학회)
4차산업혁명대상(대한민국 국회)
고객만족대상(교육부)
고객감동 1위(중앙일보)
고객만족 1위(조선일보)
고객감동경영 1위(한국경제)
한국소비자만족도 1위(동아일보) 등 석권

부동산전문교육 67년 전통과 노하우

개정법령 및 정오사항 등은 경록 홈페이지에서 서비스됩니다.